数据
主权与安全

跨境电子取证

梁 坤——著

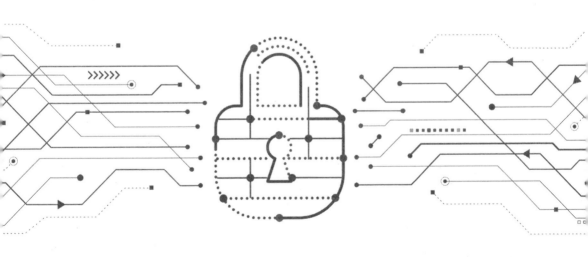

清华大学出版社
北京

本书封面贴有清华大学出版社防伪标签，无标签者不得销售。

版权所有，侵权必究。举报：010-62782989，beiqinquan@tup.tsinghua.edu.cn。

图书在版编目（CIP）数据

数据主权与安全：跨境电子取证 / 梁坤著 . —北京：清华大学出版社，2023.1
ISBN 978-7-302-60712-0

Ⅰ. ①数… Ⅱ. ①梁… Ⅲ. ①电子技术－应用－刑事侦查－证据－收集 Ⅳ. ① D925.213.4 ② D918.9

中国版本图书馆 CIP 数据核字 (2022) 第 069127 号

责任编辑：刘　晶
封面设计：徐　超
版式设计：方加青
责任校对：宋玉莲
责任印制：丛怀宇

出版发行：清华大学出版社
网　　址：http://www.tup.com.cn，http://www.wqbook.com
地　　址：北京清华大学学研大厦 A 座　　邮　编：100084
社 总 机：010-83470000　　邮　购：010-62786544
投稿与读者服务：010-62776969，c-service@tup.tsinghua.edu.cn
质 量 反 馈：010-62772015，zhiliang@tup.tsinghua.edu.cn

印 装 者：三河市东方印刷有限公司
经　　销：全国新华书店
开　　本：170mm×240mm　　印　张：16.25　　字　数：263字
版　　次：2023 年 1 月第 1 版　　印　次：2023 年 1 月第 1 次印刷
定　　价：98.00 元

产品编号：096682-01

前　言

数十年前，世界上各个角落的人几乎都在自己的小圈子里生活，与世界上其他地方的人老死不相往来。在信息技术的驱动之下，第四次工业革命深刻地改变了这个世界。如今，全世界有数十亿人都通过互联网联系了起来。人们徜徉在虚拟世界，有了几乎无限地获取知识的渠道以及更强的处理信息的能力，甚至还能够随心所欲地将海量的数据储存在看不见也摸不着的"云"中，在地球上连接网络的任何地方都能随时取用。

机遇与挑战并存。刑事犯罪也随之越发网络化、信息化、智能化。这突出表现在网络犯罪已经表现出的三种形式：一是利用计算机、互联网及信息技术开展的犯罪，传统的犯罪方式因而有了全新的表现形态；二是针对计算机及电子设备、互联网、信息技术基础设施的犯罪；三是上述两类网络犯罪之外的其他处于上下游的关联网络犯罪。[①] 近年来，在网络犯罪越发增多的情况下，包括刑事侦查在内的整个刑事司法程序都受到了前所未有的挑战。于是，世界各地的侦查人员在近年来的日常工作中，需要越来越多地运用电子设备和信息技术，侦查工作的运行样态随之发生了翻天覆地的变化。在此背景下，网络犯罪侦查、信息化侦查、大数据侦查、数字侦查、智慧侦查、人工智能侦查等新鲜词汇接踵而至地出现在我们面前。毫无疑问，这是一个必然的趋势，警察和罪犯之间玩的就是猫捉老鼠的游戏。老鼠在大步地向前迈进，警察当然也没有理由故步自封。

---

① 这是根据最高人民检察院2021年发布的《人民检察院办理网络犯罪案件规定》第2条进行的分类。该条指出："本规定所称网络犯罪是指针对信息网络实施的犯罪，利用信息网络实施的犯罪，以及其他上下游关联犯罪。"具体而言：针对信息网络实施的犯罪，如破坏计算机信息系统罪、非法侵入计算机信息系统罪等直接危害信息网络安全的犯罪；利用信息网络实施的犯罪，如当前常见的利用信息网络实施的诈骗、赌博、开设赌场、非法集资等犯罪；其他上下游关联犯罪，突出表现在为上述两类犯罪提供软件工具、公民个人信息资料、资金通道等犯罪行为，常见罪名如帮助信息网络犯罪活动罪、非法利用信息网络罪、侵犯公民个人信息罪等。参见郑新俭、赵玮、纪敬玲：《〈人民检察院办理网络犯罪案件规定〉的理解与适用》，载《人民检察》，2021（5）。

当今世界，通常情况下的犯罪或多或少地都会在网络空间或实体场域留下电子痕迹，这实际上就是"洛卡德原理"在新形势下的反映。作为刑事侦查工作的一部分，电子取证的重要性已经越发突显，而电子数据本身甚至被冠以"证据之王"的称谓。从传统视角来看，电子数据的收集过往多是发生在一国侦查机关的地域管辖范围之内。例如，当电子数据存储于一国境内的网络服务提供者①的服务器中时，侦查机关按照常规的程序向境内运营的相关主体调取收集即可。又如，侦查人员会根据线索指向的一个IP地址，顺藤摸瓜找寻到境内实体空间中的作案地点，继而对犯罪现场进行妥善保护后对现场的电子设备进行勘验或搜查。在必要的情况下，侦查人员还会扣押电子设备，并对数据进行镜像复制后进行检验或鉴定。

但是，基于互联网的特性，越来越多的电子数据并不是存储于传统意义上的一国境内的，而是位居境外的某一电子设备或者服务器中。随着云计算等新兴技术的发展，大量跨境运营的互联网公司拥有来自全球范围的海量用户，数据的跨境存储和流动已经成为常态。这种局面必然导致与犯罪相关的各类数据也会频繁地处于跨境存储和流动的状态。于是，传统意义上只能在一国境内开展的侦查和刑事司法活动，在全新的时代必然面临难以预测的挑战。跨境收集电子数据的种种法律和技术问题应运而生，而且对这些问题的切实解决已经成为全球范围内一项迫在眉睫的任务。

以近年来大幅增加的电信网络诈骗犯罪为例，通过分析此类犯罪的特点可以看出，"犯罪手段花样翻新，侦查技术和司法认识不可避免地存在一定的滞后性，各地司法机关普遍反映存在电子证据调取难、侦查破案难、案件管辖难、认定处理难、关联犯罪和共同犯罪认定难等五大难题"。限于本书研究的内容，这里仅仅援引最高人民检察院专家的其中两项总结："一是电子证据调取难。犯罪分子利用'伪基站'发送诈骗短信，设置专门程序将发送日志即时清零，或者租用境外网络服务器，被发现或查处后即刻关闭服务器，导致公安机关很难提取到系统数据证实发送信息数量。二是侦查破案难。电信网络诈骗犯罪的被害人遍布全国甚至全球各地，公安机关要收集全部证言非常困难，也难以将被害人陈述、犯罪嫌疑人供述等证据与待证事实完全一一对应。近年来，为了逃避司法打击，犯罪分子往往隐匿在境外设置的诈骗窝点，主要证据均在境外，需要跨境取证、抓捕

---

① 英文为"Internet Service Provider"，简写为"ISP"。中文文献中，有的将其称为网络服务提供商、网络信息业者等，本书统一使用《中华人民共和国网络安全法》第76条的表述，将其称为从属于"网络运营者"之中的"网络服务提供者"。

和引渡。"① 由此可见，电子数据的跨境收集难题已经在实务中受到高度关注。

电子数据的跨境收集存在极大的难题，掩藏于背后的主要原因实际上在于国家层面刑事管辖权的配置与冲突。如果说传统意义上对打击犯罪在管辖层面的关注点主要体现在境内各侦查机关的管辖冲突和协调的话，那么打击网络犯罪的管辖问题则越来越多地体现为国家层面的不同主张与冲突。这里试举一例来具体阐明侦查机关目前可能面临的非常棘手的跨境收集电子数据的管辖难题。

位于上海的某跨国贸易公司遭受电信诈骗，财务人员小李收到"欧洲合作伙伴"的电子邮件后，向对方指定的账户转出 20 万元人民币。警方经侦查锁定的嫌疑人是中国公民，而且其作案时也位于境内。有证据表明，作案者系分布于境内各地的一个组织严密的团伙，经常采用电子邮件的方式讨论作案细节、取款细节、分赃方案等。不过，他们使用的电子邮件的服务器位于美国，而且相应数据只在加利福尼亚州的服务器内存储。

从刑事侦查管辖的角度而言，由于这起电信网络诈骗犯罪与中美两国都有关联，因此两国从理论上讲都可以主张刑事管辖权，但是两国主张的动机和兴趣会存在显著的不同。由于犯罪的结果实际发生在中国，产生的实际危害和损失也位于中国，因此中国管辖此案的需求显然更为强烈。相对而言，美国一般不会对这样的犯罪予以立案管辖并开展侦查。基于该国一些互联网巨头在全球范围内向海量用户提供数据服务的现实，如果对这样案件都予以立案侦查，那么庞大的案件数量必然导致美国的侦查机关难以应付。

从上述案件设定的具体情况来看，侦查机关已经识别出电子数据的实际存储位置。但是更为麻烦的问题在于，因为特定技术方面的原因，侦查机关在某些案件的侦查过程中并不能清楚地了解相应的电子数据到底是位于境内还是境外，抑或即使能够解析出位于境外，也无法准确识别到底位于哪个国家，因而侦查工作可能一不小心就会与某一国家的刑事管辖相冲突。

从传统的理论观点来看，刑事管辖集中指向一个国家的主权，因此刑事管辖权的冲突实际上反映的就是国家主权的冲突。随着犯罪从实体空间向网络空间蔓延，愈演愈烈的网络犯罪直接导致国家主权的冲突延伸到网络空间当中。在此背景下，以我国为代表的国家所主张的网络空间主权必然面临非常严峻的挑战。如

---

① 黄河、张庆彬、刘涛：《破解打击电信网络诈骗犯罪的五大难题——〈关于办理电信网络诈骗等刑事案件适用法律若干问题的意见〉解读》，载《人民检察》，2017（11）。

何在维护国家网络空间主权与安全的同时,又能在网络时代实现对犯罪的有效打击,这已经不仅仅是中国的侦查机关需要迫切解决的实践难题,而且也是国家对网络空间进行有效治理以及在打击网络犯罪方面推进涉外法治合作的宏大课题。

为此,本课题立足总体国家安全观,以作为其中重要内容的网络空间主权与安全理论和思维为指引,对跨境电子取证进行系统研究。由于跨境电子取证实际上主要落脚于网络空间主权与安全所涉及的数据主权①与安全问题,因此本书在正文具体章节开展论证的时候,也是主要以数据主权以及与之密切相关的数据安全为关键词展开。

撰写本书的想法开启于 2017 年底。笔者带着初步的研究设想,于 2018 年赴位于德国弗莱堡市的马普外国与国际刑法研究所访学一年。本书内容的多数思考都形成于这段经历,笔者所收集的部分外文资料也直接来源于马普所"信息法"(Information Law)区域丰富的藏书。访学期间,该所的中国项目部主管周遵友博士为笔者的研究提供了莫大的帮助。2018 年年底,笔者以既有的学术积累为基础,以"网络空间主权视域下的跨境电子取证制度研究"为题申报了 2019 年度教育部人文社会科学研究青年基金项目,并成功立项(项目编号为"19YJC820033")。本书也是该项目研究的最终成果。书中部分内容已经在研究过程中,以论文形式发表于《法学研究》《环球法律评论》《中国刑事法杂志》《国家检察官学院学报》《中国人民公安大学学报》《中国刑警学院学报》《中国信息安全》《人民法院报》等期刊和报纸。笔者在此过程中获得过包括中国政法大学诉讼法学院熊秋红教授在内的许多外审专家和资深编辑的悉心指点。此外,中国人民大学法学院的刘品新教授、国家检察官学院的郭欣阳副教授也对本书部分章节的内容提出过宝贵的意见,清华大学出版社的刘晶女士为本书付梓付出了极大的心血。本书的出版受到了西南政法大学刑事侦查学院(国家安全学院)学科建设经费的支持。研究生陈易璨、叶翔宇、赵梦莹、詹鉴诗、王浩研、杜婕闻、陈廷瑜、潘相君同学协助收集了部分资料,或进行了部分章节的校对。笔者在此向所有提供过帮助的人士表示衷心的感谢!

梁 坤

2022 年 3 月 2 日于重庆

---

① 至于网络空间主权、数据主权的界定及关系,将在第一章展开讨论。

目　录

第一章　跨境电子取证管辖的理论模式总览　001

第一节　基于传统国家疆域的数据存储地模式　004
一、数据存储地模式概说　004
二、数据存储地模式面临的困境　006
三、数据存储地模式的松动　010

第二节　依托跨境云服务提供者的数据控制者模式　016
一、数据控制者模式概说　016
二、数据控制者模式与数据存储地模式的相互关系　019
三、数据控制者模式在全球层面对刑事取证管辖制度的影响　021

第三节　跨境电子取证管辖模式变革的影响因素　023
一、各国立足自身国家利益的最大化对数据资源的掌控　023
二、"数据特例主义"对适用于有形实物的管辖模式的冲击　034

第二章　跨境电子取证管辖模式的中国选择　037

第一节　跨境电子取证管辖模式的中国立场及理论检视　038
一、我国刑事数据取证管辖的现状考察　038
二、对电子数据的现行刑事取证管辖模式的理论检视　045

第二节　中国跨境电子取证管辖模式的未来　047
一、完善刑事数据取证管辖模式的基本主张　047
二、完善刑事数据取证管辖模式的具体构想　049

第三章　美国《云法案》的跨境数据披露制度　064

第一节　《云法案》的主要内容透视　066
一、美国执法部门通过服务提供者对境外电子数据的获取　066
二、"适格外国政府"通过服务提供者对美国境内电子数据的获取　069

第二节　《云法案》出台的直接诱因　075
一、"微软爱尔兰案"概况　075
二、"微软爱尔兰案"的主要法律争点　077

第三节　《云法案》的国际宏观发展背景与展望　079
一、跨境电子取证宏观发展背景下的制度突破　079
二、数据掌控的国际博弈在刑事司法中的具体表现　084

第四章　欧盟的跨境快捷电子取证制度　093

第一节　欧盟跨境电子取证的现有制度及面临的困境　094
一、欧盟侦查主体在司法协助框架下的跨境电子取证　094
二、欧盟侦查主体在单边途径下的跨境远程取证　098
三、欧盟侦查主体面向网络服务提供者的跨境数据披露　099

第二节　欧盟推进跨境快捷电子取证的立法动向　101
一、针对电子取证的特点提升司法协助效率　101
二、在欧盟整体层面完善并规范跨境远程电子取证　102
三、强化针对网络服务提供者的跨境数据披露　103

第三节　欧盟快捷跨境电子取证立法的影响与挑战　118
一、单边主义跨境电子取证方案得到强化并提升法律风险　118
二、数据主权的设定不局限于属地原则而致管辖权冲突　120
三、侦查权扩张与权利保障之关系更可能趋于紧张　121

第五章 跨境电子取证的刑事司法协助制度 124

第一节 适用于跨境证据收集的一般性司法协助 125
一、双边刑事司法协助 125
二、多边刑事司法协助 128

第二节 专门适用于跨境电子取证的司法协助 131
一、G-8 框架下的司法协助 131
二、《布达佩斯公约》框架下的刑事司法协助 133

第三节 跨境电子取证的刑事司法协助面临的现实障碍 133
一、适用范围有限 133
二、协助时间漫长 135
三、技术原因限制 137
四、难以满足需求 138
五、法律标准阻碍 139

第四节 我国刑事司法协助制度发展与前瞻 142
一、我国刑事司法协助制度的发展 143
二、对我国刑事司法协助制度发展的评价 150
三、我国跨境电子取证刑事司法协助制度的发展前瞻 153

第六章 单边跨境远程电子取证制度 173

第一节 历史维度下的域外规则及法理解析 175
一、域外规则的发展历史与当前的内容缺陷 176
二、域外规则建构的法理解析 181

第二节 中国近年来的制度检视及理论反思 190
一、程序法依据与实务类型 190
二、相关规范与实务的理论反思 193

第三节 制度完善的具体建议 201
一、继续单列网络在线提取措施并界定为对公开数据的取证 202
二、专门设计经同意的勘验和搜查制度 206
三、将非经同意的搜查纳入技术侦查措施并严格限制运用 208

第七章　数据调取长臂执法与数据出境管制制度　210

第一节　我国针对长臂执法的数据出境管制的规范解读　213
一、我国关于数据出境管制的规则类型与内容　213
二、关于我国数据出境管制规则的综合评析　214

第二节　外国法关于中国数据出境管制的态度与处理方案　218
一、外国法应对中国数据出境管制的基本态度　219
二、外国法处理中国数据出境管制的"平衡测试"方案解析　220

第三节　执法数据的分类分级保护与出境管制　226
一、数据分类分级保护的制度设计与发展趋势　227
二、执法数据的分类分级出境管制　229

第四节　对外国法中"平衡测试"方案的回应与反制　232
一、阐明执法数据出境管制的法律及政策　233
二、根据个案情形尽力提供快捷司法协助　234
三、采取对等原则反制"平衡测试"方案　235

参考文献　238

第一章
跨境电子取证管辖的理论模式总览

2014年1月至12月期间，张某宇雇佣了焦某（另案处理），为其上线"核对"收集可以进行分布式拒绝服务攻击（也称为DDOS攻击）的"肉鸡"①，以及可以被调用的网络流量。张、焦二人在网络上发布广告寻找下线，并在网上联系了罗某和黄某丙等下线。下线将木马程序植入其各自获取漏洞的计算机信息系统中，使计算机信息系统成为"肉鸡"。张、焦二人通过测试"肉鸡"的可控网络流量的大小来支付相应的费用给下线。同时，张、焦二人将"肉鸡"的控制权交给"核对"，从中赚取后者支付的用于收购流量的现金共计人民币40.11万元。

2014年12月16日，公安人员将张、焦二人抓获。焦某归案后主动向公安机关提供了一台位于美国的主控服务器的IP地址、用户名和密码。武汉市公安局网络安全保卫支队二大队出具的远程勘验检查工作记录证实，侦查人员远程登录美国主控服务器（IP地址为66.102.253.30），提取到了主控程序"Client. exe"和"系统日志"。"主控列表"显示共控制了240个IP地址，其中我国境内的IP地址为31个。②

上述案例中电子数据的取证反映了我国近些年的一段时间内许多同类案件的做法，侦查机关通过讯问等方式获得嫌疑人提供的账号和密码后登录服务器，进行了后文将要具体展开分析的我国刑事程序法所规定的跨境网络远程勘验。

从美国的情况来看，在同一时期，一起涉及跨境电子邮件数据收集的案件的侦查程序引发了巨大的法律争议。2013年12月，执法人员在一起贩卖毒品案件中，根据1986年的《储存通信记录法》（*Stored Communications Act*）也即《美国法典》"§2703"部分的规定，在取得纽约一家法院签发的搜查令状后，要求微软公司披露涉案邮件用户的信息。然而，由于部分数据当时并未储存于美国境内的服务器中，而是位于爱尔兰首都都柏林的欧洲云服务器的数据中心的服务器之中，

---

① 被非法植入了木马程序并被控制的计算机信息系统，也叫"被控端"。
② 参见湖北省武汉市中级人民法院（2016）鄂01刑终176号判决书。

微软公司因此坚持要求后者直接披露相应邮件的数据。这便是外文文献中常称的"Microsoft-Ireland Case"案件，本书为论述方便，使用"微软爱尔兰案"加以指代。

无论是从国内法还是国际法的角度来看，一国虽然可以依国内刑事法对发生在他国境内的犯罪享有立法管辖权（prescriptive jurisdiction）及裁判管辖权（adjudicative jurisdiction），但是原则上并不能在程序上行使执法管辖权（enforcement jurisdiction）。[①] 刑事执法管辖权从广义上指的是一国执法机关依照法定程序侦查、起诉和执行刑罚的权力，[②] 而狭义上仅涉及刑事侦查管辖特别是问题较为突出的刑事取证管辖。作为刑事执法管辖的下位概念，国家的刑事取证管辖通常也不能在未经许可的情况下延伸至境外。然而，在如今的网络时代，以领土范围为标准的管辖界限逐渐模糊，近年来各国在刑事侦查中收集电子数据时跨越传统国家疆界的现象已经屡见不鲜。中美两国的侦查机关在上述案例中开展的跨境电子取证，实际上就是在这样一种宏观发展背景下产生的。

从中国的上述案例来看，侦查机关通过网络远程勘验直接收集了存储于境外的数据。从本章接下来所称的国家刑事取证管辖的角度而言，这种跨境电子数据取证方案显然与常规意义上的"数据存储地模式"不符。而在美国《澄清合法使用境外数据法》（后文简称《云法案》）已经施行的背景下，美国执法部门今后必将充分依托该国在全球范围内占据巨大市场优势的网络服务提供者间接收集境外数据，也即在刑事取证管辖模式方面将更多地采用与"数据存储地模式"迥异的"数据控制者模式"。两案跨境电子数据取证的具体程序、措施尽管存在显著区别，但是均表明，刑事取证管辖已经借助网络空间而便捷地跨越了传统意义上的国家疆界。

由于刑事取证管辖乃是国家主权行使的典型反映，因此两案突显出来的根本问题即在于，国家到底是否能够在国际法及刑事程序法理的框架下对网络空间中位于境外的数据拥有主权及刑事取证管辖权？而这个问题背后更为根本性的问题则在于，不同的国家在数据主权及数据安全的战略和主张方面出现冲突时，应当

[①] Anthony J. Colangelo, "What Is Extraterritorial Jurisdiction", *Cornell Law Review*, 99(2014): 1311.
[②] 张兰图、刘竹君：《国家刑事管辖权法定论》，载《当代法学》，2006（5）。

如何进行协调并且在国际层面作出恰当的制度安排？

如果肯定一国在一定程度上对存储于境外的数据拥有刑事取证管辖权，那么具体到本章的论题而需要进一步回答的问题即在于，针对网络空间中的数据，特别是存储于境外的数据行使刑事取证管辖权的时候，一国到底应当采取什么样的理论模式加以执行？本章将立足我国所主张的数据主权战略，在对数据存储地模式、数据控制者模式进行深入的理论分析的基础上，着力探索反映中国立场、彰显中国气派的方案，希冀在国际法原则和规则的框架下为国家刑事取证管辖模式的完善提供有益的参考。

第一节　基于传统国家疆域的数据存储地模式

一、数据存储地模式概说

所谓数据存储地模式，即以数据实际存储的物理位置来确定国家的刑事取证管辖范围。关于这一模式，可以具体从4个方面理解：其一，将数据视为与其他有形实物无实质差异的证据，在刑事取证管辖制度上不做特殊安排；其二，将数据视为与存储介质密不可分的物品，管辖依据实际上就是存储介质的物理位置；其三，将虚拟空间附着于物理空间，相当于将传统的适用于物理空间的地域管辖同等延伸至虚拟空间；其四，以传统意义上的属地原则（territoriality principle）来确定刑事取证管辖的疆界，其效力范围实际上等同于国家在刑事实体法上的属地管辖。

根据数据存储地模式，一国对境内的电子介质中存储的数据拥有理所当然的刑事取证管辖权。如同A国侦查人员不能在未经许可的情况下跨入B国国境开展侦查取证活动一样，其原则上也不能采取任何方式擅自"进入"后者境内的计算机系统收集电子数据。为了避免电子数据取证的侦查行为越境，许多国家的国内法的适用及国际公约对相关制度的安排都较为谨慎。例如，英国法官在签发远程搜查令状的时候，就需要判断警方的侦查是否会跨越国境。如果违法从境外收集数据，法院在后续程序中就可能将其予以排除。[①]

而在美国，在过去很长时间的刑事侦查实践中，执法部门也曾经将数据存储地模式作为一般性的准则。1999年至2000年间，两名俄罗斯黑客利用Windows NT系统的漏洞，从俄罗斯境内多次侵入美国的网络服务器、网上银行及在线电子商务系统，成功窃得56000份信用卡账户及个人金融信息（下文简称"俄罗斯黑客案"）。在此之后，这两名黑客以公布用户数据及损坏公司计算机系统相威胁，对大量的受害者进行了敲诈。此外，eBay网站的在线拍卖、PayPal在线支付系统也受到了他们的操控。据统计，该案造成的损失达2500万美元。美国联邦调查局探员经过缜密的调查之后，最终锁定其中一名嫌疑人位于俄罗斯。

于是，探员进一步开展了一次极具争议的秘密侦查。他们化身为一家名为"Invita"的网络安全公司的代表，于2000年与两名嫌疑人取得了联系，假装是与后者商谈在美国的预期业务。两名嫌疑人竟然信以为真，并在俄罗斯向上述"公司代表"展示了针对一个测试网站使用的黑客技术。在"公司代表"的邀请下，两名嫌疑人飞到了美国西雅图，并且就其计算机技术接受了"访问"。在此过程中，其中一名嫌疑人甚至登录了位于俄罗斯的计算机系统。然而，这些"访问"实际上就发生在配有精密装备的特定办公室当中。联邦调查局的探员使用了一款名为"探针"（sniffer）的案件记录软件，由此获取了嫌疑人的用户名和密码。此后，两名嫌疑人遭到了逮捕。

接下来就是进一步的调查取证。但是在当时，美俄两国的双边合作并未延伸到计算机犯罪的调查。在数次尝试获取俄罗斯当局的协助未果后，美国联邦调查局决定自行开展远程取证。调查人员通过上述用户名和密码登录了嫌疑人位于俄罗斯车里雅宾斯克市的目标系统，从服务器中下载了数据，并一直将数据以非读取状态进行保存。此后，联邦调查局在获得法院签发的搜查令状之后，再对这些数据进行了读取。

这起极具争议的跨境侦查取证活动最终通过司法裁判得到了盖棺定论。美

[①] Ulrich Sieber, Nicolas von zur Mühlen(eds.), *Access to Telecommunication Data in Criminal Justice*, Berlin: Duncker & Humblot, 2016, p.730.

国法院认定，由于数据存储于俄罗斯，因此此案的侦查行为属于跨境搜查。①在总结了法律实践经验之后，美国司法部刑事处计算机犯罪与知识产权犯罪部（CCIPS）在 2009 年发布的《刑事侦查中计算机搜查扣押与电子证据收集指引》中慎重地提醒，调查人员在未经许可的情况下"进入位于他国的计算机系统"，可能触及"国家主权及礼让方面的复杂问题"。②

哈佛大学著名的网络法专家 Goldsmith 尽管也认为这种搜查在打击特定的计算机犯罪的成功战略中是一种关键的武器，但是其也严肃地指出，跨境远程搜查等方式（收集存储于他国境内的数据）在性质上属于侵犯他国主权，可能面临严重的国际法后果甚至外交纷争。③

根据数据存储地模式，跨境电子数据取证原则上应遵循适用于普通实物的程序规则，也即需要通过司法协助程序加以执行。例如在"微软爱尔兰案"中，爱尔兰政府的主张便明显地反映出对这种模式的信奉以及对司法协助程序的坚持。其在 2014 年 12 月 23 日向美国法院递交的"法庭之友意见书"（amicus brief）中申明了对涉案邮件内容数据的主权管辖，强调只有通过两国之间的双边刑事司法协助机制，才能由爱尔兰官方对相应数据进行调查。④换言之，爱尔兰政府对美国政府越过司法协助程序直接要求微软公司提供其所掌握的位于前者境内的数据，是持反对态度的。

二、数据存储地模式面临的困境

数据存储地模式尽管是长久以来规范跨境电子数据取证的基本方案，然而随着时代的发展，其也逐渐面临难以克服的困境，而且相应的困境表现得越来越突出。

---

① United States v. Gorshkov, NO. CR00-550C, 2001 WL 1024026 (W.D. Wash. May 23, 2001).
② See CCIPS, "Searching and Seizing Computers and Obtaining Electronic Evidence in Criminal Investigations", p.58, http://www.justice.gov/criminal/cybercrime/docs/ssmanual2009.pdf, 最后访问日期：2018 年 11 月 1 日。
③ Jack L. Goldsmith, "The Internet and the Legitimacy of Remote Cross-Border Searches", *University of Chicago Legal Forum*, 2001(2001), 103.
④ See Brief for Ireland as Amicus Curiae Supporting Appellant at 4, 7, In re Warrant To Search a Certain E-mail Account Controlled & Maintained by Microsoft Corp., No. 14-2 9 85-CV (2d Cir. Dec.23, 2014).

（一）数据存储地模式适用困难

首先，数据存储地模式适用于数据于境外只有单一存储地的案件，而难以适用于有多个存储地的案件。在云计算时代，一些大型跨国企业在多个国家建立了云数据中心，相应的业务数据经常会以非常迅捷的方式在各个数据中心之间实现跨境传输。在这样的技术背景下，一国如果在进行某起案件调查的时候向多个国家同时发送协助申请，这显然是十分难以操作的。而且还不能排除这种可能性，即当接受申请的一方开始审查抑或执行取证工作时，要收集的数据可能已经恰好被传送到另一个国家了。这就导致整个司法协助程序的运行可能完全做了无用功。

此外，当一家企业的数据存储于多个国家时，其如果从技术上可以较为便捷地将位于多国的数据进行转移，这便导致其有可能在特定的情况下规避数据的初始存储国的刑事管辖，[1]从而导致数据存储地模式在适用中遭遇困境。这显然不是采取数据存储地模式的国家所希望看到的结果。

其次，数据存储地模式适用于存储情形下的静态数据（data at rest），而难以适用于传输过程中动态数据（data in transit）。[2]对于静态数据而言，由于存储介质的物理位置通常都较为明确地位于某一司法管辖区，因此在确定刑事取证管辖时也相对较为容易判断。然而对于跨境传输的动态数据而言，侦查取证实际开始前，却难以预测所要收集的数据会流向何处，这便导致无法适用这种模式来确定管辖。从具体的侦查实践来看，从公共政策、隐私保护等角度考虑，区别对待这两种类型的数据显然是有意义的，而且即使从境内开展电子取证的法律程序而言，也应存在较大的区别。但是对于侦查机关和网络服务提供者而言，问题在于，在技术上区分静态和动态传输中的数据是否有意义，以及在云环境中如何确定两者的界限。于是，当侦查机关要求网络服务提供者提交数据时，后者将面临法律、程序，以及操作上的不确定性。而且，当侦查机关进行调查取证时，其也会面临

---

[1] See Cybercrime Convention Committee (T-CY), Criminal Justice Access to Data in the Cloud: Challenges, p.11, issued on 26 May 2015, https://rm.coe.int/1680304b59，最后访问日期 2022年1月9日。
[2] 需要注意的是，数据是"静止的"或是"传输的"并不表示数据的技术状态，因为云服务商所存储的数据——或称"静止的"数据——通常可能在服务商的内部资源中"传输"，例如数据因使用负载均衡技术而传输。这些词用于从法律上区分执法机关访问数据的不同权力。参见[英]克里斯托弗·米勒德编著：《云计算法律》，陈媛媛译，417页，北京，法律出版社，2019。

所需遵守的法律的不确定性，或者需要承担其所取得的数据被排除的风险。①

于是，仅仅适用于静态数据的数据存储地模式在面临信息技术特别是云计算技术的飞速发展的挑战时，在一定程度上也会面临难以适用的困境，因此难以成为跨境电子取证管辖模式设定的唯一理论依据。

再次，数据存储地模式适用于位置确定的数据，而难以适用于位置不确定的数据。数据的位置如果非常明确地位于一国境内，那么数据存储地模式对于管辖权的设定而言当然最为有利的。然而，"深网"（deep web）中的多数数据通常会有加密保护，"暗网"②（dark web）则无法通过常规方式访问及追踪，③这些技术性的限制因素都给数据存储地的确定和相应模式的适用造成了极大的障碍。在当今云计算的技术框架下，这个问题会变得更加复杂。

无论是通过网络服务提供者披露数据，还是由用户提供数据，数据的存储位置经常是不明确抑或无法确定的。④典型的情况在于，我们从日常经验便可以获得，使用云存储服务的绝大多数用户都不可能清楚其上传至"云"中的数据到底位于何处。实践中，当执法机关使用远程数据检索方式收集电子数据时，会更需

---

① 参见[英]克里斯托弗·米勒德编著：《云计算法律》，陈媛媛译，431页，北京，法律出版社，2019。

② 暗网（不可见网，隐藏网）（dark net/web）乃是"深网"（deep web）的一部分，是指那些存储在网络数据库里、但不能通过超链接访问而需要通过动态网页技术访问的资源集合。它们无法通过通常的浏览器的搜索引擎检索并登录，而需要通过特殊的软件、特殊的计算机配置或授权才能够登录。

③ 基于多重加密技术的运用，游荡于暗网中的犯罪分子极难通过常规的网络定位等技术加以锁定。用户的交易完全匿名，而且位置也不会暴露。买卖双方的真实交易被掩藏在大量虚假交易当中，因此两者之间的实际联络难以辨别，侦查机关即使采用最为先进的监控软件也难以锁定。根本原因在于，现有的监控手段主要是依赖于对第三方电脑系统中留下的电子痕迹进行的"流量分析"（traffic analysis），这是一种实时进行的数据侦听机制，然而这种电子痕迹在暗网中都被掩藏了起来。如此一来，侦查机关便无法收集第三方服务器提供的数据通信中涉及的"元数据"（metadata），也即关于通信数据的基础信息，例如来源地、目的地、数据流通量等重要的信息。例如，如果犯罪分子经由暗网以匿名方式登陆了邮件服务器，侦查机关一般会随即要求持有该邮件服务器的公司披露诸如嫌疑人IP地址这样的重要信息。但是该公司只会回复，嫌疑人隐藏了其IP地址信息。这样的结果无疑令人感到相当沮丧！在刑事案件侦查中，由于这些信息在锁定电子证据或电子设备的物理位置至关重要，因此这些重要信息的缺失导致对涉及暗网的案件的侦查就很难通过常规监控手段开展。进一步讲，由于无法确定电子证据或电子设备的物理位置，嫌疑人的身份等信息也就无法获取，当然就更谈不上对目标计算机系统进行实地勘验或搜查。

④ Christopher Millard(ed.), *Cloud Computing Law*, Oxford University Press, 2013, p.288.

要云服务商的协助。执法机关也可通过用户（无论是否为嫌疑人）访问设备来获得证据材料，而具体的方式可以表现为强制、自愿，抑或暗中进行。但是，当云上数据因调查程序而被获取时，其位置（数据所在的物理计算机）都可能是未知且不可知的，因此数据位于哪个或哪些领域也就不得而知。而这种位置的确认可能只能通过检索后进一步的法庭证据分析才可实现。换言之，对云上数据实际存储位置的确认在很多情况下会发生在证据调查之后的后续阶段，而不是启动调查的时段。① 于是，多重不利因素的叠加，会导致一国侦查机关不可能严格地、单一地遵循数据存储地模式来行使取证管辖权。

（二）数据存储地模式效率低下

随着跨境通信及云计算技术的飞速发展，数据的跨境存储与流动在如今已经越发常态化。如果严格遵循数据存储地模式，数据的跨境收集原则上都需要通过司法协助程序开展。然而，传统刑事司法协助制度效率"极其复杂、缓慢和官僚化"。根据 Ian Walden 的《云中数据：长臂执法者》（Accessing Data in the Cloud: the Long Arm of the Law Enforcement Agent）和 George Yee 的《云计算、计算机通信和网络中的隐私和安全》（Privacy and Security for Clouding Computing, Computer Communications and Networks）的论述，在数据高速流动的今天，这种迟缓难以有效应对涉犯罪数据的全球高速流动，极大阻碍了犯罪的有效控制和侦查。② 我国也有研究者结合非法集资与非法吸收公众存款犯罪、跨境信用卡犯罪、非法经营地下钱庄等跨境金融犯罪案件指出，办案机关往往需要调取境外有关证据材料，如涉案资金流向境外的查询、境外套现的监控视频、境外服务器的勘验等。然而，境外取证常常遭遇层层审批时间长、通过审批后取证周期长、取证难度大等困难，严重影响案件侦查效率。③

从近年的情况来看，这类跨境取证需求的剧增进一步导致数据存储地模式在

---

① ［英］克里斯托弗·米勒德编著：《云计算法律》，陈媛媛译，419 页，北京，法律出版社，2019。
② 转引自裴炜：《未来犯罪治理的关键——跨境数据取证》，载《中国信息安全》，2019（5）。
③ 参见叶媛博、植才兵、江伟波：《广东跨境金融犯罪的形势分析及打防对策》，载《中国刑警学院学报》，2018（1）。

适用过程中的效率低下。由于美国在全球云数据市场占有绝对市场地位，该国当前收到的取证请求也最多。然而，一国地方侦查机关若要搜查谷歌公司存储于美国境内的邮件内容数据，按常规程序需要首先将协助请求逐级上报至该国中央主管机关，然后由后者将协助请求按美方要求的形式发送给司法部国际事务办公室。国际事务办公室审查后，再将该协助请求交由检察官处理，然后再由后者向对数据有管辖权的法院申请搜查令状。之后，警务人员才可持令状要求谷歌公司提供相应数据。美国近年来的统计数据表明，整个协助程序通常需要耗费 10 个月以及更长的时间，[1] 甚至可能长达两年或数年，[2] 这对追求快捷理念的电子数据取证而言显然是难以承受的。

三、数据存储地模式的松动

在数据存储地模式面临上述困境的情况下，呼吁对这种模式进行有效改造的声音近年来不绝于耳。甚至早在 1999 年举办的"第二届犯罪情报分析国际会议"（Second International Conference for Criminal Intelligence Analysts）上，英国内政部前国务大臣 Paul Boaten 就曾发表名为"未来执法的挑战"（Tomorrow's Challenges for Law Enforcement）的演讲。其主张，"关于数据的管辖权不应仅仅取决于实际存储的位置。如果数据的所有者能够从境外远程获取，那么应当认为该所有者所在地的执法部门便对该数据拥有管辖权。"[3] 根据该观点，如果 A 国的一家公司在 B 国设立了分支机构，如果该分支机构能够有效地远程获取位于 A 国总部的计算机数据的话，则 B 国执法部门对该数据的跨境远程取证行为

---

[1] Richard A. Clarke, et. al., "Liberty And Security In A Changing World: Report And Recommendations Of The President's Review Group On Intelligence And Communications Technologies" (2013), p.227, https://obamawhitehouse.archives.gov/sites/default/files/docs/2013-12-12_rg_final_report.pdf, 最后访问日期：2018 年 11 月 9 日。

[2] Department of Justice Office of Public Affairs, "U.S. And UK Sign Landmark Cross-Border Data Access Agreement to Combat Criminals and Terrorists Online", https://www.justice.gov/opa/pr/us-and-uk-sign-landmark-cross-border-data-access-agreement-combat-criminals-and-terrorists, 最后访问日期：2022 年 1 月 23 日。

[3] See Michael A. Sussmann, The Critical Challenges from International High-Tech and Computer-Related Crime at the Millennium, Duke Journal of Comparative & Interlnational Law, (9)1999, 472.

就不应被视为侵犯 A 国主权。

为了缓解上述危机并有效提升跨境电子数据取证的效率，区域性国际公约及一些国家的国内法作出了一些有针对性的制度安排，从而导致严格意义上的数据存储地模式实际上已经松动。

（一）数据存储地模式松动的具体表现

1. 在国际共识的基础上设定数据存储地模式的特殊例外

2001 年的《布达佩斯公约》（*Budapest Convention on Cybercrime*）[①]第 32 条和 2010 年的《阿拉伯国家联盟打击信息技术犯罪公约》（*Arab Convention on Combating Information Technology Offences*）第 40 条规定了两种无需告知数据存储地国家的单边远程取证方式。由于后者几乎照搬了前者的条文，因此这里仅对《布达佩斯公约》第 32 条进行阐释。该条 a 款规定，缔约国执法部门可以"提取公众能够获得的存储于计算机中的数据，而不论该数据位于何处。"由于这类数据可以在执法地便可以公开获得，国际法专家们认为这种情况属于域内管辖权的行使；[②] b 款则采"属人主义"，授权"通过一方境内的计算机系统提取、接收存储于另一方境内的计算机系统中的数据，前提是相应的行为获得了拥有法定权限而通过计算机系统向取证方披露数据的个体（person）的合法且自愿的同意。"

为了避免法条适用过程中可能产生的理解偏差，《布达佩斯公约》委员会（T-CY）于 2014 年发布《跨境电子数据取证指引注释（第 32 条）》，强调 b 款在性质上属于地域管辖原则的特殊例外。[③] 根据国际电信联盟（ITU）编纂的电子出版物的阐释，就缔约国而言，通过批准签署《布达佩斯公约》，实际上是

[①] 该公约于 2001 年 11 月由欧洲理事会的 26 个欧盟成员国以及美国、加拿大、日本和南非等 30 个国家的政府官员于匈牙利首都布达佩斯签署，并于 2004 年 7 月生效，全称应译为《布达佩斯网络犯罪公约》。出于简要表述的方便并区别于第五章将要分析的《联合国打击网络犯罪公约》，本书将《布达佩斯网络犯罪公约》统一简称为《布达佩斯公约》。
[②] [美]迈克尔·施密特总主编：《网络行动国际法塔林手册 2.0 版》，黄志雄等译，107 页，北京，社会科学文献出版社，2017。
[③] Cybercrime Convention Committee (T-CY), "T-CY Guidance Note # 3: Transborder access to data (Article 32)", p.3, https://rm.coe.int/16802e726a, 最后访问日期：2018 年 10 月 26 日。

放弃了部分主权,从而允许其他国家实施影响其领土完整的调查。①

2. 在数据存储于境外但无法确认所在国家的情况下直接适用国内侦查程序

正如前文所言,云计算技术的运用有时会导致数据在境外的具体位置难以确定。原因在于,"传统刑事司法协助制度所具有的强烈的地域性与数字侦查本身的弱地域性之间存在冲突,请求国难以在作出请求之前就及时确知案件所需数据的所在地。以云计算为例,其核心在于'以灵活性和去地域性为属性,基于用户需求对计算资源进行快速和无缝式分配'。云计算的高效能恰恰得益于计算资源与地域属性相脱离,其中又以碎片化的存储、多资源的集合、网络化的接入为典型特征。这种技术使一国的刑事司法权力机关在察觉犯罪之后,难以快速判断相关数据所在地以及适用的法律,更不用说基于该判断向相关国家提出刑事司法协助请求。"②

2017年发生在美国的一起欺诈案件的调查便是云计算技术阻碍常规管辖,使得正常侦查难以施展的典型反映。该案裁决结果与"微软爱尔兰案"的案情有类似之处,因而得到了广泛的关注。联邦第二巡回法院于2月3日在裁决中指出,连谷歌公司也无法确定涉案数据被技术性地拆分后在境外的具体存储地,因此联邦调查局根本就不可能按照数据存储地模式而开展常规的刑事司法协助。据此,谷歌公司必须按照令状的要求,向当局全部转交储存在境外服务器上的该公司客户邮件数据。

法官Thomas Rueter在裁决书中指出:"对隐私的侵犯仅仅发生在美国境内。当联邦调查局根据令状在宾夕法尼亚州对要求谷歌披露的数据的复制件进行检验时,此职权行为仅仅发生在美国境内。据此,即使其他的行为(数据的电子传输)发生在境外,该案也是符合《储存数据记录法》的规定的。"裁决书进一步论证道,当网络服务提供者被要求从境外"取回"(retrive)数据时,这种发生在境外的对信息的复制以及将信息发回美国的行为并不构成《宪法第四修正案》中所规范的(境外)"搜查"和"扣押"。具体而言,谷歌在未经用户知晓的情况下将位于境外的服务器中的数据转移至谷歌在加利福尼亚的数据中心,并不属于调

---

① 《了解网络犯罪:现象、挑战及法律对策》,第282页,载https://www.itu.int/en/ITU-D/Cybersecurity/Pages/Publications.aspx,最后访问日期:2018年3月18日。
② 裴炜:《未来犯罪治理的关键——跨境数据取证》,载《中国信息安全》,2019(5)。

查机关的"扣押"行为。虽然储存在境外的数据确实存在隐私被侵犯的风险,但这样做并不会对账户持有者的利益产生明显侵害。即使可能发生潜在的隐私侵权方面的问题,那也是在美国境内对谷歌公司披露的数据进行搜查的时候才会发生,而并不是发生在境外。①

3. 在数据存储位置不确定的情况下不排斥电子数据取证措施的跨境适用

有些案件的电子数据取证在开始之前,调查人员根本无法判断数据可能存储于何处。例如,在对"暗网"进行调查的时候,由于并不清楚数据实际所在的地点,因此可以说,一国侦查机关在这种状态下开展远程搜查,即使事实上出现跨境开展的情况,调查人员一般而言也并不是明知的。某些国家的法院在对这类搜查行为签发令状时,一般也并不存在明确授权调查人员跨境搜查的意图。但是问题在于,签发令状时间在前,实际执行搜查时间在后。于是,即使开展远程搜查的时候,假定搜查地点就在境内,但是搜查暗网毕竟极有可能跨越国境,从而导致一国侦查机关实际上扩大了应有的管辖范围,进而产生侵犯他国主权的结果。从这个意义上讲,对服务器实际处于境外的暗网的搜查,与只在一国境内且只在一定司法管辖区内有效的司法令状的要求构成了内在冲突,从而导致根据司法令状开展的实际调查活动很有可能在不经意间引发国际争端。

例如,美国有专家就认为,允许法官签发地点不明确的远程搜查令状,结果便是在联邦调查局的发展历史中最大限度地扩大了跨境执法的管辖权力。在此背景下,为了解决"暗网"取证等情况下无法明确数据实际存储地的问题,2016年12月1日修正施行的美国《联邦刑事程序规则》(*Federal Rules of Criminal Procedure*)"41(b)(6)"条款规定:"在因技术原因而导致媒介或信息的储存地点被隐藏的情况下,对可能已发生的犯罪存在关联的所有地方有管辖权的法官,均有权针对管辖区内或管辖区外签发令状以开展对电子储存媒介的远程搜查,并且授权扣押或复制电子存储信息。"换言之,新的规则授权执法部门在"因技术原因而导致媒介或信息的储存地点被隐藏的情况下"可以对管辖区外甚至存

---

① In re Search Warrant No. 16-960-M-01 to Google; In re Search Warrant No. 16-1061-M to Google, 232 F. Supp. 3d 708.

储于境外的数据施以远程侦查措施。①

此外，另外一些国家的国内法也对可能跨境适用的远程侦查措施进行了并不绝对排斥的授权。例如，比利时于 2000 年颁布《计算机犯罪法》（*Computer Crime Act*），据此在《刑事诉讼法》中通过第 88 条之三（Art. 88*ter*），在全球范围内率先对跨越国境的远程搜查进行了规定。具体而言，警方可以在侦查法官授权后搜查计算机系统，而且这种搜查行为在符合法定情形时还可以延伸到与令状所注明的系统相连接的境外系统当中。而在欧盟，截至 2016 年 9 月，比利时、葡萄牙、西班牙、法国的国内法也对这类取证活动进行了授权。② 此外，荷兰于 2019 年 1 月 1 日施行《计算机犯罪法（三）》（*Computercriminaliteit III*），在"ARTIKEL II G"部分赋予了侦查机关开展技术侵入（binnendringt）并通过植入监控软件进行远程搜查的权力，在数据存储位置不确定等情况下也并不绝对排斥潜在的跨境侦查活动的开展。

（二）数据存储地模式并未完全崩塌

不可否认，数据存储地模式本身存在着上文指出的种种缺陷，给刑事取证管辖带来了一系列的障碍，近年来也确实出现了松动。然而，这一刑事取证管辖模式并未崩塌，仍然是国际上刑事取证管辖制度运行的重要方案。这主要有 3 个方面的原因。

其一，在数据于境外的存储位置明确的情况下，刑事司法协助仍是常规程序。除非国际公约的特别授权和国家间礼让机制的存在，一国单边开展的跨境电子数据取证与其他实物证据的跨境收集并无实质差异，原则上都不为国际法所允许。以上述"俄罗斯黑客案"为例，美国联邦调查局所采取的单边跨境远程搜查

---

① 在《联邦刑事程序规则》修订之前，美国执法部门就已经在针对"暗网"犯罪的调查中采取了这类措施。通常，美国执法部门会首先利用软件漏洞，通过互联网将恶意软件部署到目标设备，获取系统的访问权限；然后，在所控设备上执行命令将其变为监视设备，将文件、照片和存储的电子邮件等秘密地上传到由执法部门控制的服务器上，从而获得并固定证据。例如，远程搜查在"丝路"等"暗网"案件的侦查中发挥了重要的作用。由于无法监控被调查对象的实际地址，通过在目标系统植入特殊软件进行证据调查，完全不用考虑目标计算机系统的实际位置到位于何处。
② European Commission, "Commission Staff Working Document Impact Assessment(SWD(2018) 118 final)" ,p.33, https://eur-lex.europa.eu/legal-content/EN/TXT/?uri=SWD%3A2018%3A118%3AFIN, 最后访问日期：2018 年 10 月 29 日。

即使从目前来看，在国际法上也没有适用的空间，仍然受到数据存储地模式的严格限制。

其二，侵犯性较弱的远程取证措施更受青睐，以尽可能降低对数据所在地国家之主权的潜在侵犯程度。除了美国和荷兰对可能跨境开展的侦查行为规定了远程"搜查"和"技术侵入"这样的强制性措施而外，上述国际公约和其他国家的国内法所授权的措施的侵犯性明显较小。例如，《布达佩斯公约》第32条b款授权通过"属人主义"收集境外数据，需建立在相关主体"自愿"的基础上，从侦查法理上讲，一定程度上具有不限制相对人基本权利的"任意侦查"的特征。比利时于2000年修订的《刑事诉讼法》第88条之三（Art. 88ter）规定的可能跨境开展的电子数据取证方式则只限于"复制"。正如第四章的分析还将指出的那样，从欧盟委员会于2018年4月发布的规范成员国单边跨境远程取证的立法计划来看，也强调取证方式只能限于"复制"而不能进行"实时监控"。①

此外，我国澳门特区于2019年12月22日生效的《打击电脑犯罪法》规定了"不涉单方跨国取证"的境外云端数据的取证方式，以此授权执法部门提取储存于澳门以外的电脑数据资料副本作为刑事诉讼程序的证据。此次修法参考了葡萄牙、新加坡及中国内地的相关规定，采取争议不大的方式，亦即在法官批示的情况下，且在澳门地区合法扣押设备间接引申出去，例如利用相关设备登入过的云端资料进行下载。② 据此，澳门特区执法部门通过云端技术在线取证，需要满足两个严格的前提条件：一是司法官命令；二是已在澳门扣押电脑设备。由此，澳门特区的做法并无合法入侵、远端取证这些争议较大的行为，保安司司长黄少泽特别强调澳门"百分百不会违反国际公约"。③

其三，在远程取证过程中确认数据存储地后，对相关国家的告知受到重视。相应的制度在比利时《刑事诉讼法》、荷兰《计算机犯罪法（三）》上述条款的相关配套机制中均有反映。例如，荷兰官方认为，一旦确认远程搜查跨越国境，

---

① 同上引报告，第71页。
② 参见《行政会完成讨论修改第11/2009号法律〈打击电脑犯罪法〉法律草案》，https://www.gov.mo/zh-hans/news/256843，最后访问日期：2019年10月25日。
③ 参见《打击电脑犯罪法一般性通过》，载《澳门日报》，2019年10月18日，第A14版。

原则上需停止侦查,并且需要基于国际礼仪及时告知相应国家。① 此外,欧盟方面于 2017 年在其发布的非正式文件《跨境收集电子证据的改进:来自专家的意见及具体的建议》中也特别指出,对于单边跨境电子数据取证,未来的立法应当专门规定诸如应告知可能受影响的国家在内的缓解措施。②

由此可见,对于绕开常规刑事司法协助程序的跨境电子数据取证,国际上要么是通过区域性公约设置了特殊通道,要么是由一些国家通过国内法进行了谨慎的授权,从而导致数据存储地模式的确出现了松动。然而,无论是现有的国际公约还是国内法条款,均对单边跨境电子数据取证设置了诸多严格的限制。这充分说明,数据存储地模式的根基并未动摇,仍然是国际上刑事取证管辖制度运行的基础准则。

第二节　依托跨境云服务提供者的数据控制者模式

一、数据控制者模式概说

所谓数据控制者模式,在刑事侦查中是指在云计算的技术背景下,通过寻求跨境云服务提供者的合作或对其发出指令的方式获取其所控制的数据。关于这一刑事取证管辖模式,可以从以下方面加以理解:其一,不仅将云数据与其他有形实物相区分,而且将云数据所在的虚拟空间与有形实物所处的物理空间相区隔,在云数据的刑事取证管辖方面完全不考虑数据存储的位置,从而绕避常规的司法协助程序。其二,依托跨境云服务提供者,属于对存储于境外的数据的一种间接取证方式。其三,数据范围只涉及跨境云服务提供者控制的数据,具体而言即其

---

① See Anna-Maria Osula, Mark Zoetekouw, "The Notification Requirement in Transborder Remote Search and Seizure: Domestic and International Law Perspectives", *Masaryk University Journal of Law and Technology*, 11:1(2017), 107.
② "Improving cross-border access to electronic evidence: Findings from the expert process and suggested way",https://ec.europa.eu/home-affairs/sites/homeaffairs/files/docs/pages/20170522_non-paper_electronic_evidence_en.pdf, 最后访问日期:2018 年 9 月 15 日。

"拥有"(possession)、"保管"(custody)或"掌控"(control)的数据。①

通过数据控制者模式获取位于境外的数据，近年来逐渐受到一些国家的重视，并且在国际上已经展现出两种基本的表现形式。

一是通过在本地无实体机构的外籍网络服务提供者披露境外数据。例如在比利时的一起案件中（下文简称"比利时雅虎案"），嫌疑人通过雅虎的电子邮件账户针对比利时境内的目标实施了欺诈犯罪。在侦查阶段，比利时的检察官根据该国《刑事诉讼法》第"46bis§2"条的规定②直接向雅虎公司在美国的办公室发出指令，要求后者披露注册用户的信息及用户的 IP 地址。然而，雅虎是在美国加利福尼亚注册的公司，在比利时并无分支机构，其拒绝向比利时执法部门披露上述数据，并认为后者是在向境外扩大适用刑事管辖权。为此，雅虎公司告知比利时的检察官，应当通过常规的双边司法协助机制，请求美国当局协助执行。不过，比利时检察官并未采取这样的方案，而是依据上述《刑事诉讼法》规定对雅虎公司提出了检控。雅虎公司在庭审中除了继续主张该案应当通过司法协助机制开展相应证据调查工作而外，也提出自身并不属于比利时境内的"电子通信的网络服务提供者"(provider of electronic communications services)，因此不受比利时当局的管辖。

此案的几次审理颇为引人注目。2009 年 3 月 2 日，雅虎公司在登德尔蒙德（Dendermonde）刑事法院败诉，但是在根特（Ghent）上诉法院胜诉。经过几轮复杂的诉讼程序，比利时安特卫普上诉法院于 2013 年 11 月裁决，雅虎公司应当披露上述涉案数据。法院的理由在于，该公司通过在比利时境内提供电子通信服务，通过使用"www.yahoo.be"域名而参与到比利时的经济活动中，在该网站使用当地的语言，且网站上的弹出式广告可连接至比利时境内的商户和用户服务提供商。因此，该公司"事实上是位于"(virtually located)比利时的。于是，法院判决雅虎公司败诉。随后，雅虎公司向比利时最高法院提出上诉。2015 年 12 月 1 日，比利时最高法院拒绝了雅虎公司的上诉请求，并以未尽执法配合义务为

---

① "拥有、保管、控制"是《云法案》"SEC2(2)"部分所使用的术语，可见对该法所反映的数据控制者模式中的"控制"应作宽泛理解。

② 比利时《刑事诉讼法》第"46bis§2"条规定，当执法机关要求披露用户身份信息时，电子通信网络服务提供者必须提供。

由对其罚款 44000 欧元。如果雅虎公司拒绝接受判决，则比利时最高法院会考虑将其 IP 从比利时境内移除。①

二是通过在本地有实体机构的外籍网络服务提供者披露境外数据。例如，2014 年 4 月 23 日施行的《巴西境内使用网络之原则、担保、权利与义务的确立》（Estabelecimento de princípios, garantias, direitos e deveres para o uso da Internet no Brasil）第 11 条第 2 段规定，只要网络服务提供者向巴西公众提供服务，即使其在国外运营，也受到该法调整。2015 年 1 月，微软分支机构受美国《存储通信记录法》约束而未按巴西一家法院的指令披露其存储于境外的嫌疑人的信息，为此被巴西当局罚款数百万美元，而且员工还遭到刑事起诉（下文简称"巴西微软案"）。②此外，根据英国 2016 年施行的《调查权法》（Investigatory Powers Act）第 85 条即"跨境适用"（Extra-territorial application）及第 3 部分"获取通信数据的授权"（AUTHORISATIONS FOR OBTAINING COMMUNICATIONS DATA）的相关规定，执法部门可以向其境内运营的电讯网络服务提供者发送指令，以此获取其存储于境外的数据。英国政府曾对《调查权法》的前身即《数据留存与调查权法》（Data Retention and Investigatory Powers Act, DRIPA）草案③解释道，对于"在英国为客户提供通信服务的所有运营者而言，无论其服务是从何处提供的，都应当遵守数据披露的要求。"④而华盛顿大学法学院 Jennifer Daskal 女士所援引的英国官方的解读则更为具体：其主要目的就是要授权获取采用其他方法难以收集的位于美国的网络服务提供者掌控的数据。⑤

不过，比利时、巴西、英国的立法或实践更多的只是对数据控制者模式的问世进行了初步的探索。这一模式系统理论的提出更多地是受到了"微软爱尔兰案"

---

① Belgium Supreme Court, September 4th, 2012, A.R. P.11.1906.N/2.
② See Brad Smith, "In the Cloud We Trust", http://news.microsoft.com/stories/inthecloudwetrust，最后访问日期：2018 年 6 月 11 日。
③ 该草案于 2016 年 12 月 31 日被废弃，在立法程序中被《调查权法》所取代。
④ UK Government, "Data Retention and Investigatory Powers Act 2014", https://www.gov.uk/government/collections/data-retention-and-investigatory-powers-act-2014，最后访问日期：2018 年 6 月 11 日。
⑤ Jennifer Daskal, " Law Enforcement Access to Data Across Borders: The Evolving Security and Rights Issues", *National Security Law & Policy,* 8(2016), 473.

的影响，并最终在美国《云法案》于 2018 年出台之后正式成型。① 该法第 1 节开宗明义地指出，其立法目的就在于授权美国执法部门在云计算的背景下通过网络服务提供者获取境外数据。该法标志着美国在云数据的跨境刑事取证管辖方面，从数据存储地模式彻底转向了数据控制者模式。

二、数据控制者模式与数据存储地模式的相互关系

前文对数据控制者模式与数据存在地模式分别进行了介绍，但是要注意的是，两者并不是完全无关的取证模式，而是有着密切的内在关联。这可以从以下三个方面进行解读。

其一，数据存储地模式面临的困境客观上为数据控制者模式的问世提供了可能性。如果数据存储地模式本身运行良好，各国自然无需采取新的模式来执行电子数据的跨境取证。然而在数据存储地模式本身面临困境且出现松动的情况下，跨境电子数据取证的实际需求并未缩减，而且还随着网络犯罪全球化特征的越发显著而逐渐增加。特别是对于那些对境外云数据有较大掌控需求的国家而言，在数据存储地模式的现有特殊例外情形之外寻求新的取证管辖模式，从而尽可能地消解数据存储地模式的困境，便成了契合时代变迁背景的必然选择。以美国为例，正如本书第三章将要详细分析的那样，在传统的刑事司法协助机制与跨境远程收集电子数据之单边方案均存在明显缺陷的背景下，通过网络服务提供者获取境外云数据已经成为其近年来最为突出的战略选项。从 2016 年开始，该国便一直在试图通过立法的方式推进相关工作，② 而《云法案》的出台也确实有助于缓解数据存储地模式面临的困境。

其二，数据控制者模式的适用限制意味着其只是对数据存储地模式实现了部分取代。数据控制者模式完全不考虑传统的国家疆界的限制，因此从性质上讲并不属于数据存储地模式的特殊例外，两者的适用必然呈现出冲突状态。尽管如此，数据控制者模式与数据存储地模式实际上也并不是截然对立的，不能简单地认为

---

① 参见洪延青：《美国快速通过 CLOUD 法案 明确数据主权战略》，载《中国信息安全》，2018（4）；许可：《数据主权视野中的 CLOUD 法案》，载《中国信息安全》，2018（4）。
② 参见梁坤：《〈美国澄清合法使用境外数据法〉背景阐释》，载《国家检察官学院学报》，2018（5）。

前者完全取代了后者。上文已经说明，数据控制者模式依托于跨境云服务提供者，瞄准的只是其所控制的境外数据。由此观之，数据控制者模式在国家刑事取证管辖实践中的适用并不具有普适性，实际上只是对数据存储地模式进行了部分取代。在此情况下，两种模式甚至还可以构成一定的互补关系。

一方面，数据存储地模式所反映的传统双边或多边框架下的电子取证程序冗长复杂，一定程度上需要数据控制者模式所代表的快捷电子取证方案加以补充。如果数据控制者模式未来为越来越多的国家接纳并且运行顺畅，各国的主管机关就可以在很大程度上腾出精力在传统的双边和多边框架下处理其他更为紧要的刑事司法协助事项，从而减轻协助程序的负担。例如，美国之所以出台《云法案》，就有这方面的考虑。①另一方面，尽管数据控制者模式已经在全球范围内成为跨境电子取证制度革新的焦点，但是跨境电子取证只能适用于网络服务提供者所掌控的位于全球各地服务器中存储的数据，因此需要数据存储地模式对于其他类型的数据的跨境取证继续发挥作用。这就意味着，对于网络空间中与这类网络服务提供者完全无涉的数据而言，数据存储地模式仍然是当今乃至未来很长一段时间内刑事取证管辖的基本方案，仍然会在跨境电子数据取证的实践中扮演极其重要的角色。

其三，两种模式将会在一定时期内以相互博弈的方式共同存在。如同本章接下来的内容将要着重分析的那样，各国对于境内及境外数据资源存在差异性极大的利益诉求。就单个国家而言，其很可能基于数据安全等核心国家利益而采取数据存储地模式来保护境内数据的同时，又会青睐于数据控制者模式的优势而力图长臂掌控境外数据。而从国际层面来看，数据掌控能力较弱的国家可能较为倾向甚至单一地选择坚守数据存储地模式，而一些数据强国则会倾向于同时采取两种模式，抑或侧重于采取数据控制者模式。换言之，数据控制者模式在部分取代数据存储地模式之后，两种模式的共存将会成为一定时期内的必然现象，相互之间的博弈以及此消彼长也将成为常态，这是各国在运行刑事取证管辖制度时必须面临的全新课题。

---

① See Department of Justice Office of Public Affairs, "Justice Department Announces Publication of White Paper on the CLOUD Act", p.5, https://www.justice.gov/opa/press-release/file/1153446/download，最后访问日期：2021年12月31日。

三、数据控制者模式在全球层面对刑事取证管辖制度的影响

（一）导致国家间刑事取证管辖的范围出现重叠并诱发国际法冲突

根据数据存储地模式，由于对数据的刑事取证管辖受限于国家主权行使的地域范围，因此除非属于上文提到的模式松动的特例，在常规情况下并不可能产生国家间的管辖权冲突。然而，在数据控制者模式部分取代数据存储地模式之后，主张前一模式的国家便很可能经由网络空间，在个案中将刑事取证管辖的范围延伸自主张后一模式的国家的地域，这必然会导致不同国家在取证管辖范围上的重叠，从而不可避免地诱发国际法上的冲突。

实际上，这种冲突已经在"微软爱尔兰案"所反映出来的美国和爱尔兰的官方对立主张中表现得淋漓尽致。而在2019年于维也纳举行的"联合国网络犯罪政府专家组第五次会议"上，各国也对是否应允许一国绕过另一主权国家直接向互联网企业跨国调取电子数据展现出了较大的分歧。例如，以美国、英国、智利等《布达佩斯公约》缔约国为代表的一些国家表示，国际司法协助和执法合作等传统取证渠道效率低下，难以适应调取电子数据的需求，主张淡化国家对证据的管辖权，应授权执法机关直接向互联网企业调取存储在他国的电子数据。俄罗斯、南非、伊朗等国则强调，跨国调取电子数据应尊重证据所在国主权，保障相关主体和个人的权利。[①] 这实际上就反映出各国在数据控制者模式问世之后，对国家层面的刑事管辖权的两种截然不同的认识。

（二）深刻改变国际上刑事取证管辖的实际运行结构

虽然数据控制者模式只是部分取代了数据存储地模式，而且上文还用了"此消彼长"一词来描绘两者的可能关系，但是理性分析未来发展趋势，笔者认为更大的可能性在于，数据控制者模式在国际范围内大概率会逐渐压缩数据存储地模式的适用空间。这主要有两方面的原因。

其一，数据控制者模式瞄准了全球云市场的蓬勃发展趋势，有着广阔的发展

---

① 翟晓飞、赵倩：《从国际视角看中国网络犯罪取证规则的发展》，载《中国信息安全》，2019（5）。

前景。如今，无论是个人还是公司，都越来越多地选择将生活数据、商业数据等上传至"云"中，而并不像过往那样更多的只是进行本地存储。美国思科公司在2015年11月的时候预测，到2019年就会有55%的居民区网络用户使用云存储服务，而高达86%的工作数据都将存储于云中。[1] 美国Gartner公司于2018年9月发布的数据显示，2018年全球云服务市场规模已达1758亿美元；其当时预测，到2022年这一市场规模还将增长至2062亿美元。[2] 通过这些数据足以看出，全球云数据市场在近年来经历了飞速发展，从中也表明云服务提供者对数据的掌握力度变得越来越大。

在此背景下，正如"微软爱尔兰案"那样，一份电子邮件所涉及的内容数据和非内容数据存储于不同国家的情况将在个案中越来越多地出现。应当认识到的是，数据控制者模式相较数据存储地模式的确有其优势，有助于破除个案中数据跨境分散存储而难以通过常规法律程序快捷获取的难题。

其二，数据控制者模式也因美国的技术优势和全球影响力，在刑事取证管辖方面将逐渐显现其重要性。原因在于，以GAFA（谷歌、苹果、脸书和亚马逊）为代表的美国IT巨头在全球云数据市场占据着统治性的份额，其所控制的海量的境外云数据随着《云法案》的出台都将潜在地纳入到美国刑事取证管辖的范围。而从近期来看，正如后文还将展开说明的那样，一些国家和地区已经准备效仿该法的做法或接受该法授权的双边"互惠"机制，从而使数据控制者模式在全球范围内实际发挥的效用越发增大。因此，如果以美国为代表的国家在数据控制者模式的运行方面得到持续纵深发展，那么数据存储地模式的适用空间必然会受到压制，从而令国际层面刑事取证管辖的实际运行结构出现显著转向。

---

[1] see Cisco, "Cisco Global Cloud Index 2014－2019", https://www.cisco.com/c/dam/m/en_us/service-provider/ciscoknowledgenetwork/files/547_11_10-15-DocumentsCisco_GCI_Deck_2014-2019_for_CKN__10NOV2015_.pdf, 最后访问日期：2018年11月1日。

[2] "See Gartner Forecasts Worldwide Public Cloud Revenue to Grow 17.3 Percent in 2019", https://www.gartner.com/en/newsroom/press-releases/2018-09-12-gartner-forecasts-worldwide-public-cloud-revenue-to-grow-17-percent-in-2019. 最后访问日期：2019年12月15日。

第三节　跨境电子取证管辖模式变革的影响因素

数据控制者模式的问世以及对数据存储地模式的部分取代，反映出刑事取证管辖模式在国际层面出现了重大变革。通过深入的比较分析和理论考究可以发现，这一变革主要受到了两大方面的因素的影响。在这其中，各国立足自身国家利益的最大化而对数据资源的掌控居于核心地位；"数据特例主义"理论的提出也对适用于有形实物的传统管辖模式构成了冲击，同样不容忽视。

一、各国立足自身国家利益的最大化对数据资源的掌控

"数据是新的石油，是本世纪最为珍贵的财产；谁掌握了数据，谁就掌握了主动权。"[1] 数据作为一种新兴资源的巨大价值早已获得国际认可，许多国家近年来由此越发重视对数据资源的掌控，以此实现国家利益的最大化。"在数字侦查语境下，利益关系复杂化，数据本身牵涉国家关键基础资源的争夺，例如，数据安全、网络安全、个人信息保护、网络产业发展等。"[2] 从现实来看，不同的国家在数据资源的现实掌控能力方面存在巨大的差异。从近期一些国家强化其执法机关与其他法域网络服务商直接合作的取证模式来看，这势必会给互联网领域专业技术欠缺或处于弱势的发展中国家造成巨大压力，处于互联网发展初期阶段的国家或者国内网络服务提供者发展尚不具规模的国家在此种国际合作模式下将逐渐"被边缘化"并最终可能失去对数据的掌控权。[3] 因此，各国在国家数据主权、国家数据安全及数据权利保护等方面的国家战略及法律制度层面展现出了显著的差异，由此对国际上刑事取证管辖模式的变革产生了重要的影响。下面相应地从三个方面进行论证。

---

[1] 新华社评论员：《用好大数据，布局新时代——学习习总书记在中央政治局第二次集体学习时重要讲话》，载《新华每日电讯》，2017 年 12 月 11 日，第 1 版。
[2] 裴炜：《未来犯罪治理的关键——跨境数据取证》，载《中国信息安全》，2019（5）。
[3] 方芳：《坚持在联合国框架下制定电子证据国际标准——联合国毒品犯罪办公室第五届网络犯罪政府间专家组会议研究》，载《信息安全与通信保密》，2019（5）。

(一)国家数据主权

刑事取证管辖乃是国家主权的重要体现。由于网络空间中刑事取证管辖的对象是数据,国家对网络空间主权或数据主权的基本立场便成了具体管辖模式塑造及变革的基础。2011年10月10日,方滨兴院士在北京"第一届网络空间国际化学术讨论会暨互联网治理与法律论坛"上,就较早地提出了"网络空间主权"的理念。① 这一理念此后逐渐为我国学者所接受,并且成为我国官方的主张。从此后的多份法律和文件中的表述来看,对网络空间主权或数据主权均有强调,但前者出现的频次更多。

在法律层面,2015年施行的《中华人民共和国国家安全法》第25条规定:"国家建设网络与信息安全保障体系,提升网络与信息安全保护能力,加强网络和信息技术的创新研究和开发应用,实现网络和信息核心技术、关键基础设施和重要领域信息系统及数据的安全可控;加强网络管理,防范、制止和依法惩治网络攻击、网络入侵、网络窃密、散布违法有害信息等网络违法犯罪行为,维护国家网络空间主权、安全和发展利益。"据此,我国法律层面第一次出现了"网络空间主权"的表述。2017年施行的《中华人民共和国网络安全法》(以下简称《网络安全法》)第1条则指出,该法的立法目的之一就在于"维护网络空间主权和国家安全"。②

除了上述法律明确规定了"网络空间主权"外,中共中央办公厅、国务院办公厅于2016年7月联合发布的《国家信息化发展战略纲要》指出:

树立正确的网络安全观,坚持积极防御、有效应对,增强网络安全防御能力和威慑能力,切实维护国家网络空间主权、安全、发展利益。维护网络主权和国家安全。依法管理我国主权范围内的网络活动,坚定捍卫我国网络主权。坚决防范和打击通过网络分裂国家、煽动叛乱、颠覆政权、破坏统一、窃密泄密等行为。

国家互联网信息办公室在2016年12月发布的《国家网络空间安全战略》也

---

① 参见方滨兴主编:《论网络空间主权》,前言部分"vi"页,北京,科学出版社,2017。
② 该条规定:"为了保障网络安全,维护网络空间主权和国家安全、社会公共利益,保护公民、法人和其他组织的合法权益,促进经济社会信息化健康发展,制定本法。"

明确指出，网络空间属于"国家主权的新领域"：

网络空间已经成为与陆地、海洋、天空、太空同等重要的人类活动新领域，国家主权拓展延伸到网络空间，网络空间主权成为国家主权的重要组成部分。尊重网络空间主权，维护网络安全，谋求共治，实现共赢，正在成为国际社会共识。

网络空间主权不容侵犯，尊重各国自主选择发展道路、网络管理模式、互联网公共政策和平等参与国际网络空间治理的权利。各国主权范围内的网络事务由各国人民自己做主，各国有权根据本国国情，借鉴国际经验，制定有关网络空间的法律法规，依法采取必要措施，管理本国信息系统及本国疆域上的网络活动；保护本国信息系统和信息资源免受侵入、干扰、攻击和破坏，保障公民在网络空间的合法权益；防范、阻止和惩治危害国家安全和利益的有害信息在本国网络传播，维护网络空间秩序。任何国家都不搞网络霸权、不搞双重标准，不利用网络干涉他国内政，不从事、纵容或支持危害他国国家安全的网络活动。

此外，外交部和国家互联网信息办公室于2017年3月联合发布的《网络空间国际合作战略》在第三章"战略目标"的"维护主权和安全"部分也对"网络空间主权"进行了明确表述：

网络空间国防力量建设是中国国防和军队现代化建设的重要内容，遵循一贯的积极防御军事战略方针。中国将发挥军队在维护国家网络空间主权、安全和发展利益中的重要作用，加快网络空间力量建设，提高网络空间态势感知、网络防御、支援国家网络空间行动和参与国际合作的能力，遏控网络空间重大危机，保障国家网络安全，维护国家安全和社会稳定。

由于数据本身依托而不能脱离于网络空间，因此既然主张网络空间主权，数据主权就理所当然地应该成立，从而可以将其定位于网络空间主权的下位概念：

网络空间主权针对的是网络空间中的一切设施、数据及其相关活动，而数据主权针对的客体是数据,是网络空间的一个要素。数据主权从广义上来看是将数据作为一个领域,从狭义上来看是将数据作为一种事物。数据主权所涉及的数据实际上涵盖所有信息种类,包括结构化、半结构化和非结构化的数据,几乎包括任意行为体产生的任意信息或日常行为记录。很显然,网络空间主权与数据主权属于包含关系,数据主权是网络空间主权的一个子集。①

我国除了主张网络空间主权外,也是数据主权的坚定主张者和支持者。2015年8月31日,国务院在其发布的《促进大数据发展行动纲要》中首次从官方层面对"数据主权"进行了表述:"充分利用我国的数据规模优势……增强网络空间数据主权保护能力,维护国家安全,有效提升国家竞争力。"

由于网络空间主权系国家主权在网络空间的延伸,因此数据主权也成为国家主权不可或缺的组成部分。尽管如此,我国所主张的数据主权仍然面临着理论和现实层面的如下困境。

一方面,数据主权在理论上并未形成一致意见,尚存在着不小的争议。有研究者认为,当前对数据主权的界定主要是从三个角度入手:第一个角度是根据国家主权的相关概念,对数据主权作出界定。第二个角度是从数据主权的内容入手,对数据主权作出界定。第三个角度是从数据主权的权责内涵进行分析而作出的界定。由于角度不同,国内外学者对数据主权的主张和界定自然差异极大,尚未出现压倒性的通说。即使只从国内学界来看,相关的争议也不绝于耳,甚至就数据主权是否成立也还有不同的声音。例如,赞成数据主权提法的观点中,有人从数据主权与国家主权的关系上分析,认为数据主权是国家主权的一部分,对网络空间中数据的保护和利用是涉及国家主权及利益的一项重要内容。有人从数据主权的来源思考,认为数据主权是伴随云计算和大数据技术的发展而来的,涉及数据的生成、收集、分析、应用等各个环节,大数据的爆发式增长很可能对国家安全和个人隐私带来潜在的危害,因此必须明确数据主权并构建相关法律制度;有人从国际视野出发,指出中国需要以"数据主权"核心诉求,推动建立"共享共治、自有安全"的全球网络新秩序。不赞成数据主权提法的观点,主要是认为

---

① 方滨兴主编:《论网络空间主权》,323页,北京,科学出版社,2017。

单纯强调数据主权可能会导致国与国之间形成对抗状态，不利于数字经济的发展，因此主张弱化数据主权概念，提出保障数据安全的核心是提升数据掌控和分析能力。①

另一方面，数据主权尚未在国际范围内得到普遍认同。例如，由"北约卓越合作网络防御中心"（CCDCOE）组织的包括中国学者在内的专家组编写的《网络空间国际法示范规则》即《塔林手册2.0》尽管认可我国所主张的网络空间主权，但从具体内容来看只涉及3个层次：物理层包括物理网络组成部分，即硬件和其他基础设施，如电缆、路由器、服务器和计算机；逻辑层由网络设备之间存在的连接关系构成，包括保障数据在物理层进行交换的应用、数据和协议；社会层包括参与网络活动的个人和团体。②换言之，《塔林手册2.0》并未涉及国家对特定数据本身行使的主权。③

更为复杂的问题在于，尽管以中国为代表的大多数发展中国家为了抵制网络霸权对网络空间的戕害而主张网络空间主权，④而且主权平等原则适用于网络空间，⑤但以美英为代表的许多西方发达国家则对此予以反对。以美国为例，2018年9月发布的《国家网络战略》只字不提网络空间主权，而是再次强调了其在近

---

① 张莉主编：《数据治理与数据安全》，130～132页，北京，中国工信出版集团、人民邮电出版社，2019。
② ［美］迈克尔·施密特总主编：《网络行动国际法塔林手册2.0版》，黄志雄等译，58页，北京，社会科学文献出版社，2017。
③ 黄志雄：《网络空间国际规则制定的新趋向——基于〈塔林手册2.0〉的考察》，载《厦门大学学报》（社会科学版），2018（1）。
④ 参见张新宝、许可：《网络空间主权的治理模式及其制度构建》，载《中国社会科学》，2016（8）。
⑤ 外交部和国家互联网信息办公室于2017年3月1日发布的《网络空间国际战略》第三章"基本原则"的第二部分"主权原则"明确主张："《联合国宪章》确立的主权平等原则是当代国际关系的基本准则，覆盖国与国交往的各个领域，也应该适用于网络空间。国家间应该相互尊重自主选择网络发展道路、网络管理模式、互联网公共政策和平等参与国际网络空间治理的权利，不搞网络霸权，不干涉他国内政，不从事、纵容或支持危害他国国家安全的网络活动。明确网络空间的主权，既能体现各国政府依法管理网络空间的责任和权利，也有助于推动各国构建政府、企业和社会团体之间良性互动的平台，为信息技术的发展以及国际交流与合作营造健康的生态环境。各国政府有权依法管网，对本国境内信息通讯基础设施和资源、信息通讯活动拥有管辖权，有权保护本国信息系统和信息资源免受威胁、干扰、攻击和破坏，保障公民在网络空间的合法权益。各国政府有权制定本国互联网公共政策和法律法规，不受任何外来干预。各国在根据主权平等原则行使自身权利的同时，也需履行相应的义务。各国不得利用信息通讯技术干涉别国内政，不得利用自身优势损害别国信息通信技术产品和服务供应链安全。"

年来所力推的互联网治理的"多利益攸关方模式"。① 由于这些国家并不支持网络空间主权,因此更谈不上赞成我国所主张的作为网络空间主权之下位概念的数据主权。

在对网络空间主权的认识存在明显分歧且数据主权是否成立、是否包含于网络空间主权尚未达成国际共识的背景下,不同国家基于自身利益必然会对网络空间中存储、流动的数据展开激烈的争夺。这种争夺对刑事取证管辖模式的变革产生了显而易见的影响。"在传统域外刑事取证过程中,由于目标证据材料的相对明确并显著区别于非涉案财物,对国家主权以及国家或公共利益的判断或评价相对容易。但是,在网络信息社会中,占有数据本身即可形成利益,大数据分析等技术进一步使这种占有与数据类型脱钩。从这个意义上讲,传统管辖权是划界之后的消极防守,现在则转化为各国的全面进攻,使以往偶然发生的管辖权冲突变得频繁和主动。"②

具体到不同的国家而言,主张网络空间主权特别是数据主权的国家必然会强调对网络空间中特定数据的保护和管控。特别是对于存储于其境内的数据而言,坚持数据存储地模式从而排他性地抗衡其他国家的争夺,显然更符合其国家利益。然而与此相对的是,反对数据主权的国家则更希望松动、突破数据存储地模式的僵硬枷锁,从而在云计算的时代背景下凭借其技术优势实现对存储于他国境内的数据的长臂掌控。就此而论,数据控制者模式的应运而生与网络空间主权或数据主权的国际争议不无关系。

（二）国家数据安全

基于国家数据安全而强有力地保护数据,这对网络技术及在跨境通信、云计算市场处于弱势的国家尤其重要。如今,跨境云服务提供者所控制的大数据不仅涉及大范围的用户隐私,甚至还关系到一国的国计民生,从而潜在影响国家数据安全和稳定。于是,通过法律强制要求网络服务提供者对境内所收集及服务供给

---

① "see National Cyber Strategy of the United States of America", p.25, https://www.whitehouse.gov/wp-content/uploads/2018/09/National-Cyber-Strategy.pdf, 最后访问日期：2018年11月15日。
② 参见裴炜：《未来犯罪治理的关键——跨境数据取证》,载《中国信息安全》,2019（5）。

过程中产生的数据进行本地化存储也即"数据本地化"（data localization）①，已经成为许多发展中国家对抗数据强国试图依托这类网络服务提供者实现数据霸权的重要选择。特别是在美国"棱镜门"计划曝光之后，数据本地化存储法律制度更是得到了越来越多国家特别是发展中国家的重视。2017年的一份研究报告显示，全球范围内已经有包括中国在内的36个国家和地区通过立法等方式对数据本地化存储进行了明确要求，但形式并不相同。例如，全球互联网治理委员会（Global Commission on Internet Governance）在其2015年的发布报告《数据本地化规则对金融服务的影响》（*Addressing the Impact of Data Location Regulation in Financial Services*）中，将数据本地化概括为四种类型：一是数据出境的地域限制，即要求数据必须于某一国家或区域境内存储和处理；② 二是数据位置的地域限制，即允许数据副本出境处理，但在本国或本区域内必须存有副本；三是基于许可制的数据出境限制，即要求数据出境需经主管当局许可；四是基于标准体系的数据出境限制，即要求数据出境必须采取标准化的步骤以确保数据安全和隐私保护。其中，前两种类型会直接限制数据跨境流动，是当前世界数据本地化立法的主要类型。③

也有学者比较了多个国家的数据本地化措施，从不同的宽严程度出发，将其进行了类型化归纳：（1）仅要求在当地有数据备份，而并不对跨境提供作出过多限制；（2）数据留存在当地，且对跨境提供有限制；（3）要求特定类型的数

---

① 有学者认为，"数据本地化"是指出于本国公民隐私保护、国家数据安全或执法便利等目的，在国家内部收集、处理和存储有关公民或居民的数据。参见王融：《数据跨境流动政策认知与建议——从美欧政策比较及反思视角》，载《信息安全与通信保密》，2017（2）。从一国作为对抗他国跨境取证方案的"数据本地化"而言，主要强调的是数据的本土化存储，本书也主要是从这个层面来探讨"数据本地化"的。当然，本书分析的本地化存储的数据也并不限于公民或居民的数据，而是包括一切数据。
② 例如，俄罗斯于2014年5月通过的《〈关于信息、信息技术和信息保护法修改案〉及个别互联网信息交流规范的修正案》，在"互联网信息传播组织者的义务"中增加了数据境内留存的要求，规定"自网民接受、传递、发送和（或）处理语音信息、书面文字、图像、声音或者其他电子信息6个月内，互联网信息传播组织者必须在俄罗斯境内对上述信息及网民个人信息进行保存。参见中央网络安全和信息化领导小组办公室、国家互联网信息办公室政策法规局：《外国网络法选编（第一辑）》，第408页，北京，中国法制出版社，2015。
③ 参见裴炜：《全球互联背景下数据要地化发展趋势与展望》，载《中国信息安全》，2021（5）。

据留存在境内；（4）数据留存在境内的自有设施上，等等。①

还有学者同样将宽严程度作为划分标准，从不同的角度，对数据本地化进行了不同类型的划分：（1）最严格的数据本地化形态为"完全禁止本国数据出境"。也就是说，本国的数据必须保存在本国境内的存储设备上，他国跨国公民要想进入本国市场，就必须在本国境内建立数据中心以存储本国公民数据，例如印度的数据本地化便呈现出这种样态。（2）稍微宽松一些的是俄罗斯、澳大利亚等国家采取的策略——"禁止本国特定数据出境。"（3）欧盟和韩国的数据本地化措施更为开放，只要数据满足了法律规定的条件，就可以自由出境。（4）"境内数据中心备份出境"当属最宽松的数据本地化形态。②

基于数据安全而保护数据的另一个表现在于对数据的跨境流动或披露进行法律规制。这实际上属于上述《数据本地化规则对金融服务的影响》报告中的第三种类型，属于一种特殊的数据本地化举措。这一方案近年来也得到了许多国家的青睐，并形成了以俄罗斯、澳大利亚为代表的刚性禁止流动模式，以欧盟、韩国为代表的柔性禁止流动模式以及以印度、印尼为代表的本地备份流动模式。③

综上，无论是对数据进行本地化存储还是对数据的跨境流动或披露进行法律规制，实际上都反映了不同国家基于数据安全而进行的战略选择。以数据本地化制度为例，虽然部分发达国家的数据保护立法中也有相应的规定，但是综合来看，这类立法在发展中国家更为多见。有学者提出，"整体上，发达国家反对宽泛的数据本地化要求，而发展中国家则更多地倾向于宽泛的数据本地化。发展中国家的数据本地化要求多出于国家安全、网络安全、数据安全，以及监管执法、国家战略、地缘政治等宽泛性考量，而发达国家的相关规则目的往往更加具体，多是对特殊数据、敏感数据的强化保护，以保护公民基本权利和尊严。"④也有学者

---

① 参见王融：《数据跨境流动政策认知与建议——从美欧政策比较及反思视角》，载《信息安全与通信保密》，2017（2）。
② 张莉主编：《数据治理与数据安全》，138～139页，北京，中国工信出版集团、人民邮电出版社，2019。
③ 参见吴沈括：《数据跨境流动与数据主权研究》，载《新疆师范大学学报》（哲学社会科学版），2016（5）。
④ 龙卫球主编：《〈中华人民共和国数据安全法〉释义》，35页，北京，中国法制出版社，2021。

类似地提出,"从各国的数据立法来看,严格追求数据本地化政策的国家大多是互联网和数据技术不发达的国家,数据本地化政策是一种防守性政策,可以作为这些国家与其他国家和互联网公司谈判的筹码。"①

从便利刑事取证管辖的执行及维护数据安全从而实现这些国家的利益最大化的角度而言,数据存储地模式有着显著优势。一方面,从法律层面要求对数据本地化存储,显然有助于有效服务本国的刑事侦查,电子取证活动无需再经历司法协助的复杂程序并受制于他国的取证标准;另一方面,限制或禁止数据跨境流动或披露,致使其他国家无法在侦查中便捷地通过单边渠道收集数据,这对于数据安全的维护具有重要的意义,而且实际上也有利于本国刑事侦查中电子取证的顺利开展。

反对数据本地化存储并主张数据跨境自由流动,则更符合在云数据市场占绝对优势且试图推行数据霸权的国家的利益。原因在于,严格的数据本地化政策确实不利于全球层面云计算和大数据的产业发展,这是必须要正视的。于是,在A国实行数据本地化制度后,B国网络服务提供者在A国从事数据业务时就必须以自建服务器或本地托管的方式满足后者的法律要求。这必然导致B国的网络服务提供者大大增加在境外的成本投入,削弱其在云计算方面的技术优势。② 2018年9月,由时任美国总统签署发布的《美利坚合众国国家网络战略》便指出:"数据本地化规则对美国企业的竞争力产生了负面影响,美国将继续抵制阻碍数据和数字贸易自由流动的壁垒,促进全球数据自由流动。"③ 美国作为数据产业的第一大国,显然不愿意看到这样的局面持续下去。

由此可见,美国反对其他国家对数据的本地化存储并主张数据跨境自由流动,很大程度上就是要通过维护其跨国企业利益的方式实现其国家网络战略。而要达

---

① 翟志勇:《数据主权的兴起及其双重属性》,载《中国法律评论》,2018(6)。
② 许多发达国家开展跨境云计算业务的网络服务提供者往往也反对"数据本地化"。一个不容忽视的原因在于,"不断扩大本地化存储对象的范围,加之严格限制相关数据外流,必将导致电子数据的'孤岛化'现象,会对数字经济发展产生不利影响。"参见冯俊伟:《跨境电子取证制度的发展与反思》,载《法学杂志》,2019(6)。
③ see "National Cyber Strategy of the United States of America", p.25, https://www.dni.gov/files/NCSC/documents/supplychain/20190328-National-Cyber-Strategy-Sep2018.pdf,最后访问日期:2022年1月19日。

到这一目标，美国必然会选择弱化其他国家对数据的保护力度，令后者的数据安全保障大打折扣。从刑事取证管辖的角度而言，数据强国所力主推行的全新的数据控制者模式，从根本上讲也就可以视为对其他国家在数据本地化存储、跨境数据流动管制的背景下维护数据安全并坚守数据存储地模式的战略回击。

（三）数据权利保护

对与数据相关的特定法律权利进行保护，以此提升国家对数据的掌控能力，也会对跨境电子取证管辖模式的塑造产生重要的影响。除了下文还将分析的美国《储存通信记录法》（SCA）对本地存储的通信内容数据进行强有力的保护外，历来强调个人隐私保护的欧盟近期的改革动向也非常值得关注。

2018年5月25日，被称为"史上最严"的《通用数据保护条例》（GDPR）施行，欧盟于是从整体层面强化了对个人数据的保护。在这其中，第48条专门规定了"未经欧盟法授权的转移或披露"——任何法庭判决、仲裁裁决或第三国行政机构的决定若要求控制者或处理者对个人数据进行转移或披露，应同时满足以下条件时方能得到认可或执行：一是该判决、裁决或决定必须基于提出请求的第三国与欧盟或其成员国之间订立的法律互助协议等国际条约；二是该判决、裁决或决定不会对本章规定的其他转移形式产生消极影响。根据该规定，如果外国执法机构单方采取数据控制者模式而欲通过网络服务提供者转移或披露存储于欧盟成员国境内的数据，在不满足上述两个条件的情况下便与《通用数据保护条例》相冲突。从这个角度而言，这一条文可以视为欧盟选择了数据存储地模式来强化个人数据保护，从而强有力地提升了成员国对存储于其境内的数据的掌控能力，这对维护成员国的整体数据利益而言显然具有重要的意义。

但从另一角度来看，《通用数据保护条例》在强化个人数据保护方面也出现了跨境适用。① 根据其中第3条"地域范围"之规定，《通用数据保护条例》"适用于对欧盟内的数据主体的个人数据处理，即使控制者和处理者没有在欧盟境内设立机构"。具体而言，《通用数据保护条例》中"数据管辖权的扩张主要是通过弱化数据所在地对于管辖范围的限制，以动态的数据管理和处理行为为管辖权

---

① 参见何波：《数据是否也有主权——从微软案说起》，载《中国电信业》，2018（8）。

核心关注点，从而使欧盟在个人信息保护方面的管辖权不仅大幅扩张，并且为主管机关建构起较大的自由裁量空间。"①

正如本书第四章将要展开细致分析的那样，欧盟在美国《云法案》施行的背景下已计划出台"欧洲数据提交令"（European Production Order）制度，在电子数据取证方面并不考虑相应数据到底是否存储于欧盟的地域范围内。由于欧盟强调这一改革提议所涉及的个人数据受到《通知数据保护条例》的保护，②这实际上就是通过强化个人数据保护的方式，实质性地实现成员国对境外数据的现实掌控能力。如果"欧洲数据提交令"制度未来能够落地，欧盟必将在刑事取证管辖方面对数据存储地模式施以实质性的变革。这样一来，欧盟的改革方案一方面对内强化了数据存储地模式，而对外则计划推行数据控制者模式，这样的变革实际上都反映了欧盟及其成员国在数字化时代尽最大可能维护其自身数据利益而开展的努力。

在此背景下，由于数据控制者模式强化了一些国家通过网络服务提供者对外掌控其他国家境内存储之数据的能力，这必然导致与数据本身直接相关的某些权利的保护受到直接威胁。除了国家层面的主权与安全因素而外，相关威胁主要表现为两个方面。

第一，给网络服务提供者带来合规困境。鉴于全球范围内对网络犯罪的定义和范围尚无统一界定，加之各国在跨境取证程序方面的单边性立法及部分多边条约的复杂性，当他国执法或司法机关向另一国的网络服务提供者发布跨境电子取证的披露指令时，后者在大量案件中便会面临难以预测的合规困境。原因在于，如果单方面接受他国执法或司法机关的跨境电子取证执法协助指令，虽然有助于维系网络服务提供者的相应国家的合规运营，但却很有可能，与此同时违背数据存储国关于数据本地化及数据流动或出境管制的法律禁令。在某些国家滥用跨境电子取证侦查权力的情况下，跨国运营的网络服务提供者所面临的这种合规困境必定会更加突出。

---

① 裴炜：《欧盟 GDPR：数据跨境流通国际攻防战》，载《中国信息安全》，2018（7）。
② Security Union, "Commission facilitates access to electronic evidence", http://europa.eu/rapid/press-release_IP-18-3343_en.htm, 最后访问日期：2018 年 1 月 22 日。

第二，对保护公民的个人隐私等基本权利可能造成较大损害。①网络服务提供者掌握的数据除了部分自身开展业务的运营数据外，还包括用户的注册信息、交易数据、财务数据、通信内容数据等多种类型的数据。在数据控制者模式问世之后，采取这种模式对待跨境电子取证行为的国家在向网络服务提供者发布数据披露指令时，通常只是要求后者配合执法，而不要求对所涉用户进行事前或事后的告知。这对数据存储国境内的公民个人隐私等基本权利的保护而言显然是非常不利的。

综上，数据控制者模式的出现在很大程度上反映了开展跨境执法的国家对数据相关权利进行强化保护的趋势，但同时也导致跨境运营的网络服务提供者的数据合规、公民的个人隐私等基本权利受到直接冲击。各国在近年来就此展开激烈博弈，也就不足为奇了。

二、"数据特例主义"对适用于有形实物的管辖模式的冲击

相较于有形实物而言，电子数据的出现时间较晚。由于有形实物的刑事取证管辖的范围长久以来都严格受限于国家疆域，因此对于数据而言，要么是强调其所具有的特殊性而需要建构全新的刑事取证管辖模式，要么是将其与有形实物予以无差别化地对待从而适用传统模式。

强调数据在刑事取证管辖方面不同于有形实物的特殊性而创设新的法律规则的观点被称为"数据特例主义"（Data Exceptionalism）。对此，美国华盛顿大学的 Daskal 于 2015 年提出的理论观点在学界受到了较大的关注，因而颇值一提。她从 5 个方面详细地阐释了数据相对于有形实物的差异。

一是数据的迅捷流动性（mobility）。以国际电子邮件为例，数据可能迅速且频繁地穿行于他国的云服务器，而有形实物的越境流动则受到严格限制。二是数据的离散存储性（divisibility）。特别是在云计算的技术背景下，基于数据运营安全及效率的考虑，离散式跨境存储已呈常态。三是数据存储与获取的分

---

① 参见方芳：《坚持在联合国框架下制定电子证据国际标准——联合国毒品犯罪办公室第五届网络犯罪政府间专家组会议研究》，载《信息安全与通信保密》，2019（5）。

离性（location independence）。一方面，数据权利人的位置与数据存储位置相分离；另一方面，调查人员的位置也与数据存储位置相分离。①四是数据的多方牵涉性（intermingling）。以国际通信为例，数据可能同时涉及境内和境外的传输和存储，通信双方甚至多方均对数据享有权利。五是第三方掌控性（third-party control）。②在云计算时代，用户的海量数据为跨境网络服务提供者所实际掌控，后者对数据存储地的确定有着决定性的影响。③这种特性导致在刑事诉讼活动中，侦查机关越来越多地依赖于向第三方数据平台取证，而不是采取传统的方式对嫌疑人的设备直接进行搜查。④根据"数据特例主义"的观点，既然数据在这么多方面都与有形实物存在显著差异，因此不应基于传统意义上的国家疆域而确定刑事取证管辖的范围。这就意味着，"数据特例主义"的理论观点实际上可以视作对数据存储地模式的否定。

当然，"数据特例主义"在理论界也面临较大的争议。针锋相对的观点并不主张基于数据的某些特殊性而建构全新的刑事取证管辖的法律规则。从理论脉络来看，这种观点起源于对"网络自身主权论"的反对。例如，Goldsmith 较早地提出，网络空间中的事务与现实世界的事务并没有什么不同，因此主张国家基于领土的管制同样适用于网络空间。⑤就网络空间中的数据而言，Woods 相应地认为，它并非人们观念中所认为的那样属于新事实，其实与有形实物并无实质不同。即使

---

① 这种"分离"的特性所导致的一个潜在的后果是，执法机构很可能因被请求方不具备相关电子数据取证能力，而导致其无法通过常规的刑事司法协助程序获取到理想的证据。原因在于，"传统刑事司法协助制度以被请求国确有能力和权力获取该证据为前提。在数据取证的语境下，数据的物质载体无法有效限定和区分其中的数据类型、体量和相关性，执法机关面临着数据存储与数据控制相分离的现实状况，被请求国即便是数据载体的所在地，也并不意味着其具有获取载体所有数据的能力和权力。在保护个人数据的价值导向下，这种分离有可能被进一步强化。"参见裴炜：《未来犯罪治理的关键——跨境数据取证》，载《中国信息安全》，2019（5）。
② 也有学者将此特征称为"聚集性"。具体而言，"传统形式的证据很少具有聚集性，不同种类的证据可能分散在不同地方，但电子数据在多数情形下具有集中性、聚集性，即很多电子信息或者通话信息都处于一定的主体（如网络服务提供者）控制之下，被集中存储和管理。"参见冯俊伟：《跨境电子取证制度的发展与反思》，载《法学杂志》，2019（6）。
③ Jennifer Daskal,"The Un-Territoriality of Data",*Yale Law Journal,* 125(2015), 365.
④ See Jennifer Daskal,"Privacy and Security Across Borders",*Yale Law Journal Forum,* 128 (2019), 1029.
⑤ Jack L. Goldsmith,"Against Cyberanarchy",*The University of Chicago Law Review,* 65(1998), 1199.

是云数据,其也事实上位于特定国家领土之内的存储设备之中,因此本质上也具有归属于国家疆域之基本特征。Woods 也对 Daskal 所论证的数据的某些不同于实物的独有特征进行了批判。以数据所谓的"迅捷流动性"为例,实际上跨境流动早已十分频繁的资金也具有这样的特征,因此不能简单地将该特征作为建构全新法律规则的论据。① 此外,Svantesson 认为,"数据特例主义"还存在概念逻辑上的论证错误,并指出 Daskal 所提到的数据的上述特征更为确切地讲应当称为"云数据特例主义"。② 例如,在不涉及云计算的情况下,数据完全不具备"离散存储性"和"第三方掌控性"。根据这种观点,尽管需要承认数据有一些特殊性,但是也应当采用长久以来适用于有形实物的刑事取证管辖模式,因此该观点实质上是支持数据存储地模式的。

尽管如此,"数据特例主义"理论的提出毕竟指出了数据不同于有形实物的一些特殊性,特别是对于云数据而言更是如此。在此背景下,"数据特例主义"的理论观点由于否定数据存储地模式,因而对适用于有形实物的刑事取证管辖模式确实构成了冲击。就美国《云法案》条款所代表的数据控制者模式而言,其对数据控制者模式的部分取代实质上也反映出"数据特例主义"理论观点已经产生了无可否认的现实影响。就此而论,"数据特例主义"从程序法理和证据法理的层面对国家刑事取证管辖模式的变革构成了深刻的影响,为数据控制者模式的登台亮相奠定了理论基础。

---

① See Andrew Keane Woods, "Against Data Exceptionalism", *Stanford Law Review*, 68(2016), 729.
② Dan Jerker B. Svantesson, "Against 'Against Data Exceptionalism'", M*asaryk University Journal of Law and Technology*, 10(2016), 204.

第二章

跨境电子取证管辖模式的中国选择

第一节　跨境电子取证管辖模式的中国立场及理论检视

面对近年来国际层面刑事取证管辖模式的重要演变态势，中国需要明确国家层面的理论立场，从而为取证方式的具体规则设计提供指引。为此，本部分将首先对我国刑事数据取证管辖的现状从规范和实务角度进行细致的考察，并在理论层面进行检视，以此为后文关于国家层面理论立场方面的主张提供基础。

一、我国刑事数据取证管辖的现状考察

（一）境内存储数据的刑事取证管辖

对于存储于境内的数据而言，我国主张拥有无可争议且排他性的刑事取证管辖权。2018年10月26日施行的《国际刑事司法协助法》第4条规定："非经中华人民共和国主管机关同意，外国机构、组织和个人不得在中华人民共和国境内进行本法规定的刑事诉讼活动，中华人民共和国境内的机构、组织和个人不得向外国提供证据材料和本法规定的协助。"由于证据材料本身就可以表现为电子数据这样一种形式，因此这一条文显然可以直接适用于电子数据。

此外，我国也通过多部法律法规强制要求对数据进行本地化存储来便利对内数据主权的行使，从而方便刑事取证的执行。近年来，这方面的规定最为引人注目的便是《网络安全法》对关键信息基础设施运营者的数据本地化存储提出的强制性要求。从立法背景来看，"随着经济社会生活的日渐数字化，社会公共服务以及国家对经济社会事务的管理等都高度依赖关键信息基础设施，这也使关键信息基础设施汇集了大量的个人信息和涉及国家安全、经济安全的重要数据。这些重要数据如果转移至境外，关键信息基础设施的运营者对其控制力必将减弱，其安全风险将增加；同时我国境内的个人要维护其个人信息权利，有关机关依法行

使职权查阅、调取、处置这些数据必将增加难度。"①为此,《网络安全法》第37条规定,"关键信息基础设施的运营者在中华人民共和国境内运营中收集和产生的个人信息和重要数据应当在境内存储"。

《网络安全法》第37条的规定可以说起到了立竿见影的效果。例如从2018年2月28日开始,苹果公司已经遵循《网络安全法》的规定,将中国内地用户的iCoud密钥转由中国分公司的服务器存储。与此同时,iCloud服务也转由中国互联网服务公司"云上贵州"运营,相关数据也会存储于后者的服务器。然而在此之前,由于密钥存储于美国,中国侦查机关即使要调取iCoud中国内地用户存储于中国境内的数据资料,也必须通过刑事司法协助程序向美方提出申请。换言之,由于苹果中国分公司并不掌握密钥,无法向中国侦查机关提供存储于中国境内的用户数据。为此,中国侦查机关在未通过协助程序而直接向苹果中国公司调取数据的努力,近年来全部以失败告终。据路透社援引的苹果公司发布的报告显示,从2013年年中到2017年年中,该公司虽然收到了中国相关部门发出的176项数据披露要求,但是其一次也没有提供过。与此相对的是,对于来自美国政府的8475项披露美国用户账户内容的要求,该公司则对其中的2366项作出了回应。②总之,在《网络安全法》第37条实际发挥作用之后,我国实质性地确保了对苹果公司中国用户数据的本地化存储。

除了《网络安全法》外,如表2-1的不完全统计所示,数据本地化存储制度近年来还体现于多部法律法规及规范性文件之中。这些法律法规和规范性文件从2017年以来相对于过往更为密集地出现,明显反映出我国对数据主权和安全的重视度越发加大。这就可以保证我国在刑事取证管辖过程中对原本有可能因种种原则而存储于境外的数据的有效掌控。

---

① 杨合庆主编:《〈中华人民共和国网络安全法〉释义》,96页,北京,中国民主法制出版社,2017。
② See Stephen Nellis, Cate Cadell, "Apple moves to store iCloud keys in China, raising human rights fears", https://www.reuters.com/article/us-china-apple-icloud-insight/apple-moves-to-store-icloud-keys-in-china-raising-human-rights-fears-idUSKCN1G8060,最后访问日期:2018年6月11日。

表 2-1　与数据本地化存储相关的法律法规和规范性文件

施行时间	名　　称	内　　容
2012.01.12	中国保监会：《保险公司财会工作规范》第 82 条	保险公司财务信息系统中的业务、财务数据应当在中国境内存储，并进行异地备份
2017.06.01	《网络安全法》第 37 条	关键信息基础设施的运营者在中华人民共和国境内运营中收集和产生的个人信息和重要数据应当在境内存储。因业务需要，确需向境外提供的，应当按照国家网信部门会同国务院有关部门制定的办法进行安全评估；法律、行政法规另有规定的，依照其规定
2017.08.01	交通运输部等：《关于鼓励和规范互联网租赁自行车发展的指导意见》第 4 条	（运营企业）在境内运营中采集的信息和生成的相关数据应当在中国大陆境内存储
2017.12.20	《上海证券交易所技术规范白皮书》第 4.4 条	会员在中华人民共和国境内运营中收集和产生的个人信息和重要数据应当在境内存储。因业务需要，确需向境外提供的，应当按照国家网信部门会同国务院有关部门制定的办法进行安全评估
2018.10.22	交通运输部：《邮件快件实名收寄管理办法》第 16 条	寄递企业在中华人民共和国境内实名收寄活动中收集和产生的用户信息和重要数据应当在境内存储
2019.04.10	公安部网安局等：《互联网个人信息安全保护指南》第 6.2 条	在境内运营中收集和产生的个人信息应在境内存储，如需出境应遵循国家相关规定
2019.09.04	国家邮政局：《邮政企业、快递企业安全生产主体责任落实规范》第 39 条	在中华人民共和国境内实名收寄活动中收集和产生的用户信息和重要数据应当在境内存储
2020.02.13	中国人民银行：《个人金融信息保护技术规范》第 7.1.3 条	在中华人民共和国境内提供金融产品或服务过程中收集和产生的个人金融信息，应在境内存储、处理和分析。因业务需要，确需向境外机构（含总公司、母公司或分公司、子公司及其他为完成该业务所必需的关联机构）提供个人金融信息的，应遵守 4 项要求①

---

① 这 4 项要求分别是：应符合国家法律法规及行业主管部门有关规定；应获得个人金融信息主体明示同意；应依据国家、行业有关部门制定的办法与标准开展个人金融信息出境安全评估，确保境外机构数据安全保护能力达到国家、行业有关部门与金融业机构的安全要求；应与境外机构通过签订协议、现场核查等方式，明确并监督境外机构有效履行个人金融信息保密、数据删除、案件协查等职责义务。

续表

施行时间	名　称	内　容
2020.07.22	公安部：《贯彻落实网络安全等级保护制度和关键信息基础设施安全保护制度的指导意见》第3条	运营者在境内运营中收集和产生的个人信息和重要数据应当在境内存储，因业务需要，确需向境外提供的，应当遵守有关规定并进行安全评估
2021.07.30	工业和信息化部：《关于加强智能网联汽车生产企业及产品准入管理的意见》	在中华人民共和国境内运营中收集和产生的个人信息和重要数据应当按照有关法律法规规定在境内存储。需要向境外提供数据的，应当通过数据出境安全评估
2021.10.01	国家网信办等：《汽车数据安全管理若干规定（试行）》第11条	重要数据应当依法在境内存储，因业务需要确需向境外提供的，应当通过国家网信部门会同国务院有关部门组织的安全评估
2021.11.01	《个人信息保护法》第36条	国家机关处理的个人信息应当在中华人民共和国境内存储；确需向境外提供的，应当进行安全评估

（二）境外或跨境流动数据的刑事取证管辖

对于存储于境外或跨境流动中的数据的刑事取证管辖而言，侦查取证涉及跨境电子取证的具体情况则较为复杂，因此这里区分情形进行分析。

1. 通过刑事司法协助程序收集存储于境外的数据

从目前的实践来看，如确需访问、调取境外网络服务收集的非公开电子数据，或者境外网络服务商留存的日志数据，可通过警务联络渠道、刑事司法协助渠道、外交渠道开展。[①] 由于协助程序的运行是建立在双边或多边条约的基础，因此从维护数据主权并保护数据安全的角度而言无疑是最佳方案。

从规范层面来看，具体到《国际刑事司法协助法》第25条的规定，办案机关需要外国就所列事项协助调查取证的，应当制作刑事司法协助请求书并附相关材料，经所属主管机关审核同意后，由对外联系机关及时向外国提出请求。其中第（4）项的内容是"获取并提供有关文件、记录、电子数据和物品"。由此可见，该法对电子数据与其他实物证据的跨国收集没有做任何区分，刑事司法协助乃是

---

① 翟晓飞、赵倩：《从国际视角看中国网络犯罪取证规则的发展》，载《中国信息安全》，2019（5）。

常规程序。截至2020年11月，我国已经与81个国家缔结引渡条约、司法协助条约、资产返还与分享协定等共169项，与56个国家和地区签署金融情报交换合作协议。① 这其中便包括许多双边刑事司法协助条约，其内容多数都涉及包括电子取证在内的证据调查方面的协助。例如，1994年的《中华人民共和国和加拿大关于刑事司法协助的条约》第2条规定，司法协助的范围包括"搜查和扣押"。类似的双边条约规定的协助请求事项大同小异，其中所涉及的侦查措施理应适用于对电子数据的跨境收集。

此外，我国也可以通过缔结的多边条约执行刑事司法协助，以此获取存储于境外的电子数据。例如，1971年于蒙特利尔签署的《制止危害民用航空安全的非法行为的公约》（The Convention for the Suppression of Unlawful Acts Against the Safety of Civil Aviation）第11条第1款规定，"缔约各国对上述罪行所提出的刑事诉讼，应相互给予最大程度的协助。"又如，1972年于海牙签署的《制止非法劫持航空器的公约》（Hague Convention for the Suppression of Unlawful Seizure of Aircraft）第10条第1款规定，"缔约各国对第4条所指罪行和其他行为提出的刑事诉讼，应相互给予最大程度的协助。"再如，2010年6月于塔什干签署的《上海合作组织成员国政府间合作打击犯罪协定》第3条第1项规定，各方主管机关可以通过"执行有关采取侦查措施的请求"开展合作。

区际刑事司法协助遵循同样的准则。例如，2009年签署的《海峡两岸共同打击犯罪及司法互助协议》（以下简称《协议》）第8条规定的"调查取证"虽然只列举了"书证、物证及视听资料"，但是从体系解释的角度来看，该《协议》也适用于电子数据的跨境收集。原因在于：其一，《协议》签署的时候，大陆当时的《刑事诉讼法》并无电子数据这一证据形式的规定，因此从发展的眼光来看应当将与"书证、物证及视听资料"一样属于实物证据的电子数据纳入其中。第二，该条规定《协议》适用于"勘验、鉴定、检查、搜索及扣押"等常规的实物证据调查措施，而这些措施多可用于收集电子数据。

---

① 李志勇：《美国是中国外逃腐败分子最集中的国家 抹黑追逃追赃就是包庇腐败犯罪》，载《中国纪检监察报》，2020年11月11日，第1版。

2. 通过单边授权的远程侦查措施收集存储于境外及跨境流动中的数据

2014年，最高人民法院、最高人民检察院和公安部联合发布的《关于办理网络犯罪案件适用刑事诉讼程序若干问题的意见》第15条首次对跨境远程提取电子数据进行了规定。具体而言，对于"原始存储介质位于境外"而无法获取介质的，可以提取电子数据。最高人民法院、最高人民检察院和公安部于2016年发布的《关于办理刑事案件收集提取和审查判断电子数据若干问题的规定》（以下简称《电子数据规定》）第9条进一步明确，"对于原始存储介质位于境外或者远程计算机信息系统上的电子数据，可以通过网络在线提取。为进一步查明有关情况，必要时，可以对远程计算机信息系统进行网络远程勘验。进行网络远程勘验，需要采取技术侦查措施的，应当依法经过严格的批准手续。"此外，公安部于2019年发布的《公安机关办理刑事案件电子数据取证规则》（以下简称《公安电子取证规则》）第23条规定："对公开发布的电子数据、境内远程计算机信息系统上的电子数据，可以通过网络在线提取。"①

据此，我国曾一度对单边开展的3种跨境远程取证措施进行了授权。第一种称为跨境网络在线提取，一般指向的是境外的公开数据。第二种即跨境网络远程勘验，属于网络在线提取措施的基础上针对远程计算机信息系统特定情形的取证。② 第三种则是以"网络监听"为代表的跨境远程技术侦查，可用于收集境外或跨境流动的动态数据。③ 在这其中，特别是跨境远程勘验在侦查实践中得到了广泛的运用，实践中又常见于两种类型：一是通过讯问等手段获取账号、密码后登录境外网站或服务器提取数据，本书开章所提到的我国公安机关在两起案件中开展的远程勘验即属这种情况。二是采用勘验设备或专门软件提取境外服务器中存储的数据，目前从技术上讲已经比较成熟。④ 在过去的一些年间，采用这类方

---

① 关于《公安电子取证规则》第23条与《电子数据规定》第9条对跨境远程电子取证措施之规定的区分，以及相关措施在程序法律授权方面的变化，将在第六章进行详细论述。
② 参见2019年2月1日施行的《公安机关办理刑事案件电子数据取证规则》第27条的表述。
③ 公安部于2005年发布的《计算机犯罪现场勘验与电子证据检查规则》第25条规定了"网络监听"。这种技术侦查手段可以用于对跨境传输过程中的数据及境外目标系统运行过程中的数据进行实时收集。
④ 例如，目前在通过远程勘验软件提取站内线索时，可以"采用网络蜘蛛（爬虫技术）对目标网站进行二级深度访问，同时获取每个访问页面的源码，通过设置可用的正则表达式，对目标网站全站（深度二级）检索。参见朱峰、刘捷、李军：《远程勘验取证分析软件开发与实现》，载《信息网络安全》，2011（11）。

式进行的跨境远程电子取证,在服务器架设在境外的传播淫秽物品、网络赌博、电信诈骗等案件中十分常见。①

在上述三种措施类型之外,对于侦查机关是否还可以采取其他措施收集境外的电子数据,目前却并不明确。例如,侦查机关常用的远程鉴定、远程检查、远程搜查、远程辨认等措施②实际上都可以轻易地跨越国境,而且实践中甚至还出现了侦查中"冻结"境外电子数据的案例。③然而,从严格意义上讲,这些侦查措施的跨境适用并没有明确的法律授权。

此外,对于我国侦查机关是否可以像其他国家那样采用"数据控制者"模式而通过网络服务提供者获取境外的云数据,也无明确答案。而根据《电子数据规定》第13条,办案机关可以采取"调取"措施收集电子数据,并通知电子数据持有人、网络服务提供者或者有关部门执行。从《数据安全法》第35条的内容来看,也存在类似的规定。④然而,这些条款既没有指明调取的电子数据是否可以涉及境外,也没有对网络服务提供者的跨境数据披露法律义务作出明确要求,因此国际互联网公司在实践中往往都不愿意配合。⑤

---

① 叶媛博博士的研究通过一定范围的样本显示了这类案件的部分面貌。其在中国裁判文书网上,以"刑事案件-境外服务器"为关键词检索发现,这类案件主要有4种情形:一是帮助犯,这类犯罪分子租用境外服务器后提供给他人用于犯罪活动,如提供给电信诈骗分子用于电信诈骗,提供给侵犯公民个人信息犯罪分子用于存储和买卖公民个人信息等;二是网络传销,如犯罪分子租用境外服务器设立传销平台,将传销人员名称、层级、收益分配方式等信息存储于境外服务器,逃避境内公安机关打击;三是非法经营,犯罪分子租用境外服务器设立论坛或网站,用于销售未经许可的电子出版物、计算机软件等商品;四是生产销售假冒伪劣产品犯罪,与非法经营类似,犯罪分子租用境外服务器设立论坛或网站,销售假冒伪劣商品。以上四种犯罪案件合计35件,其中帮助犯罪10件,网络传销12件,非法经营5件,生产销售假冒伪劣商品8件。参见叶媛博:《我国跨境电子取证制度的现实考察与完善路径》,载《河北法学》,2019(11)。
② 参见高峰、田学群:《五方面细化规范"远程取证"工作》,载《检察日报》,2013年12月15日,第3版。
③ 例如在侦查一起开设赌场案件的过程中,公安机关冻结了涉嫌赌博的境外网站的账户达487个。参见雷强、张发平:《境外注册境内狂拉下线,在线赌博网站涉赌9.8亿》,载《市场星报》,2015年10月9日,第5版。
④ 该条规定:"公安机关、国家安全机关因依法维护国家安全或者侦查犯罪的需要调取数据,应当按照国家有关规定,经过严格的批准手续,依法进行,有关组织、个人应当予以配合。"
⑤ 冯姣:《互联网电子证据的收集》,载《国家检察官学院学报》,2018(5)。

二、对电子数据的现行刑事取证管辖模式的理论检视

通过上文从规范和实务层面对我国跨境刑事数据取证规则和实务操作的梳理，结合我国关于刑事取证管辖的既有理论方案，便可以发现一些无法回避的深层次的问题。

（一）刑事取证管辖模式的内在矛盾

1. 我国坚持数据存储地模式并反对数据控制者模式

上述《国际刑事司法协助法》第 25 条将电子数据与其他实物证据进行同类处理，实质上反映的就是对数据存储地模式的主张。与此相应的是，我国也反对外国在不符合该模式的情况下进行的跨境远程取证。例如，中国代表团于 2013 年 2 月在参加"联合国网络犯罪问题政府间专家组第二次会议"时指出，《布达佩斯公约》第 32 条 b 款的缺陷在于，直接跨境取证措施"与国家司法主权之间的关系值得探讨"。① 基于对数据存储地模式的维护而保障主权和管辖权从而反对这一条款，已经成为我国拒绝加入《布达佩斯公约》的主要理由之一。

此外，我国也通过立法对数据控制者模式表达了反对立场。在《国际刑事司法协助法》于 2017 年 12 月一审之后，有的部门提出，"实践中有外国司法执法机关未经我国主管机关准许，要求我境内的机构、组织和个人提供相关协助，损害我国司法主权和有关机构、组织和个人的合法权益"。因此，第 4 条增加"境内的机构、组织和个人不得向外国提供证据材料"之内容的目的就在于"抵制外国的'长臂管辖'"。② 由于该法适用于所有的刑事证据，而电子数据本身就属于刑事证据的一种形式，因此可以认为，我国对电子数据被外国执法机关单边调取的防范，实际上就是针对数据控制者模式进行的法律抗衡。③

---

① 佚名：《中国代表团出席"联合国网络犯罪问题政府间专家组"》，载 http://www.fmprc.gov.cn/ce/cgvienna/chn/drugandcrime/crime/t1018227.htm，最后访问日期：2018 年 3 月 15 日。
② 参见全国人民代表大会宪法和法律委员会：《关于〈中华人民共和国国际刑事司法协助法（草案）〉审议结果的报告》，载 http://www.npc.gov.cn/npc/xinwen/2018-10/26/content_2064519.htm，最后访问日期：2018 年 10 月 31 日。
③ 基于对长臂执法的抗衡而对数据出境进行管制的相关理论和实务问题，将在第七章进行详细论述。

2. 我国的侦查程序规范及实务在一定程度上违背数据存储地模式

严格意义上的数据存储地模式要求跨境电子数据取证均需要通过司法协助机制加以执行。然而，上述 2016 年的《电子数据规定》确立的跨境远程取证措施在很大程度上选择了单边主义道路，为跨境远程勘验等侦查措施的适用提供了规范依据。具体到本书第一章开篇提到的张某、焦某一案中的跨境网络远程勘验来看，这种做法从操作上讲，实际上与《布达佩斯公约》第 32 条 b 款所授权的"属人主义"并无实质区别，然而却没有像后者那样建立在多边认同的基础之上而构成国际法所认可的数据存储地模式的特殊例外。而且，从实务中采取技术手段开展的远程勘验来看，也与违反国际法的"未经一国的同意而'侵入'他国境内的服务器以获取证据"之情形存在类似之处，① 从而与数据存储地模式背后的国家主权理念背道而驰。

此后，2019 年的《公安电子取证规则》第 23 条强调，对"境内远程计算机信息系统上的电子数据"可以通过网络在线提取，这实际上可以理解为不再允许侦查机关收集境外远程计算机信息系统上的电子数据。跨境远程勘验这样的侦查措施也就不再具有合法性。但是，这类侦查措施实际上并没有在实践中绝迹，其中的一部分实际上还在被侦查机关用作侦查线索的收集，从而与我国所主张的数据存储地模式仍然存在内在的冲突。由于第六章还将对单边开展的跨境远程电子取证的理论、规范和实务进行详细分析，因此这里不再细化展开。

（二）刑事取证管辖模式欠缺国家数据主权战略的统领设计

由于刑事取证管辖直接反映国家主权的行使，数据的取证管辖当然也就反映数据主权的行使。根据《布莱克法律词典》的界定，国家主权既包括内部主权（internal sovereignty）即政府在其境内享有的最高权力，又包括外部主权（external sovereignty）即对外处理其国家利益的权力。② 与此相应的是，我国许多学者也主张

---

① 参与制定《塔林手册 2.0》的各国专家一致认为，"未经一国的同意，另一国的执法机关不可侵入该国境内的服务器以获取证据。"参见 [美] 迈克尔·施密特总主编：《网络行动国际法塔林手册 2.0 版》，黄志雄等译，106 页，北京，社会科学文献出版社，2017。
② Bryar A. Garner(ed.), *Black's Law Dictionary(10th edition)*. Saint Paul: Thomson Reuters, 2014, p.1611.

数据主权应当从对内和对外两个维度来加以认识。① 但是,学界对数据主权的范围划定却存在分歧。一种观点认为数据主权只涉及对本国网络、数据中心、信息系统中的数据行使的所有权、控制权、管辖权和使用权;② 另一种观点则认同"属人主义",从而主张对境外的部分数据也拥有主权。③ 在数据主权的概念和范围没有得到清晰界定的情况下,我国目前关于数据的刑事取证管辖模式必然无法在涉及数据主权的国家战略的统领下得到良好的设计,内在的矛盾和冲突自然难以避免。

第二节　中国跨境电子取证管辖模式的未来

通过综合比较研究、规范分析、实务总结,并结合理论层面的检视,可以发现,我国当前关于刑事取证管辖的制度设计和操作均存在显著的问题。为此,我国应当立足总体国家安全观理论框架下的网络空间主权及数据主权,为我国刑事取证管辖模式的塑造提供深层次的理论指引。具体而言,从本书所讨论的刑事数据取证管辖的具体对象即数据本身出发,可以网络空间主权之下位概念的数据主权的主张为理论出发点,以此作为完善刑事取证管辖模式的理论基础。

一、完善刑事数据取证管辖模式的基本主张

从我国数据主权的国家战略出发,可以从坚持数据主权、维护数据主权、尊重数据主权这三个层面,系统完善我国刑事取证管辖模式。

---

① 参见齐爱民、盘佳:《数据权、数据主权的确立与大数据保护的基本原则》,载《苏州大学学报》(哲学社会科学版),2015(1);孙南翔、张晓君:《论数据主权——基于虚拟空间博弈与合作的考察》,载《太平洋学报》,2015(2);孙伟、朱启超:《正确区分网络主权与数据主权》,载《中国社会科学报》,2016年7月5日,第5版。
② 参见冯伟、梅越:《大数据时代,数据主权主沉浮》,载《通信安全与保密》,2015(6);沈国麟:《大数据时代的数据主权和国家数据战略》,载《南京社会科学》,2014(6)。
③ 例如有学者认为,"数据主权也意味着数据即使被传输到云端或远距离服务器上,仍然应受其主体控制,而不会被第三方所操纵。"参见蔡翠红:《云时代数据主权概念及其运用前景》,载《现代国际关系》,2013(12)。也有学者认为,"一国公民在境外形成的数据也属于该国管辖的范围"。参见杜雁芸:《大数据时代国家数据主权问题研究》,载《国际观察》,2016(3)。

其一，坚持数据主权，数据的刑事取证管辖应当纳入数据主权的战略部署。在大数据和云计算的时代发展背景下，数据已成为国家核心资源，我国应当坚定不移地主张和行使数据主权，并将其作为网络空间主权的有机组成部分。由于数据的刑事取证管辖直接反映国家数据主权的行使，因此从国家战略的层面应当意识到，刑事取证管辖模式的完善应当成为数据主权建设的重要组成部分。为此，在研究数据主权法理、制定数据主权政策的同时，十分有必要将刑事管辖一并纳入其中加以考虑。在此基础上，我国需要设定数据跨境存储及流动背景下刑事管辖的具体标准，以此明晰我国到底是否能够在坚守数据主权的同时有效避免或排斥网络空间中国家刑事管辖权的交织，以及是否能够通过完善立法的方式明确授权我国侦查机关对部分境外数据的刑事管辖。

其二，维护数据主权，刑事取证管辖模式的建构应当与国家数据安全保障整体协调。维护数据主权的重要前提是保障数据安全，而刑事取证管辖模式的良好设计与数据安全的保障密切相关。考虑到控制海量大数据的网络服务提供者在刑事取证管辖方面扮演着越发重要的角色，因此对其实际执行的跨境数据披露进行有效的法律规制对保障数据安全、维护数据主权有着重大的意义。为此，我国需要厘清数据主权的范围，从而有效维护数据主权并保障数据安全。目前，国际社会并未对数据主权形成统一认识，主张数据主权的国家对其范围也未进行较为明晰的划定。在此背景下，数据主权在国际法制定方面尚处空白，各国基于理性自保的需求，积极加强本国数据的管控和维护本国国民在他国数据的主权，这必然导致主权之交叉重复的管辖状况。① 在这种状况下，我国有必要加快对数据主权法理的深度探索，并在此基础上加快划定数据主权范围的步伐，否则不仅数据跨境存储、流动、保护及使用方面的政策及规则均无法得到坚实的法理及制度支撑，而且数据主权与安全也很难得到有效的维护和保障。

其三，尊重数据主权，对外行使刑事取证管辖不得侵犯他国对内之数据主权。"相互尊重主权和领土完整"是我国长期以来坚持的"和平共处五项原则"中的第一位原则。作为数据主权的上位概念，网络空间主权一直为我国官方所强

---

① 中国国际经济交流中心网络空间治理课题组：《网络空间治理需把牢数据主权》，载《光明日报》，2016年10月12日，第16版。

调并尊重。例如，国家主席习近平在 2017 年举办的第二届世界互联网大会开幕式上发表的主旨演讲中指出，"我们应该坚持尊重网络主权，尊重各国自主选择网络发展道路、网络管理模式、互联网公共政策和平等参与国际网络空间治理的权利。"① 具体到数据主权而言，各国应当遵循同样的原则，旗帜鲜明地反对数据霸权。我国在主张数据主权的同时，也应当相应地基于国际礼让而承认并尊重他国同等享有的数据主权，而无论他国是否明确对此加以主张。对于各国基于自身国家利益和网络空间战略而导致的刑事取证管辖范围的重叠状况，有必要在国际法框架下通过平等互利的协商加以解决。

二、完善刑事数据取证管辖模式的具体构想

（一）数据存储地模式的坚持与制度调整

数据存储地模式意味着以国界划定数据主权的行使范围，实际上是依据数据所存储的电子介质或服务器的所在地来划定管辖范围，代表着传统意义上的国家主权在国境之内的行使。基于数据主权的国家战略，我国应当原则上做到对这一模式的坚持，并尊重他国同样以国界划定的数据主权。当然，数据存储地模式如今也确实面临着上文所提到的诸多困境，因此也需要在新的时代发展背景下进行一定的革新。鉴于此，可以考虑以这一模式的传统规则为基础，在国际法框架下对现有制度进行三方面的重要调整。

1. 根据数据存储地模式的内在要求严格限制国内法单边授权的跨境远程取证

基于数据主权，我国在坚决反对他国以远程搜查等方式收集存储于我国境内的数据的同时，也应当有效清理现有侦查程序中不符合国际法并可能侵犯他国数据主权的类似制度。从上文所援引分析的比较研究的资料来看，一国在数据存储地模式的框架下以单边途径收集存储于他国的非公开数据，只能在国际公约、国际礼让及他国法律允许的情况下开展。然而，《电子数据规定》授权单边开展的某些跨境远程取证措施却与这一制度框架不相符合。最高法院的同志针对相关司

---

① 朱国贤、霍小光、杨依军：《习近平出席第二届世界互联网大会开幕式并发表主旨演讲》，载 http://www.xinhuanet.com/world/2015-12/16/c_1117480771.htm，最后访问日期：2019 年 12 月 14 日。

法解释进行的阐释甚至提出,"对位于境外的服务器无法直接获取原始存储介质的,一般只能通过远程方式提取电子数据"。①虽然《公安电子取证规则》对单边远程电子取证的措施运用进行也限制,但是正如本书第六章还将详细分析的那样,实践中仍然存在一定程度的隐性运用。跨境远程电子取证的扩大化运用实质上反映了单边主义的思路,放大了电子数据相对于常规实物证据的特殊性,单纯针对电子数据而打造了绕避刑事司法协助程序的快捷跨境取证制度,与数据存储地模式的内在要求相违背。而且,这种做法也与我国所主张的数据主权战略相冲突,忽视了对他国数据主权的尊重。因此,除了接下来所提出的三种特殊例外以外,其他类型的跨境远程取证应在程序法上受到严格限制。

2. 根据数据存储地模式的特殊例外允许开展特定的单边跨境远程取证

其一,在国际认同的情况下采用"属人主义"获取境外数据。如前文介绍,《布达佩斯公约》第 32 条 b 款就是"属人主义"的典型表现。我国也有学者明确支持通过"属人主义"方式对境外数据行使管辖权。②而从本书开篇所提到的张某、焦某一案进行的跨境远程勘验来看,"属人主义"实际上已经在我国侦查实践中得到了一定程度的采用。这充分说明,通过"属人主义"收集境外数据不仅在国际上有着较高的认可度,而且也得到了我国部分学者的支持和侦查实践的采纳。虽然外交部门就《布达佩斯公约》第 32 条 b 款对国家主权的潜在侵犯提出了反对意见,但是根据研究者的解读,对该条款的质疑除了国家主权方面的考虑外,主要是担忧该条款可能被滥用,例如可能被用于非刑事侦查程序的情报收集。③然而,本着相互尊重数据主权的考虑,中国没有理由在采用"属人主义"对境外数据单方行使刑事取证管辖权的同时,却认为他国采用同样方式取证会"侵犯我国(数据)主权"。否则就意味着,我国在没有与其他国家签署有相关条约的情

---

① 胡云腾主编:《网络犯罪刑事诉讼程序意见暨相关司法解释理解与适用》,55 页,北京,人民法院出版社,2014;喻海松:《〈关于办理网络犯罪案件适用刑事诉讼程序若干问题的意见〉的理解与适用》,载《人民司法(应用)》,2014(17)。
② 参见蔡翠红:《云时代数据主权概念及其运用前景》,载《现代国际关系》,2013(12)。也有学者认为,"一国公民在境外形成的数据也属于该国管辖的范围"。参见杜雁芸:《大数据时代国家数据主权问题研究》,载《国际观察》,2016(3)。
③ 胡健生、黄志雄:《打击网络犯罪国际法机制的困境与前景——以欧洲委员会〈公约〉为视角》,载《国际法研究》,2016(6)。

况下依"属人主义"采取远程勘验等侦查措施，就存在违背数据存储地模式而侵犯他国数据主权之嫌疑。因此，我国可以考虑在平等互利的基础上达成国际认同，就这类跨境远程取证的具体要求加以限定，从而在国际法上构成数据存储地模式的特殊例外。由于这种国际认同的实现有赖于本书第二章第二节所提出的"互惠模式"的建构，因此这里不再展开。

其二，收集无需特别侦查措施即可访问的境外公开数据。主要就是指《布达佩斯公约》第32条a款涉及的数据类型，即普通公众能够获得的数据。《公安电子取证规则》第23条[①]及《电子数据规定》第9条第（2）项规定的网络在线提取的数据实际上也就包括这类境外数据。根据最高检人士对后一条款的解读，这种措施的实际操作"一般就是通过网络公共空间对网页、网上视频、网盘文件上的电子数据进行提取，可以理解为从网上下载文件。"[②]具体而言，这类数据主要分为两种情况。第一种是普通搜索引擎能够检索并且普通用户能够直接访问的数据。第二种则是常规搜索引擎无法爬取的"深网"中的部分数据，例如境外封闭在线论坛、聊天频道或者私人主机服务中的数据。这类数据尽管得到了登录凭证或其他方式的保护，但是从性质上讲也属于"公开数据"。2014年12月，由布达佩斯公约委员会发布的《关于跨境提取数据的指引注释（第32条）》便将这类数据界定为"公众可以获得的公开资料"，包括公众通过订阅或注册而可以获得的资料。[③]《塔林手册2.0》国际法示范规则更是阐明，使用登录凭证收集境外数据，一国行使的乃是"域内管辖权，而不是域外管辖权"[④]。

其三，运用国内法授权的措施收集存储地不明的数据。对于一国在数据存储地并不明确的情况下是否可以潜在地行使域外刑事取证管辖权，国际法上目前并无确定的解决方案。在此背景下，美国、比利时、葡萄牙、西班牙、法国的法律已经对这类刑事取证活动进行了授权。我国侦查实务中也已经出现的类似的"暗

---

① 该条规定："对公开发布的电子数据……可以通过网络在线提取。"
② 万春等：《关于办理刑事案件收集提取和审查判断电子数据若干问题的规定理解与适用》，载《人民检察》，2017（1）。
③ Cybercrime Convention Committee (T-CY), "T-CY Guidance Note # 3: Transborder access to data (Article 32)", p.4, https://rm.coe.int/16802e726a，最后访问日期：2018年10月26日。
④ [美]迈克尔·施密特总主编：《网络行动国际法塔林手册2.0版》，黄志雄等译，107～108页，北京，社会科学文献出版社，2017。

网"取证,①可以考虑在未来的侦查程序中明确认可这种潜在的跨境电子数据取证活动。

3. 根据电子数据取证的快捷理念着力推动司法协助的高效开展

单边跨境远程取证的兴盛与陈旧的司法协助程序不适应时代发展之需求不无关系。然而在上文主张根据数据存储地模式的内在要求而严格限制单边方案的背景下,侦查实务的需求却并未缩减甚至还在持续增加,这就需要跨境电子数据取证另寻出路。对此,国外已经出现的双边和多边快捷司法协助方案提供了富有价值的参考。

隶属八大工业国家高峰会的"G-8"②高峰会从1995年起,就注意到快捷司法协助的议题。1999年10月,在莫斯科发布的《G-8国家打击跨国有组织犯罪部长会长公报》在"附件1"部分采纳了与跨境收集电子证据的一些特定的准则,呼吁缔约成员在收到他方的搜查、扣押、复制、开示请求后,应当确保其有能力对存储在计算机系统中的数据进行快速保存。该《公报》呼吁相关准则应当通过签署条约并由成员修订国内法律和政策的方式加以执行。

具体而言,与跨境快捷收集电子数据的司法协助相关的这些准则集中体现在:(1)在接到数据(含已经保存的数据)的获取、搜查、复制、扣押及开示方面的正式请求后,被请求方应当在符合其国内法的情况下按照以下方式尽可能快速地执行相应的请求:一是通过传统的司法协助程序开展;二是依据传统的司法协助程序对请求国国内的司法授权或其他形式的法律授权予以批准或给予认可,从而向请求国开示扣押的数据;三是被请求国法律允许的其他方法。(2)每个成员国均需根据这些准则,通过包括语音、传真或电子邮件在内的快速但可靠的通信方式(在要求的情况下还需书面确认),在适当的情形下对司法协助请求予以接受并给予回应。③

---

① 例如在中国网警办理的"'暗网'取证第一案"中,警方根据美国方面提供一个虚拟身份,在境外隐秘网络中采取了"蹲守""勘验"等措施进行取证。参见刘子珩等:《境外隐秘黑网第一案背后的暗黑世界》,载《新京报》,2016年11月25日,第13版。
② 具体包括加拿大、法国、德国、意大利、日本、俄罗斯、英国、美国。
③ See "Ministerial Conference of the G-8 Countries on Combating Transnational Organized Crime(Moscow, October 19-20,1999):COMMUNIQUE",https://www.justice.gov/sites/default/files/ag/legacy/2004/06/09/99MoscowCommunique.pdf. 最后访问日期:2022年2月25日。

从双边方案来看，两国之间特事特办的"司法协助函"（letters rogatory）近年来在重大犯罪的电子数据取证方面取得了良好的效果。例如，2015 年 1 月 7 日巴黎发生《查理周刊》总部恐怖袭击案之后，法国向美国方面递交了这种函件，请求在调查过程中共享案件相关数据，获得了美国的支持。

又如，从 2011 年 2 月开始，一个被称为 Dread Pirate Roberts（DPR）的人在"暗网"中建立了一个全球化的名为"丝路"（Silk Road）的非法交易平台，运营时间持续了 3 年。此后，DPR 被确认为是 Ross Ulbricht。在平台被关闭之前，"丝路"吸引了超过 10 万名用户在其中进行了逾 100 万起交易，来自 10 多个国家的供货者参与其中。交易的内容不仅包括毒品买卖，还涉及伪造的护照、驾照及其他文件的交易，而且还提供职业凶手及计算机黑客之类的非法服务。在线交易平台用比特币进行结算，总金额估计高达 12 亿美元。Ulbricht 最终于 2013 年 10 月 1 日被逮捕，后来被判处了终身监禁。"丝路"也于 Ulbricht 被捕次日被关闭。

在这起案件中，美国国土安全部、联邦调查局和国税局均展开了调查。调查人员自 2011 年 9 月至 2014 年 5 月期间，以买卖双方的身份在"丝路"网络平台上进行了一系列的交易，以此秘密地开展调查活动。一名调查人员甚至渗透进了"丝路"平台的工作人员当中，每天花 10 至 12 个小时管理网站，并同 DPR 直接进行联络。然而，这些调查手段并没有取得明显的效果，因为正如下文所介绍的那样，现有的监控手段主要是依赖于第三方电脑系统中留下的电子痕迹，而这些重要的信息在"暗网"中都被掩藏了起来。最终看来，该案的侦破有些偶然。国税局的一名调查人员偶然发现，一个公共网站显示，有人于 2011 年"丝路"建起来之前在该网站上打过这一"暗网"平台的广告。由于 Ulbricht 自己的失误，广告上留下的通信方式将他与案件联系了起来。换言之，此案调查的最终成功，并不是因为调查人员从"暗网"平台获得了线索。在调查人员获得线索了解到本案的服务器可能位于冰岛之后，美国官方在与冰岛没有签署司法协助条约的情况下，也是向后者发送了前述"司法协助函"，在获得冰岛官方准许后，美国官方对位于其境内的服务器进行了在线实时监控取证。[1]

---

[1] See Peter Swire, Justin D. Hemmings, "Mutual Legal AssistanceIn An Era Of Globalized Communications: The Analogy To The Visa Waiver Program", *Nyu Annual Survey Of American Law*,71(2017),702.

从多边方案来看，欧盟近年来关于跨境快捷电子取证的立法计划十分引人注目。2015年4月28日，欧盟委员会（European Commission）在其确定的"欧洲安全议程"（European Agenda on Security）中，特别强调要消除网络犯罪的刑事侦查中的障碍，这其中就涉及对电子证据及相关信息的收集规则的关注。在此后的相关议程中，欧盟委员会对刑事侦查中电子证据的收集、相关的立法进行了大量的讨论。此后，电子证据的收集议题被列入了欧盟委员会2017年的工作计划当中。

在2016年6月的小结报告中，"司法与内部事务理事会"（Justice and Home Affairs Council）特别强调了在跨境情形下刑事侦查中的法律及实践方面的障碍。理事会认为，在多数犯罪中，特别是近些年来越发显著的网络犯罪中，诸如账户用户信息、通信和元数据、内容数据这样的电子证据能够为侦查人员提供莫大的帮助，而且在有的案件中实际上也只有这样的信息可供使用。与这些犯罪相关的电子证据经常呈现出跨司法管辖区的状态，例如数据存储于其他国家或者位于提供电子通信服务的服务器和平台当中，这导致侦查机关无法使用国内的既有调查机制对相关证据加以有效收集。

在这一背景下，在欧洲理事会的主导下，欧盟委员会近年来开展了许多工作，着力寻找到恰当的制度改进方案，从而更为快捷和有效地对电子证据加以保存和收集。特别是在2016年6月至2017年5月期间，委员会组织了成员国的相关部门、司法机关、执法人员、相关行业、民间团体、学界团体及欧盟的相关机构开展专家咨询。2017年5月22日，欧盟委员会在专家咨询的基础之上，就最终的结论和可能的发展路径出台了非正式的文件——《跨境收集电子证据的改进：来自专家的意见及具体的建议》（*Improving cross-border access to electronic evidence: Findings from the expert process and suggested way forward*）。2017年6月，在得到欧洲理事会的认可之后，欧盟开始着手准备工作，并计划于2018年初出台关于电子证据取证的实际解决方案和立法的正式建议。2017年8月，欧盟委员会就"刑事案件中跨境收集电子证据的改进"发起了一项公开咨询，相关机构于当年10月27日之前递交了意见。2017年9月13日，欧盟委员会在其发布的进一步全新的网络安全战略"恢复、阻却及防卫——在欧洲建构牢固的网络安全"（Resilience, Deterrence and Defence: Building strong cybersecurity in Europe）中明确，意图提出关于跨境电子证据收集的建议。2017年11月20日，欧洲理事会采纳了新的网络安全战略，并要求欧盟委员会提交关于跨境电子证据收集的实用举措的执行方案的进展报告，并强调其应于2018年初对此问题提出立法建议。与此同时，欧盟委员会也提出了一系列的举措，以促进刑事侦查程序中对电子证据的跨境收集，具体的措施包括资助跨境协作的培训、在欧盟范围内设立信息资料的电子平台、在成员国间明确司法协助的标准，等等。2018年4月17日，欧盟委员会系统提出立法计划，正式开启立法流程。新的法律将有可能极大程度地推动跨境电子数据取证的快捷执行。具体而言，欧盟准备对目前适用于所有证据类型的"欧洲调查令"（European Investigation Order）进行改良，[①] 以此专门针对电子数据的特点而打造取证协助的加密通信平台。预期的立法方案拟要求一国执法机关在发布"欧洲调查令"的同时，还须提供接受请求的一方便于开展工作的电子调查令版本，并且附上操作者在无需经受专门培训的情况下便可顺利执行的明确指引。[②]

诚然，上述"G-8"《公报》并不是具有约束力的国际法文件；"司法协助函"虽然高效快捷，但不可能大范围地推广；欧盟的多边跨境快捷电子数据取证方案需要成员国的集体认同，真正落地的难度也不小。尽管如此，我国也可以吸取其有益经验，相应地在双边、多边框架下针对电子数据取证的快捷取证理念，着手打造专门适用电子数据的快捷刑事司法协助程序，使之在功能意义上能够产生替代单边主义跨境电子数据取证的部分措施之效果。

（二）数据控制者模式的有效利用与对等回应

跨境调取网络犯罪和电子数据对效率的要求很高，对现有的执法和司法合作也带来了挑战，但是，不能因此全盘推翻现有的合作模式，一概允许主管机关直接向企业调取存储在他国的电子数据。这实际上就是我国坚持数据主权，坚持数

---

① "欧洲调查令"于2017年5月22日施行。这项制度着眼于在欧盟境内建立跨境案件取证，接收到请求的成员国最多拥有30天的时间决定是否接受该请求。如果接受该请求，具体的取证执行期限也只有90天的时间。

② See European Commission, "Commission Staff Working Document Impact Assessment(SWD(2018) 118 final)", https://eur-lex.europa.eu/legal-content/EN/TXT/?uri=SWD%3A2018%3A118%3AFIN，最后访问日期：2018年10月29日。

据存储地模式的体现。如果放任他国采取数据控制者模式对我国进行跨境取证，这不仅会导致主权国家难以从公共利益、企业和个人利益角度对取证请求进行审核，从而有效保障各方利益，防止取证的滥用，也会因网络服务提供者在不同国家承担的法律义务不同，使企业陷入法律义务冲突，影响正常运营。① 但是，主张数据主权且在刑事取证管辖方面坚持数据存储地模式，并不意味着数据控制者模式对我国而言就没有任何适用的空间。

1. 数据控制者模式的有效利用

上文已经指出，数据控制者模式适应了云计算的时代发展背景，在某些方面相较数据存储地模式确实有其优势。虽然这一模式目前是由试图推广数据霸权、占技术优势的国家所竭力主张，但是一定程度上也可以为包括中国在内的国家有效利用。

具体而言，在外国法允许的框架下开展与网络服务提供者的合作，便是利用数据控制者模式有效开展跨境快捷电子数据取证的重要方案。如果数据存储地国家的法律并不禁止甚至明确允许外国执法部门采用该模式收集其境内的数据，那么相应措施当然可以为我国所用。例如，欧盟国家近年来便广泛地开展了与美籍网络服务提供者的合作，在后者自愿且不违背美国法律的情况下通过数据披露机制快捷获取存储于美国境内的部分数据。根据美国《储存通信记录法》的规定，外国政府若要通过这种方式获取存储于美国的"内容数据"，有着严格的程序限制。② 但是，该法也规定了两种无需启动司法协助程序的情形。第一种可以称为"一般例外"，例如网络服务提供者在自愿的情况下可以向他国执法部门直接披露用户名称、网络地址、通信资料及时长等"非内容数据"。③ 第二种可以称为"特殊例外"，例如网络服务提供者基于善意且有理由相信，当出现涉及生命或严重身体伤害的威胁之时，甚至可以立即披露"内容数据"；④ 又如外国执法部门在获得了服务订阅者或客户的同意后，也可以直接要求网络服务提供者披露"内容

---

① 翟晓飞、赵倩：《从国际视角看中国网络犯罪取证规则的发展》，载《中国信息安全》，2019（5）。
② 外国政府的此类取证请求必须经过司法协助程序并由美国相应辖区的法官进行审查，以此满足《宪法第四修正案》所规定的启动搜查、扣押措施的"相当理由"（probable cause）的标准。See 18 U.S.C. § 2703(a).
③ See 18 U.S.C. § 2703(c)(2).
④ See 18 U.S.C. § 2702(b)(8).

数据"。①

除了美国，在跨国电子数据调取或者交换中，多数国家接受"用户数据"（subscriber data）、"通信数据"（traffic data）和"内容数据"（content data）②的分类方式。例如，上文提到的"比利时雅虎案"的跨境数据披露所聚焦的电子数据，就是典型的"用户数据"。在此基础上，许多国家都认可收集这3类数据的程序要件需要区分处理，也即通信数据的收集要严于用户数据，而收集内容数据的程序是最为严格的。③例如，阿根廷、尼日利亚等国认为，"用户数据"较少涉及个人隐私等核心权益，对其可采取比"内容数据"等更快捷的取证机制。尼日利亚官方还认为，并非所有直接跨国调取电子数据的行为都会侵犯国家主权，例如，直接调取"用户数据"即不存在该问题。④

实际上，中国也可以在符合外国法规定的情况下寻求与跨境网络服务提供者的合作，在一定范围内有效实现对部分境外数据的便捷收集，从而改变目前实务中向外籍网络服务提供者调取境外数据的时候普遍遭到拒绝的境况。为此，我国侦查实务应当加强对外国法中相关授权性或非禁止性规定的把握，争取网络服务提供者在保护客户信息前提下的自愿合作，最大限度地把握数据控制者模式的红利。然而，这种主张在未来也可能面临较大的障碍。原因在于，《国际刑事司法协助法》第4条已经原则上禁止我国境内的机构、组织和个人向外国提供包括电子数据在内的证据材料，从而对他国可能采取数据控制者模式对我国进行的取证给予了有力回击。因此，我国在此背景下如欲实现对数据控制者模式的有效利用，从政策层面就存在矛盾之处。原因在于，《国际刑事司法协助法》第4条的规定实际上也意味着中国相应地从法理及制度上否定了自身采取同样措施收集境外数据的可能性，尽管该法并未对此加以明确规定。由此可见，跨境数据披露作为一种单边跨境电子取证的方案，并非我国目前优先考虑的策略选项。

于是，一些国家在无法通过网络服务提供者获取存储于中国的数据的情况下，

---

① See 18 U.S.C. § 2703(c)(1)(C).
② 关于这3类数据的详细区别，将在第四章关于《布达佩斯公约》第18条的论述中进行分析。
③ Cybercrime Convention Committee (T-CY), " Criminal Justice Access to Data in the Cloud: Challenges", p.7, https://rm.coe.int/1680304b59, 最后访问日期：2022年1月9日。
④ 翟晓飞、赵倩：《从国际视角看中国网络犯罪取证规则的发展》，载《中国信息安全》，2019（5）。

也极易对我国采取对等举措；其国内法在授权其他国家采用这种取证管辖模式获取其境内的部分数据的同时，可能会单方面对我国关上大门。因此，数据控制者模式的有效利用实际上也需要在国际礼让的基础上方能实现。

除了与跨境网络服务提供者开展合作外，还应探索在某些特殊案件的侦查中对其发布强制性的跨境数据披露指令的程序制度。由于这种制度绕避了常规的刑事司法协助程序，不仅可能侵犯他国数据主权，而且也可能对网络服务提供者和用户的数据权益造成损害，因此必须严格限制在极其严重的犯罪的侦查当中。例如，有学者便提出，"针对恐怖主义等危及国家安全、社会公共安全的重大、紧急情况，探索向网络服务提供者等数据占有者或控制者的直接取证模式。"① 这种观点值得充分重视。至于如何限定"极其严重的犯罪"，还需要进一步的研究加以明确，以期达成共识。

2. 数据控制者模式的对等回应

为了确保数据控制者模式发挥最大效用，一些国家已经对网络服务提供者施加了强制性的法律义务，并且在其违反该义务时施以处罚，这在"比利时雅虎案""巴西微软案"当中都有反映。由于美国《云法案》集中反映了数据控制者模式的运作方式，因此这里重点分析该法对我国可能产生的影响并提出应对策略。

根据《国际刑事司法协助法》第4条，在我国运营的网络服务提供者将不得向外国披露存储于我国境内的数据。然而，如果相关网络服务提供者同时在美国运营，则在未来的个案中将面临该国执法部门依据《云法案》要求其提供我国境内数据的问题。这样一来，包括中国籍互联网公司在内的网络服务提供者将受到两国法律冲突的挤压，而且可能因无法向美国提供数据而受到处罚。实际上，正如本书第三章第一节还将详细分析的那样，《云法案》也提供了一定的权利救济机制，允许跨境网络服务提供者在可能违反"适格外国政府"法律禁令之重大风险的情况下向美国法院提出申请撤销或更改数据披露指令的动议。然而，该法对所谓的"适格外国政府"设置了大量的限制条件，除了要求其必须与美国签署有专门的行政性协议而外，还需要审查其是否为《布达佩斯公约》的缔约国抑或其国内法是否与《布达佩斯公约》第1章、第2章的界定与要求相符。综合来看，

---

① 裴炜：《未来犯罪治理的关键——跨境数据取证》，载《中国信息安全》，2019（5）。

我国目前并不可能成为该法所反映的单方面符合美国意志的所谓的"适格外国政府"。① 于是，在中美两国均运营的网络服务提供者是不可能享有该法所提供的所谓救济机制的。

因此，为了制衡《云法案》所代表的数据控制者模式的长臂管辖，特别是为了应对在两国运营的中国籍网络服务提供者在个案中可能违反该法而受到美国处罚的情况，我国应当对等地保留采取数据控制者模式收集美国境内的云数据的权力，通过对美籍网络服务提供者施加跨境数据披露法律义务的方式形成"战略上的对冲"。② 如此一来，对数据存储地模式形成的突破完全是国际法上对等原则的体现，而不能视为我国对这种刑事取证管辖模式的放弃。由于这一方面的相关细节还将在本书第七章进行了详细分析，这里不再展开。

（三）程序主义数据主权概念下的互惠模式建构

上文的论述充分说明，在各国对数据采取不同的刑事取证管辖模式的背景下，国家主权及国际法上的冲突实际上是难以避免的。这种现象的出现，根本上是因为各国采取了单边视角，从自身国家利益和网络空间战略的角度单方面设计刑事取证管辖制度。尽管本章主张一定程度上可以采取"对等回应"方式来抵御外来跨境刑事取证管辖并维护我国数据主权与安全，但是冲突和对抗毕竟不是长久之计。当然，中国从策略上也可以选择坚守传统的地域管辖原则并以此设定数据管辖的范围，但是在网络空间管辖权交织的情况下实际上又无法实现对来自境外的侦查取证予以绝对排斥。

为了应对数据主权的激烈冲突，有学者提出，主权国家行使数据主权并不意味着对数据实现完全控制，而是要坚持数据自由流通和合理限制原则，以实现管制与数据流通自由之间的合理平衡。③ 如果采取这种思路，则中国未来就可以在确实必要的数据安全保护的前提下，相应地考虑适度放开对数据主权的绝对限制。④ 以数据的跨境调取为例，"从美欧跨境电子证据制度改革来看，虽然其制

---

① 参见梁坤：《美国〈澄清合法使用境外数据法〉背景阐释》，载《国家检察官学院学报》，2018（5）。
② 参见洪延青：《美国快速通过 CLOUD 法案明确数据主权战略》，载《中国信息安全》，2018（4）。
③ 齐爱民、盘佳：《数据权、数据主权的确立与大数据保护的基本原则》，载《苏州大学学报》（哲学社会科学版），2015（1）。
④ 梁坤：《美国〈澄清合法使用境外数据法〉背景阐释》，载《国家检察官学院学报》，2018（5）。

度尝试远未成熟，但已显露出共性——充分考虑提升跨境电子证据数据调取效率的同时，通过程序和实体机制的设计，来兼顾调取国、数据存储国和信息网络服务提供者的基本利益平衡。正视问题并以务实态度参与跨境数据调取制度的国际规则建设，将有助于未来数据主权问题的真正落地。"① 但是需要明确的是，适当放开这种限制，并不意味着包括中国在内的国家就应当向其他国家单向妥协，从而避免冲突的出现。要从根本上解决各国在刑事取证管辖上的冲突，有必要摈弃界定数据主权的单边主义视角，而从网络空间治理的角度尽最大可能地寻求国际共识。

就此而论，美国学者 Adeno Addis 的研究可以提供重要的启发，其将主权的行使划分为"极权主义模式""自由主义模式"和"程序主义模式"。② 前两种模式属于单边国家视角的界定，而"程序主义主权模式"则将主权理解为一个关系概念，只有在相互交往的过程中才能被定义。根据这种阐释，主权概念的核心不是免于外来的干涉，而是参与国际关系。③ 将"程序主义主权模式"引申到数据主权的界定当中，便可以生成"程序主义数据主权"之概念。这一概念的提出对国家刑事取证管辖模式的塑造有着重要的理论和实践意义。根据这一概念，一国不能采取单边视角自行界定数据主权，而应当在平等参与国际关系的基础上与他国就数据主权是否存在、范围划定及冲突解决方案等问题进行有效的沟通和协调。

在这一概念框架下，我国所主张的数据主权在国际上才有可能得到更好的理解和尊重。实际上，外交部门的立场也符合"程序主义数据主权"的意旨。2011年1月，中国代表团在参加联合国"打击网络犯罪问题政府间专家组首次会议"时提出，"从国际合作的实践看，为打击跨国性日益突出的犯罪，国内法的域外适用一方面是必要的，但因涉及主权和管辖权，也是极易引起争议的，需要各国

---

① 北京航空航天大学法学院、腾讯研究院：《网络空间法治化的全球视野与中国实践（2019）》，34 页，北京，法律出版社，2019。
② SeeAdenoAddis, "The Thin State in Thick Globalism: Sovereignty in the Information Age", *Vanderbilt Journal of Transnational Law*, 37(2004),1.
③ 刘连泰：《信息技术与主权概念》，载《中外法学》，2015（2）。

在此方面加强协调。"①

从有效推动"程序主义数据主权"在国际上大范围的共识达成，并协调各国自行其是的刑事取证管辖模式的乱象而言，理想的方案是缔结全球性的公约，以此对国家、侦查机关、网络服务提供者及相关主体的权利义务进行明确的规定。从当前来看，国际社会在网络犯罪领域仅有几部区域性的多边条约，除了上文已经分析过的《布达佩斯公约》外，还包括《阿拉伯国家联盟打击信息技术犯罪公约》（Arab Convention on Combating Information Technology Offences）、《上海合作组织成员国保障国际信息安全政府间合作协定》（Agreement Between the Governments of the SCO Member Stateson Cooperation in the Sphere of Ensuring International Information Security），以及《非洲联盟网络安全和个人数据保护公约》（African Union Convention on Cyber Security and Personal Data Protection）。应当承认，这些区域性多边条约虽然在打击网络犯罪方面发挥了一定作用，对各国的立法和实践也具有一定的借鉴价值。但是也需要注意到，这些条约的侧重点毕竟各有不同，内容差别较大，缔约国家也较为有限，已经无法适应网络犯罪全球化蔓延的时代发展背景，因此无法成为打击网络犯罪的全球性解决方案。

于是，在联合国的多边平台之外更为灵活地寻找"程序主义数据主权"的沟通渠道，短期来看乃是更为符合实际的方案选择。从近期来看，我国参与推动在联合国层面缔结全球性的《联合国打击网络犯罪公约》的动向值得重点关注。由于这个问题将在本书第五章得到详细介绍和分析，因此这里不再具体展开。

国家间通过外交上的平等沟通，可以在数据主权达成共识的基础上设定刑事取证管辖的"互惠模式"。这种模式可以将数据存储地模式和数据控制者模式进行有机结合：一方面，国家间彼此认同数据存储地模式，尊重对方基于领土范围而对数据的原则性、排他性的刑事取证管辖；另一方面，各国在确保必要的数据安全的前提下彼此让渡一部分对内数据主权，有条件地容许对方采取数据控制者模式或根据数据存储地模式的特殊例外直接收集己方境内的数据。上文提到的赞同数据控制者模式的美国学者 Daskal 甚至认为，可以考虑在现有的管辖模式之外以"用户国籍、用户所处的位置、犯罪的性质及一国的追诉利益等"作为跨境

---

① 佚名：《中国代表团出席联合国网络犯罪问题专家组首次会议并做发言》，载 http://www.fmprc.gov.cn/web/wjbxw_673019/t812063.shtml，最后访问日期：2018 年 3 月 15 日。

管辖标准，但是该主张的前提也是需要相关国家在符合国际法原则和规则的基础上就最低限度的实体及程序条件达成共识。①

实际上，刑事取证管辖的"互惠模式"在国际上已现雏形。有学者提出，可以效仿国家间的"互免签证协议"为跨境电子数据取证寻找新的思路，从而通过双边条约的形式有条件地消除刑事司法协助程序造成的障碍。②作为"互免签证协议"在跨境刑事取证管辖方面的实践，美英两国曾于2016年初计划签署条约，授权彼此的执法部门在严重犯罪的调查过程中直接要求对方境内的网络服务提供者披露电子数据。不过，美国随着"微软爱尔兰案"法律争论甚嚣尘上而调整了方案，最终呈现的便是《云法案》的制度安排。只是该法虽宣称秉持"互惠"理念，实际上则是通过国内法对国际性的刑事取证管辖进行规定，考虑到其对"适格外国政府"及其数据披露指令施加了非常严苛的双重限制，因此根本谈不上真正意义上的"互惠"。

中国基于"程序主义数据主权"而建构刑事取证管辖的互惠模式，可以将《云法案》规定的双向机制作为参考的样本，但绝不能照搬其实质不平等的所谓"互惠"机制，而是应当与其他国家在双边、多边平台彼此平等、尊重的基础上做到真正意义上的互惠。当然，这就意味着中国有必要在坚持数据存储地模式并切实维护数据主权与安全的基础上，正视各国主张的刑事取证管辖存在一定程度的交织的现状，从而需要适度放开对内数据主权的绝对管控。为了在数据安全保障与数据适度对外共享和开放之间找到平衡，中国不应效仿某些国家，实行极其严格的数据本地化存储政策。原因在于，中国已经在云计算和大数据产业方面在全面层面占据一定优势地位，可以采取更为开放的态度，鼓励数据在作出特定保护后的自由流通，这样才有助于中国的互联网企业和大数据公司参与全球化的竞争。③

与此同时，可以考虑保留适用严格的数据存储地模式来行使"关键数据主权"。例如，《网络安全法》第37条强制要求关键信息基础设施的运营者在我国境内

---

① Jennifer Daskal, "The Un-Territoriality of Data", *Yale Law Journal*, 125 (2015), 395.
② See Peter Swire, Justin D. Hemmings, "Mutual Legal Assistance In An Era Of Globalized Communications: The Analogy To The Visa Waiver Program", *Nyu Annual Survey Of American Law*, 71(2017), 732.
③ 翟志勇：《数据主权的兴起及其双重属性》，载《中国法律评论》，2018（6）。

运营中收集和产生的个人信息和重要数据在境内进行存储。这便是通过数据本地化存储法律制度对特定数据进行的特殊保护。即使在程序主义数据主权的框架下可以开放或让渡部分数据主权，但是对这类需要特别保护的数据而言，在刑事取证管辖方面也应当原则上适用数据存储地模式而坚持刑事司法协助程序。当然，对于这类关键数据和重要数据的范围的界定，还需要我国相关法律法规进一步加以明确。由于这个问题还将在本书第七章进行进一步的分析，这里不再详细展开。

第三章
美国《云法案》的跨境数据披露制度

2018年3月23日,《澄清合法使用境外数据法》即《云法案》(*Clarifying Lawful Overseas Use of Data Act*,简称CLOUD Act)经美国总统特朗普签署后生效。该法于2月6日由4名分属共和党和民主党的参议员联合提案,在一个半月时间内即从立法草案转变为正式的法律。该法立法流程之快令人咋舌,美国立法机关对相关问题建规立制的迫切愿望由此可见一斑。

《云法案》授权美国执法部门和"适格外国政府"(qualifying foreign government)在包括恐怖主义犯罪、暴力犯罪、儿童性剥削犯罪及网络犯罪等在内的严重犯罪案件的调查中,通过电子通信服务或远程计算服务①的提供者(以下简称"网络服务提供者")获取存储于境外的电子数据。据此,该法正式建立了针对云服务提供者的跨境数据披露制度,标志着美国在跨境云数据取证的领域,彻底从数据存储地模式倒向了数据控制者模式。这对全球范围内跨境电子数据收集的既有机制形成了实质性的突破,必将产生广泛的影响。②

2019年4月10日,美国司法部发布了名为《促进全球公共安全、隐私保护和法治:云法的目的和影响》(本书简称《云法白皮书》③)(*Promoting Public Safety, Privacy, and the Rule of Law Around the World: The Purpose and Impact of the CLOUD Act*)的白皮书,对《云法案》的背景、内容、条款含义及常见问题等方

---

① "远程计算服务"是指"通过一种电子通信系统向公众提供计算机储存或处理服务"。See 18 U.S.C. 2711。"电子通信服务"是指"向用户提供发送或接收有线或电子通信之能力的所有服务。"See 18 U.S.C. 2510。

② 受《云法案》的影响,欧洲委员会于2018年4月17日发布立法计划,拟于年内建立"欧洲数据提交令"(European Production Order)和"欧洲数据保存令"(European Preservation Order)制度。欧盟成员国的执法及司法当局可强制要求境内的网络服务提供者快速提交或保存特定数据,而无需考虑相应数据的实际存储位置。See https://ec.europa.eu/info/law/better-regulation/initiatives/com-2018-225_pt#initiative-subscribe,最后访问日期:2018年6月10日。

③ See Department of Justice Office of Public Affairs. Justice Department Announces Publication of White Paper on the CLOUD Act, https://www.justice.gov/opa/press-release/file/1153446/download,最后访问日期:2019年12月30日。为了表述方便,本章后续部分对《云法白皮书》内容的引用,不再重复引注,只说明美国司法部官网所刊载的该白皮书PDF版本的页码。

面给出了丰富的官方解释。在把握《云法案》及《云法白皮书》之主要内容的基础上对该法出台的背景进行深刻阐释，对完善中国跨境收集电子数据的刑事程序法律制度、维护数据主权并保障数据安全均具有极其重要的意义。

第一节　《云法案》的主要内容透视

《云法案》的内容除了基本的立法背景介绍及法律条款修订方面的必要阐述外，核心内容大致可以分为两个方面：一是美国执法部门通过服务提供者对存储于境外的电子数据的获取；二是"适格外国政府"通过服务提供者对存储于美国的电子数据的获取。本部分相应地从这两个方面介绍法案的主要内容。

一、美国执法部门通过服务提供者对境外电子数据的获取

法案对服务提供者应当遵守的数据披露义务进行了规定。服务提供者具体包括两类，即"电子通信服务提供者"（electronic communication service providers）和"远程计算服务提供者"（remote computing service providers）。其中，"电子通信服务"是指任何提供给使用者发送或接收有线或电子通讯能力的服务，服务过程中可以运用到任何有线、无线、电磁、光电或传输这些有线或电子通讯的光线设备，及任何为这些通讯提供电子存储的计算机设备或相关电子装置。"远程计算服务"是指通过电子通讯系统向公众提供计算机存储或处理服务。① 对此，《云法白皮书》第 16 页更为详细地指出，服务提供者通常包括提供电子邮件服务的公司、移动通信公司、社交媒体平台及提供云存储服务的公司等。由于强调服务提供者属于这两种类型，因此就将一些仅仅与互联网存在某些关联的公司排

---

① See 18 U.S.C. § 2510(15); 18 U.S.C. § 2711(2).

除在外,比如某些并不提供上述两类服务的电子商务网站即是如此。

需要注意的是,两类服务提供者并不仅限于常规意义上的美国公司、总部在美国的公司抑或美国人拥有的公司,而是还包括美国管辖的在其境内运营的外国公司。对于位于美国境外但向其境内提供服务的外国公司而言,管辖权方面的评断则较为复杂。根据美国法上的一般标准,需要具体问题具体分析。通常,需要考虑这些外国公司与美国是否存在充分的联系,从中确保管辖权的行使能够从根本上讲是公平的。如果一家公司目的明确地通过在美国开展活动而获取到利益,抑或目的明确地向美国直接提供服务,那么美国法院认定其受美国管辖的可能性就大增。而对于美国境内运营的公司位于外国的分支机构而言,美国从严格意义上对其并无管辖权。如果这些分支机构在外国掌握着调查所需要的电子数据,那么应当考虑的是,在美国境内运营的公司是否对相应数据能够进行充分的掌控,从而判断美国的管辖权是否成立。因此,这也需要具体问题具体分析,而不能一概而论。① 对此,《云法白皮书》第8页专门强调,《云法案》并没有将美国的管辖权扩展到任何的当事方:②

美国必须对某个公司拥有属人管辖权,这样才能指令相应公司披露其所持有的信息,《云法案》的任何规定都没有改变这一要求。美国法律对外国公司的管辖权的限制是基于美国《宪法》中的约束,而且这种限制是由美国法院多年来所发展起来的。当一家公司位于美国时,属人管辖权是最容易确立的。位于美国境外,但在美国境内提供服务的一家外国公司是否与美国存在充分的联系从而受美国管辖,取决于个案情形中对该公司与美国存在联系的性质、量和质的考查。一家公司越是有意地将其行为延伸到美国,法院就越有可能认定,该公司受制于美国的管辖。例如,美国法院将这一分析思路应用于涉及网站的民事案件,从而聚焦于相应网站与其管辖区内客户的交互程度,考虑的因素包括:网站的功能和动作方式、针对客户的任何特定的促销、通过网站进行的业务招揽,以及客户实际

---

① 参见《云法白皮书》第17页。
② 从这段话可以明显地看出,美国司法部只谈到了对其国内或国外的公司的属人管辖权的主张,而回避了对公司所掌握的可能位于境外的数据进行管辖的合法性分析。换言之,《云法案》相较既有的法律,确实没有将管辖权从"属人"的角度进行扩张,但是就该法是否表现出了对数据本身的管辖权的扩张而言,并没有在这段官方解释中得到体现。

的使用情况。其他国家在评估其对外国公司的属人管辖权时，也适用了类似的原则，而且有时还会采用比美国法律所容许的更为广泛的方式。

所谓的需要披露的"数据"乃是服务提供者占有、监管或控制①的范围内应当保存、备份或披露的有线通信或电子通信的内容，以及与用户或信息订阅者有关的所有记录及其他信息。《云法白皮书》第13页进一步将相应数据划分为了四种类型：通信内容数据（contents of communications）、与通信内容数据关联的非内容信息（non-content information associated with such communications）、用户信息（subscriber information）、用户在云中远程存储的数据（data stored remotely in the cloud on behalf of a user）。后文所提及的加入《云法案》程序框架的所谓"外国政府"在向美国的服务提供者发布指令要求后者披露存储于美国的数据时，也包括所有这些类型的数据。需要注意的是，上述四类数据需要严格限定，而不能任意解读。例如，《云法白皮书》第18页同时又强调，该法具有"技术中立性"（encryption neutral），并未授权执法部门强制要求服务提供者进行数据解密并加以提供。因此，上述四类数据并不涉及服务提供者"占有或控制"的加密数据。

只要执法部门在刑事侦查中根据法定程序向服务提供者发出了数据披露指令，后者除了下述例外情况外，就必须依法进行披露，而不论相应的电子数据到底是否位于美国境内。如果外国法律禁止服务提供者披露数据，则外国政府应当提供数据访问方面的互惠的便利，其中包括在适用的情况下取消对通信服务提供者（包括受美国管辖的服务提供者）的限制，从而允许其对美国某一政府部门有效开展的法律程序予以响应。

服务提供者如果拒绝执行跨境数据披露指令，根据美国法典的相关规定，可能构成藐视法律罪。为了维护自身的合法权益，服务提供者可以在14日之内向法院提出申请撤销或更改指令的动议，从而暂缓披露存储于境外的数据。在此期间，尽管其可以暂时不予披露，但是却必须对相关数据进行妥善保存。具体而言，服

---

① 根据《云法白皮书》第16页的说明，这里所谓的"占有或控制"的数据，与本书第四章还将展开详细分析的《布达佩斯公约》第18条规定的跨境电子取证"提供令"制度所指向的网络服务提供者"占有或控制"的数据是一致的。"提供令"制度所指向的数据的具体内容，将在本书第四章具体说明。

务提供者可以在其有理由相信以下两个因素存在的情况下而发起动议：（1）用户或信息订阅者并非美国人，而且并未在美国居住。换言之，法案通过调查对象的有限设定，以此方式避免"误伤"，限制了通过数据披露方式对境外电子数据的获取。（2）所要求的数据披露会导致服务提供者触犯某一"适格外国政府"之法律的重大风险。实践中，如果服务提供者违反相应国家之法律禁令而披露存储于其境内的电子数据，便可能遭受该国法律的制裁，因此法案通过异议程序的设置而对服务提供者提供了必要的救济。

接到服务提供者提出的动议后，法院应当给予执法部门答辩的机会。通过这样的程序设置，签发令状的法院居中进行的实际上是一种程序性裁判，从而尽可能地确保执法程序能够按照法定程序的要求而正当化地开展。法院在此程序中除了必须考虑服务提供者提出动议的上述两个因素外，还可以根据"案件的整体情形"并依据公平正义之理念而对境外数据披露指令予以撤销或更改。

具体而言，所谓的"案件的整体情形"共明确列举出 8 种因素。这些因素既涉及美国政府部门要求披露数据的利益，也涉及"适格外国政府"防止其所禁止披露的数据外泄的利益，同时也考虑到了服务提供者及其雇员因违反数据披露指令而可能遭受的惩罚，以及服务提供者与美国的联系及其在美国实际开展业务的性质与程度，等等。① 如果说服务提供者提出异议所依据的两个因素相对明确的话，那么法院基于"案件的整体情形"而进行裁量，则具体考虑的因素多较为灵活。从这个角度而言，法院在此过程中进行的程序性裁判是有较大的自由裁量空间的。尽管如此，从下文所述的《云法案》出台的背景及美国采取数据控制者模式力图提高数据掌控能力的角度出发可以推断，美国法院就"案件的整体情形"作出的裁决，大概率还是会侧重于满足美国官方的执法利益。

二、"适格外国政府"通过服务提供者对美国境内电子数据的获取

基于所谓的"互惠"原则，《云法案》在授权美国的执法部门通过服务提供者获取存储于境外的数据的同时，也规定了外国执法部门可以通过这种方式直接

---

① 具体的 8 种因素将在本书第七章第二节进行更为详细的介绍和分析。

获取存储于美国境内的数据,而无需经过美国当局的同意。当然,这一方案能够有效运行的前提在于,相应国家必须与美国签署行政性协议。换言之,如果相应国家加入《云法案》的跨境电子取证程序框架,其就可以直接适用自身的国内程序法而开展相应的工作,而无需再满足美国国内法中的程序要求。于是,就云数据的跨境取证而言,美国与相应国家曾经频繁出现的法律冲突以及其背后的国家主权冲突就将不复存在。很有意思的是,《云法白皮书》在第2页的"引言"部分,首先就强调该法是为了给其"伙伴国家"提供便利:

> 美国颁布了《云法案》,以加快总部设在美国的全球性服务提供者所持有的电子信息的收集速度,这对我们的伙伴国家调查包括恐怖主义、暴力犯罪、儿童性剥削和网络犯罪在内的严重犯罪而言至关重要。我们的伙伴国家在很长的一段时期都表达出了对司法协助程序过于繁琐复杂的担忧,原因在于其难以及时处理它们对电子证据日益增长的需求。美国接收到的协助请求经常都是为了获取与位于其他国家境内的个人或实体有关的电子信息,而此类调查与美国存在的联系仅仅在于,相关证据恰好是由一家位于美国的全球性服务提供者所持有的。为此,《云法案》旨在允许对隐私和公民自由提供强有力保护的我们的伙伴国家与美国签署行政性协议,以便利其获取位于任何位置的电子证据,从而达到打击严重犯罪和恐怖主义目的。于是,《云法案》代表了一种新的范式:一种高效的、保护隐私和公民自由的方案,以确保对电子数据的有效收集。由于电子通信的革命、近期全球技术公司配置其系统的方式革新以及20世纪的法律框架所遗留的问题,相应的电子数据超出了请求国能力所及的范围。《云法案》授权美国与值得信赖的伙伴国家签订行政性协议,这将令彼此国家的公民更加安全,与此同时确保对公民权利的高度保护。

然而,《云法白皮书》"引言"中的宣示其实掩盖了美国通过服务提供者掌握全球数据的真实目的。虽然需要承认该法确实可以给某些国家的跨境电子取证提供一定的便利,但是该"引言"表述的实质实际上在于,美国是在引导相应国家接受《云法案》所创制的全新跨境电子取证程序框架。

需要注意的是,美国所谓的为某些国家提供的"互惠"也并不是绝对的。《云

《法案》通过很大的篇幅，从两个方面对外国执法部门以此方式获取美国境内的数据进行了重要的限制。如果不符合下述两个方面的限制性要求，相关国家仍然需要通过常规且漫长的协助程序请求美国当局代为收集电子数据。

（一）对"适格外国政府"的限制性要求

《云法案》所规定的限制方式之一在于对外国政府的范围进行限定，也即不是所有的外国政府都符合资格，从而可以根据此法直接通过服务提供者而获取存储于美国境内的数据，而只有所谓的"适格外国政府"才能享有这样的法律权利。从形式条件来看，相应的外国政府必须要与美国签署有专门性的执行协议（executive agreement），且该协议需司法部长认定并经过国会批准，才具有基本的适格性。需要特别注意的是，美国司法部在《云法白皮书》第4～5页专门强调，这种协议的签署，既不意味着美国政府对一家外国公司享有当然的管辖权，也不意味着外国政府对位于美国境内的服务提供者行使管辖权，而只是简化了跨境电子取证的程序而已。

至于通过行政性协议成为"适格外国政府"，《云法案》也对相应国家提出了几个方面的具体要求。首先，这些国家的国内法的内容及法律的执行应当在隐私、公民自由方面提供充分且实质的程序保护。为了以简易的方式对此实质条件加以评估，该法要求审查相应的外国政府在网络犯罪和电子证据方面，是否拥有充分的实体和程序方面的法律规范。如果相应国家不满足这样的要求，其政府就不具备《云法案》所要求的"适格外国政府"的资格。而在美国政府与其他国家政府签署这样的协议之前，美国司法部长需要就此向国会阐明相关国家的政府是否符合资格。具体而言，美国会从两个方面加以审查：一是该外国政府是否系2004年1月7日生效的《布达佩斯公约》的缔约方；二是其国内法是否与该公约第1章、第2章的界定与要求相符。除此之外，对"适格外国政府"的认定还需考察其是否符合基本的法治标准，例如其是否表现出了对法治和非歧视原则的尊重；是否表现出了对基本人权的尊重，而具体的标准包括保护隐私免于肆意及非法的干涉、赋予公平审判的权利，等等。其次，该外国政府应根据协议的要求而采取适当的程序，将涉及对美国人的信息的获取、留存和散布的程度减到最小。

通过对"适格外国政府"进行上述限制，我们大致可以推测出依据法案而通过服务提供者获取存储于美国的数据的外国政府,将主要限制在《布达佩斯公约》的缔约国中(见表3-1)。如果按此标准进行梳理,虽然该《布达佩斯公约》已经吸纳了美国、日本等国加入,但是如下表所示,绝大多数国家都是欧洲理事会成员国,其性质从总体上讲还是属于区域性国际公约,因此实际上世界上未加入的多数国家的政府都可能无法成为所谓的"适格外国政府"。比如,显而易见的是,结合上述诸多标准特别是《布达佩斯公约》缔约方因素的考量,中国从目前来看并没有成为所谓的"适格外国政府"的可能。然而与此相对的是,前文所介绍的美国执法部门通过服务提供者获取存储于境外的电子数据,却并没有限制在"适格外国政府"的管辖范围之内。从这个角度而言,《云法案》单纯限制外国政府收集存储于美国境内的数据,但却未对美国政府获取境外电子数据的地域范围进行限定,这显然并不是一个对等的制度安排。

表 3-1 《布达佩斯公约》成员国及已经签署或受邀加入的国家[①]

		具 体 国 家
成员国(66个)	欧洲理事会成员国(45个)[②]	阿尔巴尼亚、安道尔、亚美尼亚、奥地利、阿塞拜疆、比利时、波黑、保加利亚、克罗地亚、塞浦路斯、捷克、丹麦、爱沙尼亚、芬兰、法国、格鲁吉亚、德国、希腊、匈牙利、冰岛、意大利、拉脱维亚、列支敦士登、立陶宛、卢森堡、马耳他、摩纳哥、黑山、荷兰、北马其顿、挪威、波兰、葡萄牙、摩尔多瓦、罗马尼亚、圣马力诺、塞尔维亚、斯洛伐克、斯洛文尼亚、西班牙、瑞典、瑞士、土耳其、乌克兰、英国
	非欧洲理事会成员国(21国)	阿根廷、澳大利亚、佛得角、加拿大、智利、哥伦比亚、哥斯达黎加、多米尼加、加纳、以色列、日本、毛里求斯、摩洛哥、巴拿马、巴拉圭、秘鲁、菲律宾、塞内加尔、斯里兰卡、汤加、美国

[①] See Chart of signatures and ratifications of Treaty 185, https://www.coe.int/en/web/conventions/full-list?module=signatures-by-treaty&treatynum=185,2022 年 1 月 22 日访问。

[②] 截至 2022 年 1 月 22 日,欧洲理事会成员国总共 47 个,其中爱尔兰于 2002 年 2 月 28 日签署加入公约,但是至今尚未由其国内批准。但是从爱尔兰司法部部长 Flanagan 于 2019 年 1 月 16 日所做的声明来看,该国近期一直在通过更新国内法的方式,为《布达佩斯公约》的正式批准做准备。See Minister Flanagan makes a statement on the Budapest Convention on Cyber Crime and the Lanzarote Convention on the protection of children against sexual exploitation and sexual abuse, https://www.gov.ie/en/speech/5b3ef0-minister-flanagan-makes-a-statement-on-the-budapest-convention-on-cy/,2022 年 1 月 22 日访问。另一未加入该《布达佩斯公约》的欧洲理事会成员国为俄罗斯,其拒绝加入该《布达佩斯公约》,部分原因将在本书第四章进行详细分析。

续表

		具体国家
已经签署或受邀加入的国家（14个）	欧洲理事会成员国（1个）	爱尔兰
	非欧洲理事会成员国（13个）	贝林、巴西、布基纳法索、斐济、危地马拉、墨西哥、新西兰、尼日利亚、尼日尔、南非①、特立尼达和多巴哥、突尼斯、瓦努阿图

（二）对"适格外国政府"所发布的数据披露指令的限制性要求

法案对"适格外国政府"所发布的数据披露指令也规定了较多的限制性要求，这里的总结将不局限于条文编排的先后顺序，而是对相关内容进行类型化梳理后作概要说明。

第一，一般要求。数据披露应遵守外国政府的国内法要求，且服务提供者披露数据的义务也应完全来自于其国内法的规定。外国政府不应向美国政府或第三方政府发出要求或获取信息的指令。当然，法案也不要求该外国政府与美国政府或第三方政府分享其所获取的任何信息。外国政府应同意接受其遵守由美国政府所执行的协议条款之情况的定期审查；当美国政府认为（外国政府）根据协议发布的任一指令不恰当时，保留决定协定不适用之权利。

第二，对象限制。外国政府的数据披露指令不应专门针对美国人或位居美国的人，并且需要为满足该要求而采用针对性的程序。此外，外国政府的调查也不得以针对美国之外的非美国人士为名，而真实目的则在于获取美国人或位居美国之人的信息。②

第三，目的限制。进行数据披露只适用于特定的案件，也即调查目的应限制于获取包括恐怖主义在内的严重犯罪的预防、检测、侦查或检控有关的信息。此

---

① 南非的情况较为特殊。该国同美国、加拿大、日本一道作为非欧洲理事会成员国，于2001年11月23日与欧洲理事会的一些国家共同签署了《布达佩斯公约》，但是至今尚未正式批准成为《布达佩斯公约》成员国。
② 《云法白皮书》第12页指出："外国政府在与美国签署协议加入《云法案》框架时，也有权通过谈判进行类似的限制，从而避免美国执法部门通过跨境网络服务提供者面向该国国民或定居于此的人士进行数据披露。美国和相应国家对跨境数据披露的对象进行如此限制后，仍然可以采用《云法案》框架外的现有的法律程序（如常规的刑事司法协助程序）来进行取证，当然这就意味着执法部门可能继续面临相应的法律冲突。"

外，《云法案》还专门指出，外国政府发布的指令不应用于侵犯言论自由。而且，这种程序不能用于民事、行政或商业性的调查。

第四，程序限制。就数据披露程序的具体开展而言，执法部门应通过司法审查程序，基于合理的正当理由而向法院、法官、治安法官或其他的独立职权机构提出申请。该合理的正当理由则需基于能够清晰表达且令人信服的事实，以及调查所针对的行为的特殊性、合法性及严重性。[①] 就指令的具体内容来看，应指明特定的人员、账户、地址、个人设备或其他所有的具有特定标识意义的信息，以此确定数据披露的准确范围。换言之，大批量数据的获取，将不会被支持。对于截取（interception）及延长截取有线或电子通信这样的潜在侵犯性较强的指令而言，应有确定、有限的期间，且不可超过对于指令目标的实现而言合理、必要的期限，而且只有在通过侵犯性较弱的其他途径无法获取同样的信息时方可发出。

第五，数据保管及使用限制。外国政府需按照协议的要求及时审查所收集的材料，并将所有未予审查的信息存储在一个安全系统之中，而该系统只有那些经受了专门的程序适用培训的人员才有权访问。此外，外国政府应尽可能满足1978年的《外国情报监视法》（*Foreign Intelligence Surveillance Act*, 50 U.S.C. 1801）中第101节关于"最低限度程序"（minimization procedures）的界定，如果发现所收集的材料并不是与包括恐怖主义在内的严重犯罪的预防、检测、侦查或检控相关的信息，抑或对相应信息的重要性的理解、评估而言并不必要，又或对于保护任何人员免受死亡、严重身体伤害之威胁并不必要，则就应当对相应的材料予以隔离、封存或删除且禁止传播。此外，外国政府不应散播某一美国人发送给美国当局的通信内容，除非该通信内容根据《外国情报监视法》的规定而可予传播，或者涉及诸如国家安全的犯罪（如恐怖主义）、重大暴力犯罪、剥削儿童、跨国有组织犯罪或重大财务欺

[①] 需要说明的是，加入《云法案》程序框架的相应国家在通过网络服务提供者进行跨境数据披露时，并不要求与美国的法律程序的具体要求完全一致，而是必须符合其国内法的要求。具体而言，以程序开启的证明标准而言，无需达到美国式的"相当理由"（probable cause）标准。Department of Justice Office of Public Affairs. Justice Department Announces Publication of White Paper on the CLOUD Act, p12, https://www.justice.gov/opa/press-release/file/1153446/download，最后访问日期：2019年12月28日。

诈这样的会严重伤害或威胁到美国或美国人的罪行。

总结而言，《云法案》以较大的篇幅，对"适格外国政府"获取存储于美国之电子数据的披露指令进行了极其细致的法律限制。一经对比就可以明显地发现，上文关于美国执法部门通过数据披露程序获取境外电子数据的法律限制的介绍就极其简单。而且，美国执法部门通过这种机制获取存储于境外的云数据，并不以数据所在地国家的同意为前提。结合上文对"适格外国政府"的限定，可以明显地发现，相应制度安排实际上是一种以美国为中心、体现美国利益优先的程序机制，并没有真正体现法案中所谓的"互惠"（reciprocal）理念。

第二节 《云法案》出台的直接诱因

考察《云法案》的来龙去脉，绕不开"微软爱尔兰案"（Microsoft Corp. v. United States）[①]这一重要的案件。由于《云法案》从提案到国会通过的整个流程都出现在这一案件审理过程的末期即美国最高法院审理期间，因此可以这样说，正是该案直接促发了法案的出台。该案也是美国近年来出现的首例企业因反对执法部门搜查存储于境外的电子数据而提起诉讼的案件，在互联网行业及刑事司法界、学术界得到了强烈关注。此外，由于该案涉及的关键电子数据存储于爱尔兰，因此爱尔兰政府与欧盟官方也直接向美国法院表达了立场，案件所产生的国际影响也令人瞩目。本部分首先简要回顾该案长达近4年半的诉讼历程，并对核心争点予以总结。

一、"微软爱尔兰案"概况

2013年12月，执法人员在一起贩卖毒品案件中，根据1986年的《储存通信记录法》（*Stored Communications Act*, SCA）也即《美国法典》"§2703"部分的规定，在取得纽约一家法院签发的搜查令状后，要求微软公司披露涉案邮件

---

① 国外相关报道评论文字中常用"Microsoft Ireland case"来指代此案，因此本书将其直译为"微软爱尔兰案"。

用户的信息。不过，该用户的实际身份在当时并不明确。执法人员既不清楚其是否是美国公民，而且也不知道其居于何处，但认为其很可能就是嫌疑人。微软公司一开始积极配合调查，并向执法人员提供了该公司存储于美国境内的服务器中相应邮件的非内容数据（non-content data）。然而，微软公司却拒绝披露邮件内容数据（content data）。原因在于，这些数据当时并未储存于美国境内的服务器中，而是位于爱尔兰首都即都柏林的欧洲云服务器的数据中心的服务器之中。①微软公司认为，执法人员应当采用跨境证据的常规收集方案，经由刑事司法协助途径，向爱尔兰当局发布协助请求后由后者调取这些数据。不过，执法人员则不同意采纳微软公司的意见，坚持要求后者直接披露相应邮件的内容数据，并否认本案的侦查权出现了域外适用。②

在双方分歧严重的情况下，微软公司正式提起了诉讼。2014年4月25日，微软公司在纽约地区法院败诉。法院认为，根据《储存通信记录法》的规定，该公司必须披露其控制的所有数据，而不受国境的限制。当年7月31日，纽约南区联邦地区法院同样裁定微软公司败诉。不过，微软公司在此过程中一直拒绝交出相关数据，并再次提起上诉。2016年7月14日，案件峰回路转，联邦第二巡回上诉法院裁决微软公司胜诉。不过，败诉方也并未甘心，将上诉状递交到美国最高法院。

2018年3月23日，《澄清合法使用境外数据法》即《云法案》经时任美国总统特朗普签署后生效。该法于当年2月6日由4名分属共和党和民主党的参议员联合提案，在一个半月时间内即从立法草案转变为正式的法律，立法程序运行之快令人惊叹。随后，政府部门根据新法取得了新的搜查令，微软也对新法予以支持。因此，美国最高法院于4月17日终审裁决，由于本案争议的问题已经不复存在，继续审理下去已经没有任何法律意义，因此将案件驳回。③至此，该案方才尘埃落定。④

---

① 外文文献常使用"Microsoft-Ireland Case"来简称此案，下文为论述方便也使用"爱尔兰微软案"加以指代。
② Microsoft Corp. v. United States, 829 F.3d 222(2d Cir. 2016).
③ United States v. Microsoft Corp., No. 17-2, 584 U.S. _(2018).
④ 为了表述的方面，下文借用一些既有文献的称谓，将此案统一简称为"爱尔兰微软案"。

二、"微软爱尔兰案"的主要法律争点

微软公司拒绝披露存储于境外的电子数据，除了认为执法人员涉嫌滥用权力窥探用户隐私外，更为重要的是反对《储存通信记录法》的境外适用。微软公司认为，如果执法部门持法院根据该法签发的令状而强制其披露存储于境外的云服务器中的数据，该搜查程序实际上是对《宪法第四修正案》的滥用。按照微软公司的逻辑，执法部门的做法与持司法令状去实地搜查嫌疑人位于爱尔兰境内的房屋，并不存在任何区别。由于两国之间签署有双边刑事司法协助条约，那么美国当局就没有理由跨过双边机制而采用单边途径，直接通过微软公司收集存储于境外的电子数据。微软公司的观点得到了第二上诉巡回法院 Susan Carney 法官的认可。其认为，美国法律长久以来的原则表明，除非有相反的表述，则国会颁布的法律仅仅适用于美国境内。因此，限制司法部门搜查的权限符合跨境刑事调查的惯例，这在美国与相关欧洲国家之间所签署的司法协助条款中已经十分明确。如果在本案中允许以此方式收集存储于境外的电子数据，便属于法律的域外适用。[①]

然而，从美国司法部的角度而言，如果能够通过强制披露方式直接从微软公司便捷地获取到后者存储于爱尔兰的数据，当然就不愿意再开启冗长复杂的刑事司法协助程序。此外，由于一些国家与美国并未签署刑事司法协助协议，一旦无法通过这种方式取得境外的电子数据，则极可能导致潜在的犯罪分子将敏感数据尽可能转移至境外某些地域存储，这显然不利于对犯罪的打击。因此，司法部坚持认为，只要持有数据的公司属于美国法院的司法管辖范围，执法部门就有权通过其获取境外数据。司法部也否认根据《存储通信记录法》获取的令状获取境外电子数据属于国内法的境外适用，因为执法人员并未实际踏入他国领土取证，因此就谈不上传统意义上的非法越境取证。司法部甚至认为，微软公司按照搜查令的要求交出其储存于境外的数据，实际上就如同相关职员在美国的办公室的电脑上"动一动鼠标"那么简单。

由此可见，本案的争议焦点集中体现在，美国的司法实务对1986年的《存储通信记录法》是否能够适用于对存储于境外的电子数据的收集存在截然

---

① Microsoft Corp. v. United States, 829 F.3d 222(2d Cir. 2016).

不同的看法。实际上，该法乃是当年颁布的《电子通信隐私法》（Electronic Communications Privacy Act, ECPA）的一个组成部分。《存储通信记录法》只是笼统地规定了"用户通信信息或记录的强制披露"（Required disclosure of customer communications or records）。执法人员在取得法院的令状之后，可以要求服务提供者披露用户或信息订阅者的内容数据和非内容数据。不过，该法本身并没有指明相应数据是否包括存储于境外的数据，这就导致法律适用出现了意见上的分歧。在此背景下，越来越多的学者、企业以及立法者于近年来主张，制定于数十年前的《电子通信隐私法》并不能为美国执法部门获取境外数据提供法律依据。①

而从深层次来看，按照《哈佛大学法律评论》实时跟进的案例解析，此案突显出信息化、云计算时代适用于常规证据收集的法律程序与科技发展之间的紧张关系。如果不顾电子数据与其他实物证据之间存在的差异，并且忽视电子取证的特殊性，就很容易得出类似于第二上诉巡回法院那样的裁决观点。②在20世纪80年代，计算机尚未普及，互联网也未成型，立法者绝不会预料到如今"云存储"技术的飞速发展，更不会预料到电子数据会借助这样的技术发展而大规模地出现越来越多存储于境外的情况，当然也就不可能在当时的法律规定中触及跨境云取证这样的特殊问题了。

但是，第二上诉巡回法院的裁决意见至少在《云法案》出台之前也未得到普遍的认可。例如在2017年2月3日，谷歌公司在宾夕法尼亚州的另一起案件中就被裁决必须按照令状的要求，向联邦调查局全部转交储存在境外服务器上的该公司用户的邮件数据。审理该案的Thomas Rueter法官在裁决备忘备中指出："对隐私的侵犯仅仅发生在美国境内。当局根据令状要求谷歌披露数据的职权行为仅仅发生在美国境内。"③换言之，执法部门并没有实际到境外执法，因此根本谈

---

① 参见黄道丽主编：《网络安全法治研究(2020)》，259页，武汉，华中科技大学出版社，2020。
② "Privacy-Stored Communications Act-Second Circuit Holds That The Government Cannot Compel An Internet Service Provider To Produce Information Stored Overseas. -Microsoft Corp. v. United States, 829 F.3d 197 (2d Cir. 2016)", Harvard Law Review, 130(2016), 769.
③ See Thomas J. Rueter, "Memorandum of Decision" (February 3, 2017), https://cdn2.hubspot.net/hubfs/2113129/Google-Search-Warrant-Opinion-ED-Pa.pdf?t=1508968031118，最后访问日期：2018年6月10日。

不上《存储通信记录法》的境外适用。

正是在这一背景下,《云法案》的出台及时地回应了跨境云计算时代美国在刑事司法实务中的现实需求,对以"微软爱尔兰案"为代表的案件的法律争议的平息可谓恰逢其时。该法在引言部分毫不避讳地说明,除了要实现一些其他目的外,实际上就是要"推动执法部门获取存储于境外的数据"。至此,美国执法部门在取得司法令状之后,要求服务提供者披露存储于境外的电子数据,就有了明确的法律授权。

第三节 《云法案》的国际宏观发展背景与展望

毋庸置疑,"微软爱尔兰案"中出现的法律争议直接促发了《云法案》的出台,但若仅此理解的话,似乎给人一种颇具偶然性的印象。实际上,如果在更为宏观的国际发展背景下加以审视,就可以发现该法的问世并不仅仅是刑事诉讼中跨境电子取证制度在近年来最新转向的结果,同时也是国际上数据掌控的激烈博弈在刑事司法中的具体体现。从这两个角度出发,我们可以在"微软爱尔兰案"的基础上,更为深刻地对《云法案》加以理解和把握。

一、跨境电子取证宏观发展背景下的制度突破

(一)传统的刑事司法协助机制及缺陷

通过对服务提供者的强制数据披露而获取存储于境外的电子数据,其实并不是一种孤立的制度,而是跨境电子取证的下位概念。除了强制数据披露外,跨境电子取证还包括刑事司法协助及一国单边开展的远程电子数据提取这两种基本形式。① 从一种制度的历史发展而言,刑事司法协助机制由于并不是专门为电子数据的跨境收集而产生的,因此出现最早。正如本书第五章将要详细分析的那样,

---

① 刘亚:《电子证据:跨越国界的互联网取证》,载《方圆》,2017(19)。

尽管许多国家之间目前都可以在双边和多边框架下通过这种机制获取位于境外的刑事证据，但是由于程序通常较为复杂、冗长，特别是在信息化、云计算的全新发展状态下，这种传统的机制显然不是收集境外电子数据的最佳方案。由于美国的多个网络服务巨头掌握着全球范围内用户海量的数据，而这些数据中的相当部分都存储在美国境内，因此美国近年来接收相关司法协助的请求越来越多，令相关部门遭受到了巨大的压力。

例如，一个法国人对本国另一公民实施网络欺诈犯罪，该国警方在侦查时如发现嫌疑人使用的通信软件的服务器位于美国，而且所需要收集的数据也确实存储于美国境内的这些服务器中，便需要通过常规的刑事司法协助机制，请求美国方面协助进行搜查。然而，法国警方需要层层上报，最终由该国司法部向美国司法部递送协助请求。法国司法部必须详细阐明，需要美方协助调查的犯罪事符合美国刑事搜查的证明标准即存在"相当理由"（probable cause），方有可能经美方管辖地法院审查后签发令状，并最终由美方执法人员要求服务提供者披露数据。然而，正如本书第一章第一节所言，这样的刑事司法协助程序从一开始启动，到最终结束，平均需要10个月的漫长时间，甚至在极端情况下还可能长达数年。

同样，美国执法部门如果要通过这种程序收集存储于境外的电子数据，也会面临巨大的难题。美国执法部门开展取证的前提是该国与其他国家有既定的双边或多边刑事司法协助条约渠道。但是，根据美国学者 Jennifer Daskal 介绍的数据，该国实际上只与世界上大约一半的国家有司法协助条约。在某些情况下，科技公司的数据存储架构可能使任何国家的流程都无法应用。[①] 而且，即使通过协助渠道开展取证的程序是畅通的，但是相应的复杂、冗长的流程同样必不可少。特别是在许多国家实现数据本地化法律制度之后，这样的跨境取证程序更是雪上加霜。

原因在于，正如本书第一章所论述的那样，许多发展中国家所实行的数据本地化制度削弱了美国对全球数据的控制力，进而对美国产生了诸多冲击：首先，数据本地化导致美国境外数据获取需求增加，美国需要与外国政府协商以满足其自身数据需求的场景增多；其次，数据本地化削弱了美国现行的司法协助体系的作用。数据所在国可以通过数据本地化，绕过美国的司法协助程序，直接要求企

---

① 转引自刘品新：《电子证据法》，184页，北京，中国人民大学出版社，2021。

业向其提交数据。为缓解国际数据本地化对美国的冲击,美国也需要建立一个新的机制来维持其在全球范围内的数据话语权。①

(二)跨境远程提取电子数据之单边方案及风险

传统的刑事司法协助方式已经不适应跨境电子取证的时代发展需要,这已经成为一种共识。于是,脱离这种机制而寻求更为快捷的方案以收集存储于境外的电子数据,获得了越来越多的响应,其中一个方案便是通过公共互联网直接提取存储于境外的电子数据。从法律依据的类分来看,国际上至少已经出现了三种情况。

其一,执法机关在无法律授权的情况下直接远程提取境外电子数据。例如在本书第一章第一节所介绍的"俄罗斯黑客案"中,美国FBI在某黑客案件中使用以技术手段获取的嫌疑人的用户名和密码,跨境远程登录位于俄罗斯的计算机系统并提取了涉案电子数据。执法人员提取数据后予以封存,在取得搜查令状之后才进行了正式的"搜查"。此案从取证效率来看十分显著,然而一经披露便在国际范围内遭到了广泛的批评,其中主要的问题就是这种取证方式乃是对他国国家主权的侵犯。②FBI随后就该案远程取证情况对俄罗斯方面进行了告知。结果,俄罗斯当局提出强烈抗议,尽管无法实际执行,但乃以黑客入侵为由对FBI的其中一名调查人员提出了指控。

其二,《布达佩斯公约》对单边跨境远程电子取证的有限授权。《布达佩斯公约》第32条规定了两种类型的单边跨境远程电子取证方式。其中,a款规定授权提取的是"公众可以获得的(公开资料)",具体包括公众通过订阅或注册而可以获得的资料;③b款则授权执法人员在获得了拥有法定权限而通过计算机系统向其披露数据的主体的合法且自愿的同意之后,提取、接收存储在他国境内的计算机系统中的数据。然而,正如本书第四章还将详细分析的那样,《布达佩

---

① 胡文华:《美国〈合法使用境外数据明确法〉对中国的影响及应对》,载《通信安全与通信保密》,2019(7)。
② See Russell G. Smith, Peter Grabosky, Gregor Urbas, *Cyber Criminals on Trial.* Cambridge: Cambridge University Press,2004,p.58.
③ See Cybercrime Convention Committee(T-CY), T-CY Guidance Note # 3 Transborder access to data (Article 32) (December 2014), https://rm.coe.int/16802e726a,最后访问日期:2018年6月11日。

斯公约》对跨境电子取证进行有限授权的缺陷十分明显：一是没有对诸如前述"俄罗斯黑客案"这样的跨境远程搜查行为进行规范；二是被以中、俄、印为代表的国家广泛认为是对他国主权的侵犯。由于分歧严重，在单边跨境远程电子取证的制度设计及完善问题上，《布达佩斯公约》以及本书第四章深入展开研究的第二附加议定书均止步不前，从目前来看并没有明确的解决方案。

其三，少数国家国内法对单边主义的跨境远程取证的授权。例如，本书第一章已经提到了几个代表性国家的做法。例如，比利时于2000年在《计算机犯罪法》（Computer Crime Act）中规定，侦查法官签发的搜查令状可以允许相应的侦查行为延伸到与令状所注明的目标系统相连接的其他系统当中。如果侦查人员进行远程搜查时发现数据位于比利时之外，则只能采取有限的"复制"（copy）方法对数据加以提取。又如，根据2016年12月1日修订的美国《联邦刑事程序规则》（Federal Rule of Procedure）第41（b）（6）条[①]，法官可以授权侦查机关对储存位置不确定的"暗网"中的电子数据进行"远程搜查"。该条虽然不是明确地授权开展跨境搜查，但是实际上并不绝对排斥。再如，荷兰的最新立法与美国类似，其于2019年1月1日施行的《计算机犯罪法（三）》授权侦查机关开展远程搜查，在数据存储位置不确定这样的特定情况下也不绝对排斥（潜在的）跨境侦查的开展。

总结而言，跨境远程提取电子数据的单边方案虽然在取证效率方面优势明显，但是由于受国家主权原则的限制，这种方案一直没有在国际范围内得到大范围的推广。一方面，《布达佩斯公约》第32条的规定不仅适用情形有限，而且还招致广泛批评；另一方面，西方主要国家普遍都没有通过立法对这种跨境电子取证方式加以明确授权，少数国家的有限授权也倾向于技术原因的限制而对实际开展的跨境侦查持不排斥的态度。尽管比利时的立法在此方面较为特殊，但是其不仅要求特定情形的跨境远程电子取证只能采取侵犯性较弱的"复制"措施，而且还要求一经发现侦查行为跨境，就必须立即由中央主管机关对他国进行告知。由此可见，国际上总体而言对这种单边方案是特别警惕的，甚至可以说，这种方案在可预见的未来也很难有大的突破空间。

---

① 该条的内容是："在因技术原因而导致媒介或信息的储存地点被隐藏的情况下，对可能已发生的犯罪存在关联的所有地方有管辖权的法官，均有权针对管辖区内或管辖区外签发令状以开展对电子储存媒介的远程搜查，并且授权扣押或复制电子存储信息。"

（三）美国通过网络服务提供者进行跨境数据披露的探索与突破

在上述两种方案均存在明显缺陷的情况下，通过服务提供者获取境外电子数据成了另外一个选项。在《云法案》出台之前，美国实际上近年来一直在试图通过立法的方式推进相关工作。

例如，在 2016 年 7 月即奥巴马执政末期，司法部曾拟出《基于打击严重犯罪及恐怖主义目的而在安全及保护隐私条件下允许电子数据交换的立法草案》（*Legislation to Permit the Secure and Privacy-Protective Exchange of Electronic Data for the Purposes of Combating Serious Crime Including Terrorism*），计划在特定案件中允许与美国签署协议的国家（初期计划与英国合作）直接要求位于其管辖地的美国服务提供者进行数据披露，从而避开两国主管部门的协助程序及美国法院的司法审查，以此快速推进数据披露的流程。当然，美国执法部门也能根据此方案对等地通过这种简易机制获取存储于境外的数据。

又如，两名议员曾于 2017 年 7 月提出《国际通信隐私法》（*International Communications Privacy Act*）议案，旨意可谓大同小异。具体而言，如果相关外国政府预先收到通知而且没有提出反对意见抑或法官认定美国在获取数据方面的利益大于外国政府在防止数据披露方面的利益，则允许执法部门在取得法院签发的令状后强制要求跨境服务提供者披露相应的境外数据。

不过，上述两次立法努力并未得到实质推进。随着"微软爱尔兰案"所反映出来的法律争议在过去几年间的甚嚣尘上，从该案的具体问题出发从而更具针对性地进行立法，这一方案在美国国会得到了更为普遍的认同。由此可见，《云法案》的出台虽然由"微软爱尔兰案"呈现的法律争议所触发，却是美国近年来不断尝试通过数据披露方式获取境外数据的立法努力的最终成果。从更为广阔的跨境电子取证的国际发展趋势来看，《云法案》所代表的方案实际上可以视为上述三种方案优胜劣汰之后的结果。正是由于传统的刑事司法协助机制及单边主义的跨境远程电子取证制度的运行不畅，通过服务提供者收集存储于境外的电子数据，近年来才越发得到了美国的重视。但是需要注意的是，《云法案》所代表的跨境电子取证方案从功能上来看并不是十分完备的。原因在于，刑事侦查中通过这种方式只能获取到该法中所谓的服务提供者所"拥有、监管或控制"的存储于境外的数据。因此，从跨境电子取证的整体制度层面来看，它并不能解决所有的境外电子数据的收集问题。从这个意义上讲，传统的刑事司法协助机制及单边主义的跨境远程电子取证制度虽然有着非常明显的缺陷，但是在未来仍不应受到全然忽视。

二、数据掌控的国际博弈在刑事司法中的具体表现

（一）"数据存储地模式"及近年来的强化趋势

由于国家的刑事管辖长久以来都是以主权范围内的地域作为最主要的划定依据，于是电子数据的实际存储位置便成为管辖权实际施展的基础性考量因素。正如本书第一章第一节所言，这便是理论上所称的国家刑事取证管辖的"数据存储地模式"。也正是基于此，从传统且广为接受的观点来看，对存储于境外的电子数据的获取，一般也就只能在相互尊重国家主权的基础上通过刑事司法协助的方式加以实现。然而，在上文所述的刑事司法协助及单边开展的跨境电子取证均存在明显缺陷的情况下，为了在刑事司法及网络监管体系中充分挖掘并控制跨境运营的网络服务提供者的数据资源，国际上近年来出现了越发显著的"数据存储的本地化"（data localization）动向，从而对"数据存储地模式"越发加以强化。在通过法律对数据的本地存储予以强制规定的情况下，刑事司法中对数据的调取与运用就无需再通过跨境方式开展，从而令数据主权能够在刑事司法中得到切实落实。

美国信息科技与创新基金会（ITIF）的分析师 Nigel Cory 于 2017 年 5 月 1 日发布的研究报告显示，全球范围内已经有 36 个国家和地区通过立法等方式对数据存储的本地化进行了明确要求。① 除了本书其他部分还会展开分析的中国的《网络安全法》之规定及其他国家的立法外，这里仅以俄罗斯为例进行介绍。作为该国"反恐系列法规"的一部分，《博客用户法》（*Bloggers Law*）于 2014 年

---

① 这些国家、地区和组织包括：美国、加拿大、欧盟、法国、德国、英国、比利时、保加利亚、芬兰、丹麦、卢森堡、荷兰、希腊、波兰、罗马尼亚、俄罗斯、瑞典、土耳其、塞浦路斯、阿根廷、巴西、中国、中国台湾、韩国、印度、印度尼西亚、伊朗、哈萨克斯坦、越南、马来西亚、哥伦比亚、委内瑞拉、肯尼亚、尼日利亚、澳大利亚、新西兰。See Nigel Cory, "Cross-Border Data Flows: Where Are the Barriers, and What Do They Cost？", https://itif.org/publications/2017/05/01/cross-border-data-flows-where-are-barriers-and-what-do-they-cost，最后访问日期：2018 年 6 月 12 日。

8月1日生效，凡日均访问量达到3000人次以上的博客作者必须在监督机构进行注册。①该法还要求提供搜索引擎、社区网络及其他平台的组织机构必须在俄罗斯境内保存不少于6个月的计算机记录。②作为编号"No.242-FZ"的联邦法的一部分，2015年9月1日生效的《个人数据法》（*Personal Data Law*）修正案则强制要求收集俄罗斯公民数据的公司在其境内建立数据库，并对用户数据加以本地化存储。该规定对跨境运营的美国公司均适用。③

在前述"微软爱尔兰案"中，对"数据存储地模式"的主张也体现在爱尔兰政府的官方表态当中。2014年12月23日，爱尔兰政府在诉讼进程中向法院递交了一份"法庭之友意见书"（amicus brief），不仅申明了其对涉案数据的主权管辖，而且明确支持微软的主张。"意见书"强调，只有通过美国与爱尔兰之间的双边刑事司法协助机制，才能由爱尔兰政府对该案中的邮件数据进行调查。④

在"数据存储地模式"近年来在国际范围内越发强化的情况下，无论是一些国家通过国内法强制要求数据的本地化存储，还是对个案中通过传统的刑事司法协助方式跨境收集电子数据的坚持，均反映出国际社会逐渐重视通过传统的地域管辖来强化对数据的现实掌控。

（二）"数据控制者模式"在美国的登台亮相

尽管"数据存储地模式"为越来越多的国家所认可并坚守，并且前述 Nigel Cory 的研究报告也指出美国也存在强制要求数据的本地化存储的情况，但是这一模式在美国境外的强化并不符合其一贯以来的网络空间战略及刑事司法中整体性的制度需求。

首先，美国基于其自身利益主张网络空间无主权。从20世纪90年代中期开始，美国学界对网络空间到底有无主权展开了深入的讨论，基于维护美国利益的

---

① 林雪丹：《俄博客新法规正式生效，日均访问量达3000人次必须注册》，载《人民日报》，2014年8月1日。
② Neil MacFarquhar, "Russia Quietly Tightens Reins on Web With 'Bloggers Law'", *The New York Times,* May 6, 2014.
③ Sam Schechner, Olg Razumovskaya, "Russia Puts Off Data Showdown With Technology Firms", *Wall Street Journal,* Aug. 31, 2015.
④ Karlin Lilington, "Government files supporting brief for Microsoft in US case", *The Irish Times,* Dec. 23, 2014.

官方观点也逐渐明晰。在这其中，各种观点粉墨登场，较有影响地主要表现在三个方面。一是否认国家主权的"网络自身主权"（Cyberspace as Sovereignty）。这种观点以全球著名的黑客约翰·P. 巴洛（John Perry Barlow）于1996年在瑞士达沃斯发布的《网络空间独立宣言》（A Declaration of the Independence of Cyberspace）为标志，鼓吹的是"网络自身主权"并排斥传统的国家主权在网络空间的行使。①不过，这种观点已经逐渐失去了市场。二是将网络空间划入单一主权国家无法企及的"全球公域"，三则是在"全球公域"的基础上呼吁建立网络空间的"多利益攸关方治理模式"（Multi-stakeholder Governance Model），这两种观点已经成为美国官方主推网络空间国际秩序的理论基础。②虽然这些观点的立意及侧重有所不同，但均主张单一国家对网络空间无主权，也即否认传统意义上的主权延伸到网络空间。然而，"全球公域"论和"多利益攸关方治理模式"貌似主张网络空间治理体系的平等参与，但是实质上是排斥国家主权在网络空间中延伸进而主张网络自由，③实难掩盖美国凭借其在互联网领域绝对的技术优势而削弱他国数据掌控能力的真实目的。

其次，美国在跨境电子取证的刑事司法协助方面面临"失衡"困境。一方面，由于美国在互联网领域的技术和整体发展方面的压倒性优势，特别是随着跨境云计算的兴起，其在境外设有大量的数据中心。例如，该国除微软外的许多互联网巨头的欧洲总部均位于爱尔兰，如遵循传统的数据存储地模式，美国执法部门均无法顺畅地获取这些企业所掌握的海量数据。在技术层面上可以便捷地跨境取证但却受到既有国际法原则、规则严格限制的境况导致美国无法"安于现状"。另一方面，许多外国政府近年来越来越多地通过司法协助的方式寻求美国当局的支持，以获取存储于美国境内的服务提供者的服务器中的电子数据。在此背景下，大量的司法协助请求导致美国当局有不堪重负之感。与此同时，各个向美国发出协助请求的国家又普遍希望美国当局加快证据收集和提供的速度，导致矛盾越来越突出。

---

① 参见［美］约翰·P. 巴洛：《网络独立宣言》，李旭、李小武译，载高鸿钧主编：《清华法治论衡》第4辑，10页，北京，清华大学出版社，2004。
② 关于这三种观点的介绍和批判，参见张新宝、许可：《网络空间主权的治理模式及其制度构建》，载《中国社会科学》，2016（8）。
③ 参见徐峰：《网络空间国际法体系的新发展》，载《网络安全与通信保密》，2017（1）。

从实践来看，大量来自外国政府的取证请求与美国本身并没有太实质的关联。例如，当外国政府要调查的电子通信的双方都不是美国人时，抑或相应犯罪活动发生在美国之外时，仅仅因为电子通信的服务提供者将相应数据存储在了美国，就需要启动刑事司法协助程序，这导致美国本身在并不关心这类案件的时候却需要花费大量精力应付，而实效却并不尽如人意。美国司法部发布的《云法白皮书》在第7-8页指出：

一段时间以来，（由于"微软爱尔兰案"的裁决）对于总部位于美国的服务提供者可以从其美国总部访问但存储于国外服务器中的数据，美国当局无法获取，这也对我们协助其他国家收集电子数据的能力产生了不利影响。正如美国政府无法获取服务提供者存储于国外的数据来开展我们自己的刑事侦查一样，我们也无法获得同样的数据来满足其他国家的司法协助请求。这大大削弱了那些国家从总部设在美国的服务提供者那里获取证据的能力，而相应的证据对其在本国解决犯罪问题以及逮捕嫌犯而言是必需的。我们的那些外国的执法伙伴对这种情况感到越来越沮丧，并且向美国表达了报怨。

在此背景下，美国在此方面对外国政府的刑事司法协助请求相对有限。例如，美国谷歌公司的邮件系统Gmail、在线社交网络应用脸书、移动通信商苹果等在境外有着难以数计的用户或信息订阅者，而位于美国的数据中心也因云计算的技术需要在其本土存储着海量的数据。因此站在美国的角度而言，其技术的领先和对数据的掌控在"数据存储地模式"的背景下并没有为自身刑事司法的施展带来便利，其反而需要通过司法协助更多地为外国政府部门服务，这显然并不符合美国的利益，而且也与《云法案》出台之际特朗普政府一直坚持的"美国优先"（America First）的国家战略相违背。

基于上述两个方面的原因就不难理解，美国为何会急于通过《云法案》对"数据存储地模式"进行根本性的改造，而换以"数据控制者模式"。这样一来，美国就可以从法理上弱化主权国家对存储于其境内的数据的绝对掌控，[1] 从而凭借

---

[1] 主张数据的实际存储地并非司法主权之划定标准的观点在美国屡见不鲜。See Jennifer Daskal, "The Un-Territoriality of Data", *Yale Law Journal*, 125(2015), 390.

其技术优势更为便捷地通过服务提供者获取存储于境外的数据，同时也可以在一定程度上减轻美国因向外国政府提供刑事司法协助而面临的巨大压力。当然，这种松绑并不意味着美国对在其本土存储的数据的失控。因为前文在介绍《云法案》的主要内容时已经说明，通过对"适格外国政府"及其跨境数据披露指令的非常严苛的双重限制，美国实际上对境内数据仍然拥有非常强有力的控制力。再结合美国一贯以来不认可网络空间主权的战略取向来看，跨境数据的获取通过《云法案》的出台而在刑事司法的局部层面，出现了从"数据存储地模式"向"数据控制者模式"的剧烈转向。这样一种变革从整体视角来看深刻地反映出国际层面在数据掌控方面的激烈博弈，必将深刻地影响全球范围内数据政策的未来走向。

（三）《云法案》框架下国际跨境电子取证制度的发展

从近期来看，美国显然有意利用其强大的影响，已经在其传统的"朋友圈"中推动《云法案》框架下的跨境电子取证制度。2019年4月10日，美国司法部发布了《云法白皮书》，除了背景阐释及内容分析外，还对该法适用过程中的多个方面的常见问题进行了官方回应。这对《云法案》的跨境电子取证法律程序框架后续为部分国家所接受起到了一定的推动作用，从而令《云法案》的影响向更大范围扩散。由于本书第四章还将详细分析欧盟在此领域的立法进展，因此本部分的内容并不涉及欧盟的相关情况。

2019年2月12日，英国通过其颁布的《犯罪（境外提交令）法案》[*Crime (Overseas Production Orders) Act*]，授权该国执法机构依据英国法庭的命令，在与英国签订政府间协议的国家或地区直接获取境外数据的权力，从而为《云法案》框架下的跨境电子取证程序提供了法律基础。2019年10月3日，英国和美国经过谈判，正式签署《英美政府间就获取电子数据打击严重犯罪的协议》（*Agreement between the Government of the United States of America and the Government of the United Kingdom of Britain and Northern Ireland on Access to Electronic Data for the Purpose of Countering Serious Crime*），该协议于2020年2月28日生效。该协议实际上采用了《云法案》的法律程序框架，允许美国和英国的执法机构经过特定的授权，直接向服务提供者发布指令，从而以快捷方式获取存储于对方国家境内的相关电子数据。

当然，英美政府间的这个协议也设定了一定的适用限制。其一，从适用目的来看，该协议只适用于包括恐怖主义、儿童性虐待和网络犯罪在内的严重犯罪的预防、侦查和起诉。其二，从启动程序来看，两国执法机关只有在相关电子数据无法通过更为温和的方式获取的时候，才能向服务提供者发布指令，也即这种程序不能随意启动。其三，从数据类型来看，该协议在个案中的执行必须指向特定的账户，并需要将特定个人、账户、地址、个人设备或其他特定标识符确定为调查指令的对象。其四，从适用期限来看，两国执法机关的调查虽然可以要求服务提供者拦截无线或者有线通信及相关活动，但是需要限定在固定且有限的时间期限之内，而且不能超过实现指令目的的合理且必要的时间。其五，从使用条件来看，未经接收方同意，签发指令的国家不能将相应电子数据转移至第三方政府或国际组织，除非根据接收方的国内法，该数据已经公开。[①] 尽管如此，英美之间的协议作为《云法案》框架下的首份政府间协议，对双方开展的快捷跨境电子取证仍具有显著的推动作用，而且必将在一定范围内产生示范效应。

在英美两国谈判期间，澳大利亚也开启了加入《云法案》框架的程序。2019年10月7日，美国司法部长 William Barr 与澳大利亚内政部长 Peter Dutton 在双边会晤中发布联合声明，宣布两国根据《云法案》规定的双边政府间协议框架，启动了正式谈判。Peter Dutton 在这次会晤中称，该国在2018年对美国通过《云法案》所表现出来的领导力表达了祝贺，对与美国开启谈判表示欢迎，并且认为《云法案》所搭建的跨境电子取证框架代表了"志趣相投"的国家间合作的未来。[②] 2021年12月15日，澳大利亚在经过一系列的国内法准备之后，与美国正式签署《云法案》框架下的双边协议，该协议成为继上述英美两国的双边协议之后的第二份政府间协议。

2019年2月25日，美国司法部长 William Barr 与欧盟委员会司法专员（European Commissioner for Justice）Věra Jourová 发表联合声明，就便利刑事调

[①] 参见黄道丽主编：《网络安全法治研究(2020)》，277页，武汉，华中科技大学出版社，2020。
[②] See Department of Justice Office of Public Affairs, Joint Statement Announcing United States and Australian Negotiation of a CLOUD Act Agreement by U.S. Attorney General William Barr and Minister for Home Affairs Peter Dutton, https://www.justice.gov/opa/pr/joint-statement-announcing-united-states-and-australian-negotiation-cloud-act-agreement-us，最后访问日期：2022年1月23日。

查中电子证据的收集开启美欧间的正式谈判。双方在开展了富有建设性的第一轮磋商之后，同意就尽快达成一项协议而进行后续的多轮谈判。美欧双方都对正式谈判表现出了积极的态度，并表达了继续合作的愿望。① 美国司法部官网所刊载的这则新闻稿虽然没有具体说明，美欧间的磋商和谈判是否是建立在《云法案》框架下的，但是由于该新闻是发布在《云法案》相关内容的官方页面的，所以可以视为美国推动《云法案》所建立的跨境电子取证框架向欧洲延伸的重要举措。当年5月16日，美国司法部长助理代表 Richard W. Downing 在德国慕尼黑举办的第五届"德—美数据保护日"的演讲中，以《美国〈云法案〉能做什么以及不能做什么》为题表示，虽然欧盟内部对《云法案》还存在的种种疑问，但是美国的优先事务是与欧洲数据保护委员会（European Data Protection Board）、相关国家的数据保护机关以及对此感兴趣的其他国家的政府开展对话。② 从其演讲内容的字里行间可以明显地看出，美国非常希望在与欧盟进行对话协商的情况下向后者推广《云法案》所搭建的跨境电子取证框架。

综上，在数据资源国际博弈的宏观背景下，美国自2018年施行《云法案》之后，已经凭借自身的影响力，逐步将依托服务提供者开展跨境电子取证的程序方案向其他国家推广，而且也确实收到了实效。例如在2018年8月14日，加拿大警察局长协会、法律修正案及电子犯罪委员会发布决议，敦促加拿大政府根据美国《云法案》的规定与美国政府签订数据共享协议，以应对云计算时代网络犯罪证据的跨境收集所面临的挑战。虽然《云法案》当前这种推广的趋势还主要限于英、澳、加等传统的盟友国家，但是《云法案》所搭建的跨境电子取证程序框架未来大概率会继续向其他国家扩散。这是因为，总部位于美国境内的云服务巨头掌握着全球海量用户的数据并存储于美国境内，这种状况在短期内不可能有太大的变化。这就促使一些国家在未来不得不考虑加入《云法案》框架，从而通过相应服务提

---

① See Department of Justice Office of Public Affairs, Joint US-EU Statement on Electronic Evidence Sharing Negotiations, https://www.justice.gov/opa/pr/joint-us-eu-statement-electronic-evidence-sharing-negotiations，最后访问日期：2022年1月23日。
② Deputy Assistant Attorney General Richard W. Downing Delivers Remarks at the 5th German-American Data Protection Day on "What the U.S. Cloud Act Does and Does Not Do"，https://www.justice.gov/opa/speech/deputy-assistant-attorney-general-richard-w-downing-delivers-remarks-5th-german-american，最后访问日期：2022年1月23日。

供者快捷收集位于美国境内的数据。

对于《云法案》所产生的预期影响，有一个需要明确的问题，即该法所构架的跨境电子取证程序框架与《布达佩斯公约》的程序框架是一种什么样的关系。在《云法案》于全球范围内的影响越发扩大的背景下，《布达佩斯公约》是否有可能被取代？本书认为，对此问题可以从三个方面进行解读。

其一，《云法案》所打造的是一种以美国为中心的跨境电子取证的全新结构，其他国家无论是否参与《云法案》程序框架，均不会在此框架下产生彼此之间的法律关系。具体而言，《云法案》的程序框架是以美国为中心向外辐射，呈现出的是一个中心点对多个联结点的程序框架。在一些国家与美国签署行政协议的情况下，这种程序框架会由多个双边协议构成，但是仍然表现出以美国为中心的蛛网状结构。即使没有任何国家与美国签署行政性协议，《云法案》作为美国的国内法也会为其执法机构所适用而对外产生辐射影响。其他国家除非完全不涉及美国的云服务提供者的服务，否则均无法免受这种影响。基于这种一个中心点对多个联结点的程序框架，作为多个联结点的其他国家并不会在《云法案》体系下构成任何意义上的国际法律关系。与此不同的是，《布达佩斯公约》所搭建的则是众多缔约国共同参与并认同的，一种呈现网状联系的去中心化[①]的多边程序框架。因为两者的程序结构和定位有着根本性的不同，而且由于美国本身也是《布达佩斯公约》的缔约国，因此《云法案》并不是要取代《布达佩斯公约》，而且事实上也无法取代。

其二，《云法案》只是"数据控制者模式"的适用，只能在跨境云服务提供者占有或控制数据的情况下得到运用。然而，《布达佩斯公约》第18条所规定的"提供令"以及本书第四章还将详细分析的第二附加议定书的核心内容虽然也着眼于"数据控制者模式"的适用，但是也涉及其他类型数据的跨境收集，因此也体现出"数据存储地模式"程序模型的优化，因此相关程序不是《云法案》所能够涵盖的。而且从本书第四章的分析可以看出，《布达佩斯公约》第二附加议定书之实际上是对数据进行了分类处理，并搭建了不同的跨境电子取证程序。这种安排

---

① 《布达佩斯公约》设有秘书处，但是其职能并不包括缔约国之间具体案件的办理。因此从跨境电子取证实际运行的角度而言，该公约搭建的是一种去中心化的多边程序框架。

的主要原因就在于，各国基于数据主权与安全的考虑，不可能认同对服务提供者所掌握的所有类型的数据均采用单一的跨境披露程序。换言之，国际公约因众多成员国涉及其中，不同类型的数据的跨境收集程序本身就是一个重要的博弈因素，因此不可能像《云法案》那样，只是由美国通过其国内法的方式确定跨境披露的数据类型。因此，基于数据类型划分所反映出来的国家博弈，未来无论有多少国家与美国签署协议并加入《云法案》程序框架，实际上都无法取代《布达佩斯公约》。

其三，《云法案》适用于本章第一节所述《云法白皮书》第13页所划分出的四类数据，就"数据控制者模式"的适用而言涉及范围更广。相比之下就可以发现，《布达佩斯公约》规定的"提供令"以及第二附加议定书所适用的数据类型却没有这么多。这个问题的本质在于，《云法案》是基于美国意志所打造的跨境电子取证程序框架，其他国家只能选择加入或不加入，而无法对该法适用的数据类型提出反对意见或法律保留的主张。与此相对的是，《布达佩斯公约》及第二附加议定书所搭建的是涉及数十个国家的多边程序框架，因此得到广泛的认可本身就不容易。而且正如本书第四章将要指出的那样，第二附加议定书尽管在跨境云取证方面迈出了重要的步伐，但是适用于服务提供者所掌握的某些数据的跨境披露条款也允许缔约国提出法律保留。这反映出，《布达佩斯公约》作为一种多边国际法文件，显然更为尊重缔约国的程序选择权利。因此从适用的数据类型而言，这两个跨境电子取证程序框架具有不同的定位，《云法案》无法取代《布达佩斯公约》。

综上，《云法案》和《布达佩斯公约》作为美国和欧洲理事会成员国主导的跨境电子取证法律，都必将在未来产生巨大的影响。《布达佩斯公约》所构架的跨境电子取证格局及其发展趋势实质上反映出，美国希望打造的一种以其为中心的跨境电子取证的新格局正在逐步取得预期成果。由此可见，数据掌控的国际博弈在跨境电子取证的语境下出现了全新的发展态势，各国关于数据主权与安全的主张及争议也必将趋于更加复杂化。我国在基于多种考虑反对加入《布达佩斯公约》的同时，又面临《云法案》的影响日益扩张的局面。对于我国正在参与推动缔结的《联合国打击网络犯罪公约》这样的多边条约而言，这样的国际发展趋势显然并不是一个好消息。对于《云法案》这种扩张发展态势在未来的走向，我国的研究者需要持续密切关注。

第四章
欧盟的跨境快捷电子取证制度

欧盟由于成员国众多，电子数据的跨境存储乃是常态现象。而且，由于与美国之间的数据流动与传输需求极为旺盛，因此跨境电子取证方面的刑事程序制度的革新近年来在欧盟范围内越发受到重视。本章拟整体性地考察欧盟在过去一些时间所采取的一系列推动跨境电子取证工作快捷开展的举措及近期的变革动向，以此作为同样处于信息化、云计算背景下的中国跨境电子取证制度革新的参考。

第一节 欧盟跨境电子取证的现有制度及面临的困境

从欧盟范围来看，跨境电子取证的常规做法与其他国家或地区并无实质性的不同，均是通过刑事司法协助程序开展的。不过，这一传统的制度方案已经无法适应时代发展的需要。2015年4月28日，欧盟委员会在其确定的"欧洲安全议程"（European Agenda on Security）中，特别强调要消除网络犯罪刑事侦查中的障碍，这其中就涉及对电子数据的收集规则的关注。而在2016年6月的小结报告中，"司法与内部事务理事会"（Justice and Home Affairs Council）也专门指出了在跨境情形下刑事侦查中的法律及实践方面的障碍。在此背景下，单边途径的跨境远程取证及面向网络服务提供者的跨境数据披露近年来得到了长足的发展。虽然上述三种跨境电子取证的机制都发挥了重要的作用，但是目前面临的困境也不容忽视。

一、欧盟侦查主体在司法协助框架下的跨境电子取证

从历史上看，双边或多边刑事司法协助程序是跨境收集刑事证据的最主要的渠道，然而这种机制发展至今已经表现出很多的问题，例如被请求国可能持漠不

关心的态度，①抑或双方的法律制度不同会导致程序十分复杂且漫长，而更为棘手的情况在于请求事项因政治因素或不符合国际法上的"双重犯罪原则"（principle of double criminality）而很可能为被请求国所拒绝。从对外角度而言，作为全球数据跨境流动的主要通道的一端，欧盟国家常年需要通过司法协助程序向美国司法部请求收集电子数据。然而，部分取证请求不仅很可能无法满足美国刑事程序法律的要求，②而且正如本书第一章第一节所言，即使按协助流程顺利开展一般也需要10个月左右的时间才能完成，甚至在极端情况下还可能长达数年。然而，到司法协助请求最终被具体执行时，相应数据极有可能早已遭到更改、破坏或者删除，③而且还不排除犯罪分子在此过程中可能实施新的犯罪，从而造成对社会的进一步侵害。

在欧盟内部，过去几十年间通过多份区域性司法文件所逐步搭建起来的成员国之间的跨境取证的制度框架④则显得支离破碎、过于复杂，⑤而且也不存在专门适用于电子取证快捷开展的制度。在此背景下，为了在欧盟内部创建一种"单一、高效且灵活"的跨境取证机制，⑥比利时等国于2010年5月21日共同发起建构"欧洲调查令"（European Investigation Order）制度，拟授权成员国执法部门根据有效令状进行跨境证据调查。2017年5月22日，由欧洲议会

---

① Russell G. Smith, Peter Grabosky, Gregor Urbas, *Cyber Criminals on Trial*. Cambridge: Cambridge Unversity Press, 2004, p.57.
② 以跨境电子数据搜查为例，美国司法部接受欧盟成员国中央司法主管部门的协助请求后，一般需要根据数据存储地确定管辖权后交由数据所在地检察机关申领当地法院的令状方可执行。而法院是否发布该令状，主要的依据乃是相应搜查是否具备"相当理由"（Probable cause）。由于该证明标准实际要求较高，因此欧盟成员国的协助请求因未满足要求而被美国法院拒绝的情况不在少数。
③ 刘亚：《电子证据：跨越国界的互联网取证》，载《方圆》，2017（19）。
④ 相关内容散见于1959的《欧洲刑事司法互助公约》及附加协议、1990年的《关于执行申根协定的公约》及附加协议、2000年的《欧盟成员国在刑事事务方面的互助公约》及附加协议、2003年的《2003/577/JHA号框架决定》。在这其中，《欧盟成员国在刑事事务方面的互助公约》是近些年来在跨境收集证据方面最常使用的法律文件。该《公约》涉及的证据收集方面的互助事项具体包括讯问嫌疑人和询问证人、召开远程视频会议、搜查和扣押、通信监听等，而附加协议则规定了获取银行账户及交易信息方面的内容。
⑤ 肖军：《欧盟领域内追逃追赃的经验与启示：以欧洲侦查令为切入点》，载《中国人民公安大学学报》（社会科学版），2016（3）。
⑥ Marloes C. van Wijk, *Cross-border evidence gathering-Equality of arms within the EU?*.Den Hague: Eleven international publishing, 2017, p.91.

和欧洲理事会共同通过的《"欧洲调查令"指令》（EIOD）正式生效。"欧洲调查令"适用于除丹麦和爱尔兰（未参与）之外所有的欧盟国家。至此，欧盟绝大多数成员国之间便可以较为捷地使用该调查令开展互助工作，而无需再适用陈旧的公约及文件。

《"欧洲调查令"指令》不仅作出了一般性的规定，还单列了一些取证措施，诸如通过视频或电话会议进行听证、收集有关银行或其他金融账户或运营的信息、控制下交付、隐蔽侦查等。简言之，"欧洲调查令"是指欧盟一个成员国的执法机关为获取证据，根据该指令签发或确认效力的，包含另一成员国执行的一项或多项具体调查措施的一种司法决定。总体来看，"欧洲调查令"仍然属于刑事司法协助的范围，是在欧盟不同成员国执法机关间实施的。它建立在成员国互认的基础上，每一个参与其中的成员国都有义务承认和执行"欧洲调查令"。换个角度，从欧盟整体层面来看，"它也相当于欧盟自身的域内取证，具有单独执法的性质。这是一种打破执法权限与数据存储壁垒、将二者联系起来的逻辑或智慧，值得其他法域关注和借鉴。"[①]

"欧洲调查令"促使成员国之间的跨境取证效率得到了极大的提升。正如欧盟执委会之"司法、消费者及性别平等委员会"（Commissioner for Justice, Consumers and Gender Equality）委员 Věra Jourová 所言，"赋予执法机构使用'欧洲调查令'的权力，将帮助它们在有效对付有组织犯罪、恐怖主义犯罪、贩毒犯罪及腐败犯罪方面开展合作。通过这一机制，执法机构便可以快速地获取到位于欧盟境内的证据。"[②] 具体而言，收到请求的成员国最多拥有 30 天的时间决定是否接受该请求。如果接受，具体的取证执行期限也只有 90 天的时间。[③]

---

① 刘品新：《网络法：原理、案例与规则（第三版）》，428 页，北京，中国人民大学出版社，2021。

② European Commission, "As of today the 'European Investigation Order' will help authorities to fight crime and terrorism", http://europa.eu/rapid/press-release_IP-17-1388_en.htm，最后访问日期：2017 年 5 月 22 日。

③ "Directive 2014/41/EU of the European Parliament and of the Council of 3 April 2014 regarding the European Investigation Order in criminal matters", https://eur-lex.europa.eu/legal-content/EN/TXT/?qid=1545386743355&uri=CELEX:32014L0041，最后访问日期：2014 年 4 月 3 日。

尽管"欧洲调查令"的出台具有重要的时代意义，但是仍然无法满足急剧发展的时代需求。欧盟成员国大量使用"欧洲调查令"之后，导致通过这种机制进行跨境取证的案件数量大大增加。① 而且，由于该制度依据的是覆盖所有种类证据的立法文件②，并未专门考虑电子取证，因此显然难以满足近年来越来越多的跨境电子取证的需求。此外，最长可达 120 天的工作期限对电子数据的跨境收集工作而言，仍然显得漫长，而且，由于"欧洲调查令"并不适用于爱尔兰这一重要的成员国，其对欧盟范围跨境电子取证的实际意义也大打折扣。③

与"欧洲调查令"主要适用于常规证据的跨境收集不同，主要由欧盟成员国参与，并于 2004 年生效的《布达佩斯公约》（本章统一简称《公约》）（*Convention on Cybercrime*）则对跨境电子取证的国际合作进行了专门的规定。例如，该《公约》第 25 条不仅一般性地强调了缔约方应通过强化合作尽最大可能推动刑事案件中电子数据的跨境收集，而且还对成员间在紧急情况下的加急通信方式、对国际合作的拒绝、请求开展双边协助的条件等进行了规定。《公约》第 29 条则具体规定了缔约一方请求另一方快速保存后者境内的计算机系统储存的数据的条件、被请求方的拒绝以及相应的一些程序。《公约》第 30 条规定，被请求方在执行协助取证的过程中如发现相关通信涉及位于其他国家的服务器，则需将相应的"通信数据"（traffic data）向请求方快速披露。《公约》第 31 条规定，在双边刑事司法协助的框架之下，某一缔约方可以请求另一缔约方搜查（或通过类似的方式收集）、扣押（或类似的方式保全）、披露在后者境内计算机系统中储存的数据。同时，该条款还对被请求方一般情况下的回应及特殊情况下的快速回应机制进行了规定。《公约》的这

---

① Ulrich Sieber, Nicolas von zur Mühlen(eds), *Access to Telecommunication Data in Criminal Justice*. Berlin: Duncker & Humblot, 2016, p.240.
② 冯俊伟：《欧盟跨境刑事取证的立法模式》，载《证据科学》，2016（1）。
③ 爱尔兰之所以是欧盟范围内刑事司法协助方面极其重要的国家，是因为美国的微软、脸谱、谷歌、苹果等科技巨头的欧洲总部都位于该国，其欧洲数据中心掌握着欧盟成员国执法部门可能需要的海量数据。例如，以脸谱（Facebook）公司所属的 WhatsApp 为例，这是一款在西方国家非常流行的免费通信软件。由于创始于美国，WhatsApp 在美国建立了庞大的数据中心，但同时为了业务发展需要也在爱尔兰建立了欧洲总部数据中心。于是，数据储存的服务器所在地这一因素往往会成为是否需要在刑事案件中开展司法协助的关键。

些条款虽然对跨境电子取证的快捷开展具有重要意义,然而相应机制内在的弊端经过 10 多年的发展也已经暴露无遗。例如,《公约》中实体刑法部分规定的罪名难以适应网络犯罪的发展形势,加之管辖权适用的范围有限,且构建的国际合作机制易受各国有关国家主权、安全以及公共秩序主张的影响,[①] 这些因素都导致《公约》在当今无法对刑事司法协助框架下的跨境快捷电子取证发挥重要的作用。

二、欧盟侦查主体在单边途径下的跨境远程取证

单边途径的跨境远程取证即执法部门在绕避刑事司法协助程序的情况下通过公共互联网直接收集存储于境外的电子数据。在欧盟范围内,多数成员国的执法部门主要是通过《公约》所规定的两种途径开展跨境远程取证的。具体而言,《公约》第 32 条对缔约国无需通过司法协助、在不经另一方许可的情况下单边开展的跨境远程取证的两种情况进行了规定。

a. 提取公众可以获得的存储于计算机中的数据(公开资料),而不论该数据位于何处;b. 通过其境内的计算机系统提取、接收存储在另一方境内的计算机系统中的数据,前提是相应的行为获得了拥有法定权限而通过计算机系统向取证方披露数据的人的合法且自愿的同意。

作为对跨境远程取证进行规范的首份国际法文件,《公约》规定的两种情形对欧盟多数成员国跨境远程取证工作的开展具有重要的历史意义。但是,该条款的适用如今也面临巨大的困境,突出表现在两个方面。

其一,条文中规定的术语并不清晰。例如,公约制定者在 2001 年发布的《布达佩斯公约解释报告》(*Explanatory Report to the Convention on Cybercrime*,下文简称《公约解释报告》)第 294 段中就承认,条款中涉及的"拥有法定权限"

---

① 胡健生、黄志雄:《打击网络犯罪国际法机制的困境与前景——以欧洲委员会〈公约〉为视角》,载《国际法研究》,2016(6)。

的人是一个需要结合背景而具体分析的概念。① 又如，为表面上满足公约所规定的"合法且自愿的同意"的条件，不能排除一些缔约国会对数据权利人采取贿赂、威胁、欺骗等非法手段。② 术语不清难免导致取证国和数据存储国在法律适用理解上的不一致，容易导致国际法甚至外交上的纷争。

其二，规则体系之外存在严重的法律空白。这突出的问题表现在，上述条文并没有对实践中由缔约国可能采用的跨境远程搜查以及扣押、实时监控这样的技术侦查等潜在侵权性较强的措施进行规定。据官方解释，对于其他类型的跨境远程取证的情形，《公约》实际上既未加以合法性授权，也未进行明确的排除。③

综合上述两方面来看，欧盟成员国凭借《公约》第 32 条的两款规定进行跨境远程取证的实际效果是比较有限的。需要注意的是，欧盟某些成员国通过国内法对其他一些跨境远程取证措施进行了规定。例如，比利时于 2000 年在《刑事诉讼法》的第 88 条之三（Art. 88ter）中规定，侦查法官可以在特定情形下授权搜查计算机系统，而且这种搜查行为在符合法定情形时还可以延伸到与令状所注明的系统相连接的其他系统当中。如果搜查中发现相应的数据并不位于比利时境内，那么只能采取"复制"（copy）措施。也就是说，比利时的立法对跨境远程搜查并不持绝对排斥的态度。然而，这种单边授权在后文将要展开分析的国家主权的争议方面是不容忽视的，因此，目前并没有为欧盟其他成员国的国内立法所广泛效仿。

三、欧盟侦查主体面向网络服务提供者的跨境数据披露

为了解决刑事司法协助程序呈现出来的上述困境，另一个替代方案便是由执法部门直接与跨境网络服务提供者开展合作。这种方案在跨境电子取证的时效性

---

① Council of Europe，"Explanatory Report of Convention on Cybercrime"，p.53，https://rm.coe.int/16800cce5b，最后访问日期：2022 年 1 月 23 日。
② 胡健生、黄志雄：《打击网络犯罪国际法机制的国境与前景——以欧洲委员会〈公约〉为视角》，载《国际法研究》，2016（6）。
③ Council of Europe，"Explanatory Report of Convention on Cybercrime"，p.53，https://rm.coe.int/16800cce5b，最后访问日期：2022 年 1 月 23 日。

上虽不及单边开展的远程取证，但是由于制度设计紧密结合电子数据的特点，因此相较"欧洲调查令"可能长达 120 天的取证程序而言仍然堪称高效。

不过，这种制度目前在运行过程中也会存在一些明显的问题：（1）无法完全取代刑事司法协助程序。正如本书第一章关于跨境电子取证的模式分析所展现的那样，由于跨境数据披露制度反映的是数据控制者模式的运用，只能在一定程度上取代数据存储地模式，也即只能帮助一国执法部门取得网络服务提供者所掌握的境外数据，因此只能作为刑事司法协助程序的有限替代。（2）收集的境外电子数据范围有限。以欧盟成员国执法部门与位于爱尔兰的美籍网络服务提供者之间的合作为例，后者根据美国 1986 年生效的《电子通信隐私法》（ECPA）的原则性要求，只能披露存储于美国境内的用户注册信息这样的"非内容数据"（non-content data）；[①] 对于邮件具体信息这样的涉及隐私等基本权利而受到法律特别保护的"内容数据"（content data），相应的跨境收集程序则仍需通过司法协助程序开展。从当前的情况来看，如果欧盟作为一个整体或者欧盟国家不加入美国通过《云法案》所搭建起来的全新跨境云取证框架，这种局面可能在短期内难以出现根本性的转变。（3）网络服务提供者的法律义务缺乏明确的规范。从性质上讲，网络服务提供者在欧盟范围内向执法部门提供境外电子数据，在很长一段时间都属于自愿行为。换言之，即使《公约》第 32 条 a 款进行了授权，但是如果网服务提供者不予配合，其行为及法律后果从严格意义上并没有得到《公约》的严格规范。其四，网络服务提供者可能面临来自于数据存储地国家或地区的法律及政策的禁令风险。例如，有些国家出于数据主权及安全、公民个人信息的强化保护等目的，而对数据跨境流动有着明确的限制或禁止要求。因此，网络服务提供者向欧盟境内的执法部门进行跨境数据披露可能因严重违反相应国家的法律而受到处罚。对此，包括《公约》在内的欧盟法律或者成员国的国内法并未提供很好的应对方案。

---

① See 18 U.S.C. § 2703(c)(2).

第二节 欧盟推进跨境快捷电子取证的立法动向

为了破解前述三种方案遇到的实际困境,欧盟官方机构近年来进行了大量的努力,以期改造现有制度并推进刑事侦查中跨境电子取证的快捷开展。① 本节也相应地从三个方面介绍相关立法的基本走向。

一、针对电子取证的特点提升司法协助效率

前文已经说明,欧盟成员国之间目前进行跨境证据调查主要是在"欧洲调查令"的司法协助框架下开展的。② 由于调查令适用于所有证据种类的跨境收集,因而无法满足电子取证的实际需求。于是,现有的立法动向便是针对电子取证的特点对调查令进行改良,以此提升取证效率。具体而言,新的立法方案拟要求一国执法机关在发布"欧洲调查令"的同时,还须提供接受请求的一方便于开展工作的电子调查令版本,并且附带具体操作者在无需接受专门培训的情况下便可以填写内容的指引,以此便利调查目标的实现及翻译工作的达成。这一工作已经由欧洲检察官组织(Eurojust)、应对刑事事务的欧洲司法互助组织(European Judicial Network)及欧洲网络犯罪司法互助组织(European Judicial Cybercrime Network)的专家组共同开展,而且试用版本也已经出台。另外值得一提的是,欧盟已经着手在成员国司法机构间搭建一个适用于"欧洲调查令"的数据交换的加密通信平台,以此为跨境快捷电子取证工作的顺利开展提供必要的硬件基础。③

从对外角度而言,欧盟当前主要的关注点在于强化与美国之间的合作,以此加快双边刑事司法协助程序。为此,欧盟委员会、驻美国的欧盟代表处计划与美

---

① "Improving cross-border to electronic evidence in criminal matters", http://www.europarl.europa.eu/legislative-train/theme-area-of-justice-and-fundamental-rights/file-cross-border-access-to-e-evidence,最后访问日期:2018年4月20日。
② 在《布达佩斯公约》成员国加入第二附加议定书所设计的快捷司法协助框架之后,这种情况预计会有较大的转变。
③ "Improving cross-border access to electronic evidence: Findings from the expert process and suggested way forward", https://ec.europa.eu/home-affairs/sites/homeaffairs/files/docs/pages/20170522_non-paper_electronic_evidence_en.pdf,最后访问日期:2017年5月22日。

国司法部开展定期的专门对话，在增进双方互信的同时着眼于及时解决可能出现的问题。另外，欧盟还将为参与司法协助工作的人员提供关于美国的相关法律和司法程序方面的培训机会，特别是帮助其增进对美国刑事搜查的司法审查所要求的"相当理由"法律标准的理解，以此确保协助请求能够得到美国法院的令状授权。为此，欧盟委员会将尽可能为培训材料的编写、专业课程及会议的组织提供充足的资金保障。最后，如果与美国未来的合作进展顺利，则有可能将美国相关部门也纳入上文所述的适用于欧盟成员国之间的数据交换的加密通信平台，以此确保司法协助请求快捷、便利地开展。①

二、在欧盟整体层面完善并规范跨境远程电子取证

上文已经说明，《公约》第 32 条只规定了两种情形下的跨境远程电子取证方式。虽然个别成员国在国内法中对跨境远程搜查这样的侦查措施进行了授权，但是相应的单边跨境取证活动容易引发关于国家主权方面的争议，且对嫌疑人基本权利及隐私的潜在侵犯性较强。欧盟虽然近年来在整体层面一直在考虑推动相应的立法，但是这样的努力一直难以达成共识。为此，"布达佩斯公约委员会"（T-CY）于 2014 年 12 月 3 日发布的《关于跨境提取数据的指引注释（第 32 条）》指出，缔约国"可能有必要根据其国内法、相关的国际法原则或基于国际关系的考虑而评估跨境搜查或其他取证措施的合法性。"②

然而，欧盟近期的官方态度已经发生了极大的转变。为了破除《公约》授权的有限措施所面临的困境并避免更多成员国自行通过单边途径进行跨境远程取证，欧盟越发意识到在整个区域层面对此问题加以统一立法规范的必要性。而从具体的方案设计来看，当前立法计划的重点在于，必须规范化地设定相应措施的运用条件以及最低限度的程序保障。例如，确立比例原则在跨境远程取证中的程

---

① "Improving cross-border access to electronic evidence: Findings from the expert process and suggested way forward"，https://ec.europa.eu/home-affairs/sites/homeaffairs/files/docs/pages/20170522_non-paper_electronic_evidence_en.pdf，最后访问日期：2017 年 5 月 22 日。
② Council of Europe，"T-CY Guidance Note # 3 Transborder access to data (Article 32)"，https://rm.coe.int/16802e726a，最后访问日期：2022 年 4 月 8 日。

序适用,将措施适用的范围限制为较为严重的犯罪并通过司法令状加以规制,要求数据取证方式仅限于"复制"而不能进行"实时监控",以及通过适时告知及提供程序救济等举措来确保嫌疑人的权利保障,等等。[①] 为了避免引发国家主权方面的潜在纷争,本书第二章第二节所提到的2017年发布的非正式文件《跨境收集电子证据的改进:来自专家的意见及具体的建议》还特别提出,未来的立法应当专门规定诸如应告知可能受影响的国家在内的相应的缓解措施。[②]

三、强化针对网络服务提供者的跨境数据披露

(一)继续推进与网络服务提供者的自愿合作

由于针对网络服务提供者发布数据披露请求是刑事诉讼中获取境外数据的一个重要途径,因此欧盟将继续着力推进与网络服务提供者的自愿合作,以此在一定程度上缓解上述困境。从近期来看,相关方案大致体现在六个方面。

其一,在成员国的执法部门建立单独的联络部门,以此促进与网络服务提供者的良好合作关系,并确保所发布的跨境数据披露请求的质量。代表性的国家如比利时、芬兰、法国均已经建立了这样的联络部门。

其二,推动网络服务提供者也建立单独的联络部门,从而有助于与执法部门之间的合作的开展。例如,苹果、脸谱、谷歌及微软等IT巨头位于欧洲境内的运营中心均已经组建了相应的业务部门。

其三,在跨境数据披露方面梳理网络服务提供者的执行程序和适用条件方面的政策,以此促进执法部门对其工作机制方面的理解。

[①] European Commission,"Proposal for a Regulation of the European Parliament and of the Council on European Production and Preservation Orders for electronic evidence in criminal matters and Proposal for a Directive of the European Parliament and of the Council laying down harmonised rules on the appointment of legal representatives for the purpose of gathering evidence in criminal proceedings", https://eur-lex.europa.eu/legal-content/EN/TXT/?uri=SWD%3A2018%3A118%3AFIN,最后访问日期:2018年4月17日。

[②] "Improving cross-border access to electronic evidence: Findings from the expert process and suggested way forward", https://ec.europa.eu/home-affairs/sites/homeaffairs/files/docs/pages/20170522_non-paper_electronic_evidence_en.pdf,最后访问日期:2017年5月22日。

其四，限缩成员国的请求形式并予以标准化处理，以此保证跨境数据披露请求能够得到规范化的执行。

其五，促进欧盟的执法及司法机关与在欧运营的美国网络服务提供者的合作，开发培训项目并就最佳实践方案开展常态交流。

其六，在欧盟层面建立在线信息与支持的平台入口，以此便利在线调查的开展。①

（二）推动对网络服务提供者的数据强制披露

上述立法举措无疑瞄准了上文所揭示的自愿合作存在的诸多问题。然而，如果只是优化来自于网络服务提供者的自愿合作的话，仍然无法确保跨境数据披露工作的稳定性与可持续性。为此，欧盟层面近年来越发意识到，有必要赋予这种数据披露机制以强制性。值得注意的是，相关立法进展已经表现为两个方面。

1. 《布达佩斯公约》第二附加议定书中的数据强制披露

（1）背景分析

欧洲理事会于 2001 年制定了《公约》。虽然加入该《公约》的成员国还包括美国、加拿大、日本等国，但是由于其是由欧洲理事会所制定，并且成员国多数为欧盟国家，因此本书是在论述欧盟的跨境快捷电子取证制度的层面对《公约》的相关内容进行介绍和分析。

《公约》第 18 条创设性地规定了名为"提供令"（Production order）的制度。各缔约国侦查机关在调整国内法的情况下，可以在两种情况下要求特定主体提供可能位于境外的数据。其中，根据该条第 1 款 a 项，一国侦查机关可以要求其境内的"个人"（person）提供其所"占有或控制"（possession or control）②的存储于计算机系统的或存储介质中的数据，虽然相应的数据可能位于他处。虽然这

---

① "Improving cross-border access to electronic evidence: Findings from the expert process and suggested way forward", https://ec.europa.eu/home-affairs/sites/homeaffairs/files/docs/pages/20170522_non-paper_electronic_evidence_en.pdf，最后访问时间：2017 年 5 月 22 日。
② 根据《公约解释报告》第 173 段的说明，"占有或控制"是指网络服务提供者实际占有的用户信息，或网络服务提供者控制下的远程存储的服务数据（例如位于另一家公司的远程数据存储设备中）。See Council of Europe, "Explanatory Report of Convention on Cybercrime", https://rm.coe.int/16800cce5b，最后访问日期：2022 年 1 月 10 日。

个条款也可能涉及数据提供令的跨境执行，但是由于这种类型的提供令只是指向个人，与本部分研究的网络服务提供者的数据披露无关，因此这里不再展开分析。

该条第 1 款 b 项的规定则授权缔约国的执法机关可以要求其境内的网络服务提供者提交其所占有或控制的"用户信息"（subscriber information）。这里需要注意的是，之所以强调是"用户信息"，就是要区分网络服务提供者所占有或控制的另外两种类型的数据，即"通信数据"（traffic data）和"内容数据"（content data）。

根据《公约》第 18 条第 3 款的定义，"用户信息"（即"用户数据"）意指"与其服务的用户有关联的，由一个网络服务提供者所掌握的以计算机数据或其他形式表现出来的任何信息，但'通信数据'或'内容数据'除外。""用户信息"具体表现为：其一，用户使用的通信服务的类型、技术性条款的内容、服务的周期；其二，基于服务协议或约定可以获得的用户的身份、邮政地址或地理位置、电话及其他可联系到的号码、账单及付款信息①；其三，基于服务协议或约定可以获得的通信设备的安装地点的其他任何信息。

根据《公约解释报告》第 178 段的说明，刑事侦查中主要是在以下两种特定情况下需要收集"用户信息"："其一，需要用户信息以确认用户使用了或正在使用什么服务或相关的技术性措施，例如所使用的电话服务的类型（如移动电话），所使用的其他相关联的服务的类型（如呼叫转移、语音邮件等），电话号码或其他的技术性地址（如电子邮件地址）；其二，在确知技术性地址的情况下，需要用户信息以帮助确认涉及的人员的身份。"②

虽然"用户数据"的范围比较广，而且也是刑事侦查中针对网络服务提供者而言需求量最大的数据类型，但是必须区别于网络服务提供者所占有或掌握的另外两类数据。根据《公约》第 1 条 d 部分的定义，"通信数据"意指与利用计算机系统开展的，与通信相关的，由构成通信链条一部分的计算机系统产生的，表

---

① 根据《公约解释报告》第 178 段的说明，账单及付款信息这样的商业性数据同样属于"用户数据"，这在计算机欺诈及经济犯罪的侦查中有较大的需求。Council of Europe, "Explanatory Report of Convention on Cybercrime, https://rm.coe.int/16800cce5b, 最后访问日期：2022 年 1 月 10 日。
② Council of Europe, "Explanatory Report of Convention on Cybercrime", https://rm.coe.int/16800cce5b, 最后访问日期：2022 年 1 月 10 日。

示通信的来源、目的地、路径、时间、日期、量级、持续时间或基础性服务类型的所有计算机数据。《公约》中并没有关于"内容数据"的表述。但是根据《公约解释报告》第 209 段的说明，"内容数据"意指通信的内容，例如（"通信数据"之外的）通迅的含义或意图、通信所表达的旨意或信息。①

因此，根据《公约》第 18 条第 1 款 b 项的规定，缔约国的执法机关无权要求其境内的网络服务提供者提交其所占有或控制的"通信数据"和"内容数据"。换言之，《公约》第 18 条规定的"提供令"制度有明确的适用范围，网络服务提供者受缔约国执法机关数据披露指令的影响原本是比较有限的。但是从另一个角度来看，由于请求披露"用户信息"的指令涉及在缔约国境内的所有的网络服务提供者，"这显然意味着当用户实体和数据都位于管辖区之外，证据提交命令也能得以执行"。②质言之，这一条款实际上对缔约国的侦查机关对电子数据的跨境收集进行了授权。从这个意义上讲，网络服务提供者受缔约国执法机关数据披露指令的影响又是比较大的。

根据美国司法部官网发布的《云法白皮书》所援引的资料介绍，许多国家已经授权执法机关要求相关主体披露存储于境外的数据，这些国家包括澳大利亚、比利时、巴西、加拿大、哥伦比亚、丹麦、法国、爱尔兰、墨西哥、黑山、挪威、秘鲁、葡萄牙、塞尔维亚、西班牙、英国，等等。③虽然这些国家并不都是《公约》的缔约国，但是其国内法已经在一定程度上建立了与《公约》第 18 条第 1 款 b 项类似的"提供令"制度。而从加入《公约》的成员国对来看，在适用该条款的过程中，由于没有强调相关信息只能位于缔约国境内，因此在《公约》缔约国特别是已经完成国内法授权的国家境内运营的中资服务运营者便会受其影响，也即存储于中国境内的数据实际上都可能受到相关国家的长臂执法管辖。

---

① Council of Europe, "Explanatory Report of Convention on Cybercrime", https://rm.coe.int/16800cce5b, 最后访问日期：2022 年 1 月 10 日。
② [英]克里斯托弗·米勒德：《云计算法律》，陈媛媛译，424 页，北京，法律出版社，2019。
③ 美国司法部在《云法白皮书》中指出，在"爱尔兰微软案"之后，《云法案》以确保美国遵守《公约》所规定义务的方式，对美国法律进行了澄清。按照这种解释的逻辑，美国司法部认为，《云法案》并没有创设跨境电子取证的方式，而是遵从了《公约》的规定。See U.S. Department of Justice, "Promoting Public Safety, Privacy, and the Rule of Law Around the World: The Purpose and Impact of the CLOUD Act", pp.6, https://www.justice.gov/opa/press-release/file/1153446/download, 最后访问日期：2019 年 12 月 30 日。

但是需要注意的是，《公约》关于"提供令"的制度安排表面上看似乎是强制性的，不过这种强制性仅限于请求国的领土内。通常而言，网络服务提供者在实践中只有在符合本国法律规定和公司政策的情况下才披露提供用户信息，也即是否提供这些信息主要取决于服务供应者的单方行为。① 例如，本书第三章分析过的美国《云法白皮书》第 3 页在对该法的相关内容进行介绍的时候就指出：

当前，许多总部设立在美国境内的全球性网络服务提供者并不直接向开展刑事调查的外国政府部门披露某些电子数据。开展犯罪调查活动的外国政府部门越来越多地需要从总部设立在美国境内的公司获取电子证据，这些公司为数以百万计的相应国家的公民和居民提供通信服务。然而，即使接收到了外国当局的指令，这些总部设立在美国境内的全球性网络服务提供者目前也将不会直接向其披露电子数据。这些公司担忧，美国法律可能对电子数据的披露和遵守外国指令的责任施加了限制。

即使开展调查的外国当局提出的请求仅涉及位于美国境外的非美国人之间的通信，而且完全只是与发生在美国境外的犯罪活动相关，法律冲突的可能性依然存在。事实上，与美国唯一的联系可能仅仅在于，网络服务提供者的总部设在了美国。当网络服务提供者拒绝遵守指令时，外国执法机构可能发现，其唯一可行的办法就是走司法协助的流程，这对其来说可能具有挑战性，而且网络时代电子取证需求的增加也给其带来了负担。②

为回应人们普遍的担忧，一些云服务商还采取了出人意料的举措，公开表明对《公约》规定的"提供令"的立场并向用户提供了某些方面的保证。例如云计算巨头 Rackspace 表示，其认为其对用户存储的数据既未"占有"，也未"控制"，从而以解释《公约》规定的"提供令"之文义的方式试图规避自身所受的影响。

---

① Francesco CAJANI, "The Italian situation in 2006-2008(with Google, Microsoft and Yahoo's branches all based in Milan)", https://rm.coe.int/CoERMPublicCommonSearchServices/DisplayDCTMContent?documentId=09000016802f2625, 最后访问日期：2020 年 3 月 1 日。

② See Department of Justice Office of Public Affairs, "Justice Department Announces Publication of White Paper on the CLOUD Act", https://www.justice.gov/opa/press-release/file/1153446/download, 最后访问日期：2019 年 12 月 30 日。

原因在于，据该公司所称，用户有"暂停Rackspace服务、控制其数据的访问密码以及排除他人访问存储于服务器的数据而确保安全"的技术能力，而且用户承担保护任何存储于Rackspace的数据的合同责任。此外，云服务提供者也会通过设计适当的公司管理结构，以确保其子公司免受"提供令"的要求而向其母公司提交证据；抑或以子公司无权访问母公司的数据为理由，从而拒绝回应本国执法机关的请求。①

综上，在缺乏明确法律规范的情况下，不同的网络服务提供者在处理数据披露请求的时候在确定性、透明度、责任性、可持续性方面都表现出显著的差异。②由于中国一直以来拒绝加入《公约》且官方对相关条款多持反对态度，因此在过去的近20年间，《公约》所规定的"提供令"虽然具有跨境适用的效力，但是实际上对中国境内的数据主权与安全方面的影响并不大。

任何法律都会滞后于社会生活，《公约》自然也不例外。自《公约》诞生之后不久，其就于2003年迎来了第一份附加议定书，以增补《公约》的不足。由于这份附加议定书的内容主要是增加了实体法上的犯罪（将通过计算机系统实施的种族主义及仇外行为规定为犯罪行为），与本书讨论的主题关联不大，因此这里不再展开分析。

之所以还要制定第二附加议定书，主要是缘于网络犯罪或涉网犯罪在全球范围内的急剧发展。③各种涉网性暴力行为、个人数据的盗窃和误用、网络攻击、网络恐怖主义等犯罪给世界带来了巨大的威胁。甚至在新型冠状病毒性肺炎疫情大流行的2020—2021年间，我们也可以注意到，大量的网络犯罪甚至向医院和开发疫苗的医疗设施发起攻击。在此背景下，《公约》作为区域性公约，给缔约国提供的跨境合作机制就显得相较过去而言

---

① ［英］克里斯托弗·米勒德：《云计算法律》，陈媛媛译，425~426页，北京，法律出版社，2019。
② 梁坤：《欧盟跨境快捷电子取证制度的发展动向及启示》，载《中国人民公安大学学报》（社会科学版），2019（1）。
③ 本书关于《公约》第二附加议定书相关历史背景及制定流程的介绍，主要是对《公约》委员会于2021年11月17日发布的第二附加议定书解释报告的摘编。See Cybercrime Convention Committee, "Second Additional Protocol to the Convention on Cybercrime on enhanced co-operation and disclosure of electronic evidence: Explanatory Report", https://search.coe.int/cm/pages/result_details.aspx?objectid=0900001680a48e4b，最后访问日期：2022年2月24日。

更加重要了。然而,面对跨境网络犯罪或涉网犯罪的暴发性增加,《公约》中既有的合作机制仍然运转缓慢,跟不上时代发展的迫切需求。特别是随着云计算等新兴技术于近年来的飞速发展,大量的电子数据由网络服务提供者占有或掌握,而这种网络服务提供者可能将相应数据存储在世界各地的服务器中,这无疑给电子数据的跨境收集带来了极大的困难。《公约》的官方平台及缔约国执法部门逐渐意识到,既有的跨境电子取证程序机制有必要进行革新。

(2) 立法进程

2012年,《公约》委员会设立了"管辖权和跨境电子取证特别小组"(Ad hoc Subgroup on Jurisdiction and Transborder Access to Data),简称"跨境小组"(Transborder Group)。2014年12月,《公约》委员会完成了对《公约》涉及缔约国支持协助的条款的评估,并采纳了一系列的建议,其中包括制定第二份附加议定书的建议。在此背景下,"刑事司法云取证工作小组"(Working Group on Criminal Justice Access to Evidence Stored in the Cloud)于2015年应运而生,简称"云证据小组"(Cloud Evidence Group),其工作的核心部分就是总结跨境云取证存在的法律程序方面的问题,并提供富有针对性的改进方案。

2016年,"云证据小组"总结道,网络犯罪之所以难以进行调查和打击,主要的挑战就在于"云计算、属地和管辖权"(cloud computing, territoriality and jurisdiction)。随后,缔约国根据云证据小组的总结,认为没有必要修订《公约》本身或对其中的实体规定进行增补,而是需要制定一项增进合作和刑事司法获取电子证据之能力的第二份附加议定书。2016年6月至2017年5月,欧盟委员会组织了缔约国的司法机关、执法人员、相关行业、民间团体、学界团体及欧盟的相关机构,开展了卓有成效的专家咨询。2017年5月22日,欧盟委员会在专家咨询的基础之上,就最终的结论和可能的发展路径出台了非正式的文件——《跨境收集电子证据的改进:来自专家的意见及具体的建议》(Improving Cross-border Access to Electronic Evidence: Findings from the Expert Process and Suggested Way Forward),并随之着手立法准备工作。2017年6月8日,在《公约》委员会第17次全体大会上,缔约各方一致决定制定第二份附加协定书,并将重点放在电子数据的跨境披露问题上。《公约》委员会以"云证据小组"建议的"参考条款"为基础,同意准备制定《公约》第二附加议定书。从 2017 年 8 月开始,官方就"刑事案件中跨境收集电子证据的改进"发起了更为广泛的公开咨询。当年 9 月开始,《公约》委员会正式启动了第二附加议定书的谈判,目标之一就是对强制网络服务提供者跨境披露相关数据的机制作出针对性的安排。这项工作原定于 2017 年 9 月至 2019 年 12 月开始,随后由公约委员会分别延长到 2020 年 9 月和 2021 年 5 月。在此期间,《公约》委员会举行了共 10 次全体会议及多次起草小组会议,对相关议题进行了非常深入的探讨。

2021 年 5 月 28 日,《公约》委员会第 24 次全体大会通过了《公约》第二附加议定书草案,并决定递交审议。当年 11 月 17 日,该附加议定书正式获得欧洲理事会部长委员会(Committee of Ministers of the Council of Europe)正式采纳,并计划于 2022 年 5 月开启缔约国的签署程序。

(3)内容解析

从《公约》第二附加议定书的具体目的来看,其落脚点就是致力于为缔约国执法机构提供更为高效的协助机制和其他形式的合作,加强紧急情况下的合作,并强化执法机构与控制相关数据信息的网络服务提供者及其他主体的合作。但是从最终展现出来的内容来看,从强化一个缔约国的执法机构与另一缔约国境内的网络服务提供者的合作(实际上是强制性的数据披露)的机制来看,可以分为两种形式。

第一种形式:某一缔约国的主管当局[①]直接要求另一缔约国境内的网络服务提供者提供部分类型的数据

这表现在第二附加议定书第三章"增进合作的措施"(Measures for enhanced co-operation)中第二节的规定——"增进与其他缔约国境内的网络服务提供者及实体机构的直接合作的程序"(Procedures enhancing direct co-operation with providers and entities in other Parties)。具体而言,这些数据包括第 6 条规定的"域名注册信息"(domain name registration information)、第 7 条规定的"用

[①] 根据该第二附加议定书第 3 条第 2 款 b 项的界定,"主管当局"(competent authority)意指"国内法授权的某个司法、行政或其他执法机构,其可以基于所涉及的刑事侦查或相应程序而收集或披露证据的目的,指令、批准或承担本附加议定书所规定的措施的执行。"因此,不能将这里所谓的"主管当局"等同于侦查机关。

户信息"（subscriber information）。

适用于"域名注册信息"和"用户数据"的跨境调取的程序在多数情况下是一致的，例如缔约国均有权适用这种程序，且另一缔约国也需要通过调整国内法的方式进行配合。某一缔约国的主管当局向另一国境内的网络服务提供者发布数据披露指令时，需要按规定提供相应的详细信息，电子形式的披露指令需要达到相应的安全层级，并且需要提供必要的真实性保障。如果网络服务提供者不予合作，签发指令的主管当局可要求其给出原因，并可以寻求同网络服务提供者所在国当局进行协商。

需要注意的是，适用于这两种类型的跨境数据披露程序仍然有一些明显的区别。例如，对于"用户数据"而言，根据第 7 条第 2 段 b 项的规定，缔约国可以在签署《公约》第二附加议定书，抑或交存批准、接纳或同意文书的时候，针对这种类型数据的跨境数据披露，要求相应程序必须受到签发国的检察官或其他司法机构监管，抑或在受到独立监管的情况下予以签发。从立法背景来看，这主要是因为《公约》的一些成员认为，有必要对他国签发的数据披露指令的进一步的合法性审查设置额外的安全保障措施。①

又如，同样对于"用户数据"而言，根据第 7 条第 5 段 a、b、c 项的规定，缔约国可以在签署《公约》第二附加议定书，抑或交存批准、接纳或同意文书的时候告知公约的秘书长，其要求在每一起案件或指定的情况中针对这种类型数据的跨境披露获得实时的通知，并能得到所涉案件的补充信息或案情摘要；要求其境内的网络服务提供者在向另一国的主管机构披露数据前，同自身的主管机构进行协商；要求网络服务提供者在两种特定的情况下，不能向另一国的主管机构披露数据。当然，在一国主管机构无法通过第 7 条的规定直接要求另一国境内的网络服务提供者披露数据，并在沟通协商无果的情况下，可以转而适用下述第 8 条的规定，请求另一国主管当局指令其境内的网络服务提供者按照其国内法的规定，由后者交出相应的"用户数据"。这便是该第二附加议定书在第 7 条、第 8 条针

---

① Cybercrime Convention Committee (T-CY), "Second Additional Protocol to the Convention on Cybercrime on enhanced co-operation and disclosure of electronic evidence: Explanatory Report", https://search.coe.int/cm/pages/result_details.aspx?objectid=0900001680a48e4b, 最后访问日期：2022 年 2 月 24 日。

对网络服务提供者进行跨境数据披露的特别制度设计，也即两个条款在实践中可能呈现因第 7 条无法得到适用而转而适用第 8 条的情况。

再如，还是对于"用户数据"而言，根据第 7 条第 9 段的表述，缔约国可以在签署公约第二附加议定书，抑或交存批准、接纳或同意文书的时候，对于另一缔约国的主管部门直接要求己方境内的网络服务提供者提交此类数据的程序，有权提出法律保留。换言之，某一缔约国在签署该第二附加议定书的时候，完全有权不加入针对"用户数据"的这种直接开展的跨境数据披露机制。

综上可以发现，尽管公约第二附加议定书中第二节规定了适用于另一缔约国境内的网络服务提供者的跨境数据披露制度，但是由于适用的程序表现出了不同的精细化的制度设计，这明显反映出制度设计者对两类数据的跨境披露有着不同的考虑。考虑到缔约国在一定程度上会拒绝另一缔约国通过种程序对"用户数据"的直接调取，抑或对这种情况的运行持有明显的谨慎态度甚至对上述第 7 条提出明确的法律保留，这说明公约第二附加议定书对两类数据的跨境披露的保护力度是存在显著差异的。这说明，"用户数据"相较于"域名注册信息"而言在法律上具有更大的价值，有必要从程序上提供更为有力的安全保障。这实质上也反映出，各国可能对网络服务提供者所掌握的"用户数据"提出更大程度的主权主张，而且对这类数据的安全保障有着更大力度的保护需求。

第二种形式：某一缔约国的主管当局请求另一缔约国当局并由后者指令其境内的网络服务提供者提供部分类型的数据

这表现在第二附加议定书第三章第三节即"增进缔约国当局在披露计算机存储数据的国际合作的程序"（Procedures enhancing international co-operation between authorities for the disclosure of stored computer data）。具体而言，这些数据包括第 8 条规定的"用户信息"（subscriber information）和"通信数据"（traffic data）。还有一种特殊的情形规定在第 9 条，即一国侦查机关可以在紧急情况下通过《公约》既有的"7 天 24 小时全天候网络平台"（24/7 Network），请求另一缔约国当局快速披露网络服务提供者所掌握的"计算机存储的数据"（stored computer data）。

通过第二附加议定书的缔约国协助机制而适用于"用户信息"和"通信数据"的快捷跨境调取程序在多数情况下是一致的，例如缔约国均有权适用这种程序，且另一缔约国也需要通过调整国内法而进行配合。某一缔约国的主管当局向另一国主管机构发出请求，并由后者向该国境内的网络服务提供者发布快捷数据披露指令时，需要按规定提供相应的支撑信息及特定的程序性说明。缔约国可以在签署《公约》第二附加议定书，抑或交存批准、接纳或同意文书的时候告知《公约》的秘书长，其要求签发请求协助披露数据的一方提供额外的支撑信息，从而令指令生效。受请求一方应当接受电子形式的数据披露协助请求，其可以要求电子化形式的披露请求需要达到相应的安全层级，并且需要对方提供真实性保障，等等。

但是需要注意的是，适用于这不同类型的跨境数据披露程序仍然有一些区别。例如，根据第 8 条第 6 段 a 项的规定，受请求的一方从接收所有信息开始，应当采取合理的措施并于 45 天之内要求服务网络服务提供者提交数据。但是，该部分对网络服务提供者的提交期限所适用的数据进行了分类处理，"用户信息"应于 20 天内提交，而"通信数据"应于 45 天内提交。之所以规定了一定期限而不是要求网络服务提供者立即提交，是因为可能受到多方面因素的影响。具体而言，这些因素包括网络服务提供者可能拒绝、未回应数据披露指令，在指定期日未能提供数据，以及受请求方的主管部门可能于特定的时间内收到了大量的这类跨境数据披露请求而无法及时予以处理。①

从"用户信息"和"通信数据"的提交期限的区别来看，上一脚注中所援引的官方解释报告并没有给出明确的原因，但是可以从关于第 8 条第 4 段的解释中进行推导。具体而言，该第 4 段说明，某一缔约国可以在签署《公约》第二附加议定书，交存批准、接纳或同意文书抑或其他任何时候，要求签发数据披露指令的另一国主管当局提交额外的支撑信息，以便赋予指令以法律效力。之所以这样规定，原因就在于存在这样的情况，即根据受请求方的国内法的特别规定，要求网络服务提供者披露"通信数据"可能需要更多的信息。② 换言之，通过跨境数

---

① See Cybercrime Convention Committee (T-CY), "Second Additional Protocol to the Convention on Cybercrime on enhanced co-operation and disclosure of electronic evidence: Explanatory Report", https://search.coe.int/cm/pages/result_details.aspx?objectid=0900001680a48e4b, 最后访问日期：2022 年 2 月 24 日。
② See Cybercrime Convention Committee (T-CY), "Second Additional Protocol to the Convention on Cybercrime on enhanced co-operation and disclosure of electronic evidence: Explanatory Report", https://search.coe.int/cm/pages/result_details.aspx?objectid=0900001680a48e4b, 最后访问日期：2022 年 2 月 24 日。

据披露程序要求网络服务提供者提交其所掌握的"通信数据",从法律程序上讲可能比适用于"用户信息"的披露程序要复杂一些,因此在提交期限方面进行一定的分化处理就不难理解了。

此外,根据第8条第13段的规定,缔约国可以在签署《公约》第二附加议定书,抑或交存批准、接纳或同意文书的时候,可以对该条款适用于"通信数据"提出保留。而对于第9条规定的一国主管当局通过"7天24小时全天候网络平台"(24/7 Network)请求另一缔约国当局快速披露网络服务提供者所掌握的"计算机存储的数据"而言,实际上只是搭建了针对这类数据的快捷联络渠道,可以视为为了优化正规协助程序而呈现出的升级版。由于没有强调受请求的一方必须在何时向请求方提交这类数据,因此程序的运行与第8条的规定呈现出了明显的区别。

综上可以发现,尽管《公约》第二附加议定书第三节中的第8条规定了通过协助机制对另一缔约国境内的网络服务提供者进行的跨境数据披露,但是由于适用的程序要求及可以提出的保留条款表现出了不同的制度设计,这明显反映出制度设计者对两类数据的跨境披露有着不同的考虑。如果说请求方的主管当局要求网络服务提供者提交不同数据的期限存在差异还不能明显地表现出对数据的分类保护的话,那么上述第13段所规定的可能出现的保留条款则明显地反映出,第二附加议定书允许缔约国对"通信数据"进行更大程度的安全保护,从而拒绝另一缔约国根据第8条的规定进行跨境快捷数据披露。

而综合上述第三章第二节、第三节的规定,可以得出这样的结论:对于网络服务提供者掌握或控制的"域名注册信息""用户数据""通信数据""计算机存储的数据"而言,《公约》第二附加议定书基于缔约国可能提出的数据保护和主权主张,对跨境数据披露程序设计了由弱渐次趋强的控制。

2.《电子证据条例(草案)》中的数据强制披露

2018年4月17日,欧盟委员会经长期酝酿并经美国《云法案》的影响助推,正式提出了名为《欧洲议会和理事会关于刑事案件中电子证据的欧洲提交令和保存令的条例草案》[以下简称《电子证据条例(草案)》](*Proposal for a REGULATION OF THE EUROPEAN PARLIAMENT AND OF THE COUNCIL on European Production and Preservation Orders for Electronic Evidence in Criminal Matters*)。具体而言,该提案拟在欧盟范围内建立"欧洲数据提交令"(European

Production Order）和"欧洲数据保存令"（European Preservation Order）这两项着眼于跨境电子取证的重要制度。当年11月30日，欧盟委员会对这一立法计划的内容进行了修订，对其中的许多内容进行了更新或删改。①

该立法草案的出台，明显受到了美国于2018年3月23日生效的《云法案》的影响。路透社发布的文章所示，从立法背景来看，欧委员会之所以提出《电子证据条例（草案）》，除为了强化网络服务提供者的跨境数据提交及保存义务外，还有一个目的就是希望借此增加欧盟与美国谈判的筹码，从而与美国当局达成互惠。② 原因在于，"欧洲人认为，美国新近确立了从网络服务提供者处直接调取域外电子证据的机制，对欧盟构成强势的法律冲击与制度竞争。这一新规很可能被美国政府'滥用'以获得欧盟居民的数据，更给位于欧盟境内的网络服务提供者套上了美国法的枷锁。对此，欧盟必须予以回击，拿出对等的或可对接的制度方案。"欧盟通过《电子证据条例（草案）》的酝酿和力推，"这样一来，欧美迎来了通过协商促成新衔接制度的调整期，也迎来了重新打造网络空间刑事管辖制度的新契机。"③

于是，在美国《云法案》出台之后，欧盟委员会便紧接着于当年的4月17日推出《电子证据条例（草案）》，拟建立"欧洲数据提交令"和"欧洲数据保存令"这两项全新的制度。两项制度从性质上讲，均不再属于网络服务提供者自愿披露相关电子证据的制度，而是在法律层面转向了强制性的运行。

这两项全新的制度拟要求，在欧盟境内开展业务的网络服务提供者在至少一个成员国设立代表处，以配合数据调查工作。即使该网络服务提供者的总部位于第三国，也必须在欧盟境内指定一个法定代表，从而便利数据提交令和保存令的接收、遵循及执行。可以预测，新的制度将大大提升欧盟成员国所开展的跨境数

---

① "Proposal for a Regulation of the European Parliament and of the Council on European Production and Preservation Orders for Electronic Evidence in Criminal Matters"，http://data.consilium.europa.eu/doc/document/ST-15020-2018-INIT/en/pdf，最后访问日期：2022年2月24日。
② See Julia Fioretti, "Europe Seeks Power to Seize Overseas Data in Challenge to Tech Giants"，https://omgnews.today/europe-seeks-power-seize-overseas-data-challenge-tech-giants/2/，最后访问日期：2022年2月24日。
③ 刘品新：《网络法：原理、案例与规则（第三版）》，431页，北京，中国人民大学出版社，2021。

据披露工作。为此,中国有研究者也称,欧盟的立法计划的特色即在于,"关注效率问题,加快了保护和获取在非本国管辖范围内运营的网络服务提供者存储和保存的电子证据的过程。"[1]

具体而言,根据"欧洲数据提交令"的制度设计,成员国的执法或司法当局可直接指令在欧盟境内开展服务或有相关业务的网络服务提供者提供电子数据,而不论相应数据到底是否存储于欧盟境内。相关电子证据包括应用程序中的电子邮件、文本或消息,以及识别犯罪者的信息,等等。为了保证该程序快捷开展,提交令拟要求网络服务提供者必须在10天之内作出响应;而在紧急情况下,后者在6小时内就必须作出响应。相比过往的"欧洲调查令"的回复期间可达120天,法律援助的处理周期则为10个月,"欧洲数据提交令"无疑大大加速了电子数据的跨境获取。

根据"欧洲数据保存令",成员国的执法或司法当局可强制要求欧盟境内的网络服务提供者对特定数据予以保存,以便随后可以通过司法协助程序、"欧洲数据提交令"或"欧洲调查令"等途径获取相应的电子证据。与监控措施和数据留存义务不同,"欧洲数据保存令"是由司法当局在具体刑事诉讼程序中,对每一个案的比例和必要性进行个别评估后,发出或确认的命令。与"欧洲数据提交令"相同的是,"欧洲数据保存令"仅针对已经实际发生的犯罪行为中已知或未知的罪犯,只允许留存在收到指令时已存储的数据,不允许留存在收到指令后的未来时间点的数据。[2] 这两项制度一旦通过全新的立法加以确立,无疑将实质性地改变当前来自于网络服务提供者的自愿合作形式,从而令欧盟成员国的跨境数据披露制度转向明显的强制性。

为了保证这两项制度未来能够得到良好的执行,新法拟要求相应网络服务提供者在欧盟境内的至少一个国家设置特定的工作代表处,以负责接收、遵循和执行成员国主管当局因跨境数据披露而发布的指令。[3] 即使相关公司的总部位于非

---

[1] 吴沈括、陈柄臣、甄妮:《欧盟〈电子证据条例〉(草案)研析》,载《网信军民融合》,2018(12)。
[2] 黄道丽主编:《网络安全法治研究(2020)》,274页,武汉,华中科技大学出版社,2020。
[3] Mari Tuominen, "Initial Appraisal of a European Commission Impact Assessment: European production and preservation orders and the appointment of legal representatives for gathering electronic evidence", http://www.europarl.europa.eu/RegData/etudes/BRIE/2018/621844/EPRS_BRI(2018)621844_EN.pdf,最后访问日期:2022年2月24日。

欧盟的第三国，也必须在欧盟境内建立这样的代表处，这就导致《电子证据条例（草案）》适用范围将具有极强的全球辐射性。

此外还需要注意的是，网络服务提供者需要提交或保存的数据范围明显扩大，不仅包括用户数据（subscriber data）、访问数据（access data）、业务数据（transactional data）等非内容数据，而且还扩展到了内容数据（content data）。如本书第三章的介绍，美国《云法案》及司法部发布的白皮书对于网络服务提供者的跨境数据披露所适用的数据类型包括四类，即通信内容数据（contents of communications）、与通信内容数据关联的非内容信息（non-content information associated with such communications）、用户信息（subscriber information）、用户在云中远程存储的数据（data stored remotely in the cloud on behalf of a user）。对比之后就可以发现，欧盟《电子证据条例（草案）》所适用的"访问数据""业务数据"等非内容数据实际上可以大体指向《云法案》中所谓的"与通信内容数据关联的非内容信息"。《电子证据条例（草案）》虽然没有提到《云法案》所指向的"用户在云中远程存储的数据"，但是这类数据本身也可以归类到通信数据中的内容数据和非内容数据。因此，可以得出这样的结论，欧盟《电子证据条例（草案）》与美国《云法案》所适用的数据类型基本保持了一致。

因此，从上文关于《公约》第二附加议定书的内容来看，《电子证据条例（草案）》在直接强制网络服务提供者进行跨境数据披露方面，适用的数据类型明显更具有普遍性。相比《公约》第二附加议定书区分数据类型从而分类设计跨境数据披露制度而言，《电子证据条例（草案）》的制度设计显然更具刚性。可以预期的是，假如欧洲数据提交令和保存令制终成现实，"欧盟打击网络犯罪的侦查管辖制度将愈发高效而具有世界性的影响力。"[1]

---

[1] 刘品新：《网络法：原理、案例与规则（第三版）》，429页，北京，中国人民大学出版社，2021。

第三节 欧盟快捷跨境电子取证立法的影响与挑战

由于欧盟在全球政治、经济、法律等方面的显著影响，其跨境快捷电子取证方面的立法无疑将对包括中国在内的国家构成重要的影响和挑战，这不得不引起我们的重视和警惕。

一、单边主义跨境电子取证方案得到强化并提升法律风险

从上文关于跨境快捷电子取证制度的各种表现形态来看，根据相应侦查程序是否基于合作而开展，可以从理论上划分为双边主义、多边主义和单边主义这三种不同的方案。双边主义典型表现为，欧盟某一成员国与美国之间在互签刑事司法协助条约的情况下所开展的跨境电子取证。多边主义则以欧盟框架下的"欧洲调查令"为典型，多个成员国均可根据此种制度进行跨境电子取证。无论双边主义还是多边主义，均属刑事司法协助的不同表现形式，其制度运行离不开缔约方或成员国之间的相互合作，因而是符合现有国际法框架的制度安排。

在双边主义和多边主义之外，欧盟成员国根据《公约》第32条授权的两种情形所开展的跨境远程取证从性质上讲则属于单边主义，只不过通过该《公约》的缔约国的认同而具有了合法性。除此之外，以比利时为代表的成员国的国内法所授权的跨境远程搜查也是单边主义的表现。单边主义取证方案在立法计划中得到充分重视足以说明，在《公约》的基础上规定新的跨境远程取证措施已经在欧盟范围内达成一定程度的共识。在此背景下，司法协助机制必然逐渐向未经数据所在国授权情况下的更具"可操作性"的取证机制转型。[1] 于是，单边主义跨境远程取证方案的强化所带来的法律风险也将随之显著上升。正如本书第一章所提到的那样，以跨境远程搜查为例，当一国的执法人员未经许可"到位于另一国的数据库搜查计算机系统，缺乏协调和合作会引起程序法和主权问题"。[2] 一旦在

---

[1] Anna-Maria Osula, "Mutual Legal Assistance & Other Mechanisms for Accessing Extraterritorially Located Data", *Masaryk University Journal of Law and Technology*, 9（2015）, pp.43-64.
[2] [加]唐纳德·K.皮雷格夫：《打击网络犯罪和网络恐怖主义中的国际合作》，卢建平等译，载《法学家》，2003（4）。

具体程序设计及实际执法过程中无法充分落实必要的保障性要求,那么跨境远程取证措施类型的增加对他国数据主权及安全、与数据相关的合法权益的保护而言都将造成极大的潜在威胁。

除了跨境远程取证外,欧盟执法部门或《公约》特别是第二附加议定书的缔约国的执法部门直接面向网络服务提供者,要求其披露存储于欧盟或《公约》缔约国之外的国家境内的数据,由于未经与数据所在国职权机关的合作,跨越了双边、多边框架下的刑事司法协助程序,因此从性质上讲也属于单边主义的跨境快捷电子取证制度。从现有情况来看,以欧盟成员国面向在欧运营的美籍网络服务提供者进行的自愿性跨境数据披露为例,取证方式本身比较柔性,而且后者提交存储于美国境内的非内容数据的活动也为美国法律所允许。于是,这种类型的数据披露作为一种特定形式的单边跨境电子取证制度,其潜在的负面影响远不及跨境远程取证制度。

如前文所言,以《公约》规定的"提供令"条款为例,由于中国一直以来拒绝加入《公约》且官方对相关条款多持反对态度,因此在过去的近20年间,《公约》所规定的"提供令"实际上对中国境内的数据安全影响不大。然而根据《公约》第二附加议定书的跨境电子数据披露程序的设计,虽然我国不是缔约国,但我国在《公约》缔约国①境内的网络服务提供者未来也可能因被要求强制披露用户信息而遭受影响,因为《公约》规定的"用户数据"等类型的数据的跨境披露并不是以数据的实际存储地为执法的考量标准。在此背景下,在《公约》第二项附加议定书正式落地后,中国在自身对境内存储的数据享有管辖权的同时,也将同时面临《公约》缔约国以跨境数据披露的方式单边获取。②

然而,在跨境数据披露制度进一步迈向快捷化发展的时代背景之下,欧盟的立法计划拟将强制特性植入该制度从而实质性地对现有的自愿披露形式进行改造,其单边主义的程序特性所暗藏的法律风险也将随之提升。首先,可能出现国

---

① 截至2021年11月17日,已有66个国家批准加入《公约》,两个国家已经签署协议,还有10个国家获邀加入。Estelle Steiner, "Cybercrime: Council of Europe strengthens its legal arsenal", https://search.coe.int/directorate_of_communications/Pages/result_details.aspx?ObjectId=0900001680a48ca6,最后访问日期:2022年2月24日。
② 林小娟:《与服务供应商合作的跨境电子取证的困境与出路——以〈网络犯罪公约〉第二附加议定书(草案)强制服务供应商披露数据为视角》,载《信息安全与通信保密》,2020(7)。

家间的法律冲突。原因在于，数据存储地的法律可能并不容许甚至明令禁止这种形式的数据跨境流动。其次，跨境数据披露也有可能被他国认为是侵犯数据主权，并且对数据所有人、持有人或相关人员的基本权利构成侵犯。由于下文还将对此专门进行更为详细的分析，这里不再展开。

二、数据主权的设定不局限于属地原则而致管辖权冲突

根据长久以来的国际法原则，刑事管辖都是以属地原则作为最为基本的依据。由于刑事管辖乃是国家主权的重要体现，因此一旦跨越国境施展包括侦查在内的刑事司法活动，原则上都属于侵犯他国主权的表现。同理，从传统的国际法框架出发，根据数据的物理存储位置进行管辖，突出的优点就在于尊重国家主权；[①] 如果否定抑或松动这一管辖标准，便会致使网络空间主权特别是包含其中的数据主权与实体空间中常规的国家主权的行使范围出现差异。然而在信息化特别是云计算时代，对数据的刑事管辖界限客观上讲确实已经变得较为模糊。如果仍然按照传统的刑事管辖制度设计电子数据的刑事管辖，则欧盟所提出的某些立法方案就可能导致潜在但严重的管辖权交织甚至冲突。当然，如果欧盟成员国均同意加入新的立法体系，这在欧盟境内并不会产生管辖权的冲突，因为可以说是成员国均放弃了一定程度的数据主权及程序上的管辖权。

但是，由于新的立法方案要求配合数据调查工作的在其境内开展业务的网络服务提供者所掌握的数据可能存储于欧盟之外，这就导致相应的数据收集很可能延伸到欧盟境外，从而诱发潜在的管辖权冲突。以面向网络服务提供者的跨境数据披露为例，欧盟域外坚守传统数据主权观念的国家必然会认为他国通过这种方式取得存储于其境内之数据的执法行为属于刑事司法的跨境适用。除此之外，按照传统的数据主权观念限制跨境电子取证的开展，则可能令网络空间中的一部分数据脱离于任何一个国家的管辖，从而不利于对犯罪的打击。以"暗网"（dark web）中的数据为例，多重加密技术的存在导致执法人员可能根本就无法确定数

[①] ［美］艾伦·麦奎因、丹尼尔·卡斯特罗：《执法部门应如何跨国界获取数据》，韩晓涵编译，载《通信安全与通信保密》，2017（9）。

据的实际物理存储位置，从而导致无法根据地域范围行使刑事管辖。

由此可见，如果刑事司法受传统的属地管辖原则严格制约，那么数据跨境收集将受到极大限制，从而与跨境快捷电子取证制度发展的理念格格不入。对于欧盟内部抑或面向非欧盟国家的跨境电子取证而言，均存在这样的问题。在此背景下，欧盟为推动跨境电子取证的快捷化发展，显然是无意将属地管辖原则作为管辖权设定的单一标准。这种做法必将深刻改变现有的制度体系，并产生若干重要影响。

其一，严格按照国家主权原则构建的传统的双边、多边刑事司法协助制度在跨境电子取证中的重要性将会降低，而单边主义框架下的跨境远程取证及强制数据披露的作用将可能得到更高程度的重视。其二，坚守国家数据主权而仍以属地管辖原则划定电子取证疆界的国家可能对欧盟成员国单边采取的取证方式提出外交抗议抑或作出对等回应，甚至诱发更为严重的国际纷争。其三，欧盟对单一的属地管辖原则的否定可能导致域外国家或地区效仿，偏离合作的主流方向而各行其是，这将导致全球更大范围的单边主义快捷跨境电子取证的混乱局面。

三、侦查权扩张与权利保障之关系更可能趋于紧张

跨境电子取证迈向快捷化的同时，欧盟成员国执法部门的侦查权实际上也随之得到了扩张。实际上，就跨境快捷电子取证制度发展的理念而言，很大程度上就是为了便利侦查活动的开展。[1] 虽然欧盟的部分立法方案也注意到了需要建立强有力的保障，[2] 但是由于刑事司法程序中侦查权的运行与嫌疑人权利保障之间的冲突抑或平衡乃是一个永恒的话题，因此跨境快捷电子取证制度的发展极可能令权利保障较之过往而言受到更大程度的威胁。具体而言，侦查权扩张与权利保障之间的紧张关系可能较为突出地表现在以下几个方面。

---

[1] Alessandro Bernardi, Daniele Negri, *Investigating European Fraud in the EU Member States*. Portland: Hart Publishing, 2017, p.138.
[2] 例如，《电子证据条例（草案）》就强调了要给予基本权利强有力的保障，包括对个人数据保护权的保障。因此，需采取各种保护措施保护网络服务提供者和被搜集信息的主体的权利，并有权获得法律救济。此外，该草案仅针对已存储的数据，并不适用于实时通信拦截。黄道丽主编：《网络安全法治研究 2020》，274 页，武汉，华中科技大学出版社，2020。

首先，跨境数据披露制度因植入强制属性而令权利受侵犯的可能性增大。前文已经说明，欧盟成员国当前在面向网络服务提供者进行跨境数据披露时，后者的配合乃是出于自愿。但是在《公约》第二附加议定书正式落地及《电子证据条例（草案）》最终获得采纳的背景下，当立法赋予数据披露以强制属性之后，网络服务提供者配合提交境外数据的行为就转会变成一种强制性的法定义务。无论相应数据存储于境内还是境外，网络服务提供者都必须向欧盟成员国的执法部门提交。如果从侦查措施属性的角度而言，欧盟成员国执法部门强制要求网络服务提供者提交或保存涉及隐私等重要权利的境外数据，无疑令该相应措施的适用表现出明显的强制侦查的面相。侦查措施性质的转变必然导致跨境数据披露制度潜在的权利侵犯性增强。此外，由于跨境数据披露的范围从现有制度中的非内容数据扩展到了内容数据，一旦该措施非法适用或运用不当，所带来的侵权方面的负面影响也将大大超过过往。

其次，跨境远程取证所采用的某些秘密侦查措施对隐私权、知情权等重要权利的潜在侵犯性增强。从目前欧盟立法计划拟解决的跨境远程取证的统一规范化来看，其中一个思路就是要为《公约》所未授权的跨境远程搜查、扣押这样的强制侦查措施设定最低限度的程序标准。虽然这样的立法计划还没有达成共识，但是仍然有可能在未来的立法磋商中得到重视，并成为正式的立法。而且从本书第一章、第五章的研究来看，包括比利时、荷兰在内的国家实际上已经在一定程度上放开了对跨境远程搜查的绝对限制。因此，一旦这些措施在欧盟层面得到统一授权，与境外存储的数据相关的权利的保障也会相应地面临更大的威胁。例如，实体空间中的搜查程序在很多情况下都是为权利人所知晓的，但是跨境开展的远程搜查、扣押则一般都是在非经同意且不为权利人所知晓的情况下秘密开展的。加之电子数据搜查本身所具有的"概括性搜查"（难以在事前确定搜查范围）的特性，[1]因此这类侦查措施的跨境远程开展对隐私等基本权利也就会相应地带来更大的威胁。

最后，单边主义的跨境电子取证导致境外数据丧失存储地所在国家或地区

---

[1] Orin S. Kerr, "Searches and Seizures in a Digital World", *Harvard Law Review*, 119(2005), pp.531-586.

的法律的必要保护。传统的跨境取证制度原则上都需要通过刑事司法协助程序开展，刑事证据的物理存放地的国家执行实际的取证活动，这种性质上属于双边、多边主义的制度安排的一个很重要的目的就是要通过地域管辖来避免他国侦查权的直接施展，从而对与证据相关的权利施加来自于所在地国内法的保护。然而一旦欧盟未来的立法中的部分内容跨越刑事司法协助机制，而在单边主义的道路上向纵深迈进，则无论是跨境远程搜查、扣押还是通过"欧洲数据提交令"等方式获取境外数据，都将令相应侦查取证行为脱离数据存储地国家或地区的法律程序审查，这对数据相关权利的保护无疑是不利的。实际上，从《电子证据条例（草案）》的文本变化来看，对于面向网络服务提供者的强制性数据披露可能导致的与第三国的法律冲突，欧盟官方虽然在一开始的草案中对第三国的利益和态度较为关注，甚至还要求成员国的司法机关在出现法律冲突的时候征询第三国中央机关的意见，但是在后续的草案修订稿中又删除相应规定。[①] 这反映出，欧盟对其单边主义的跨境电子取证更侧重于保障其成员国取证活动的顺利开展，而不再特别重视第三国的利益和态度，从而导致相应数据必然会在极大程度上失去存储地国家或地区的法律保护。由于《电子证据条例（草案）》的文本变化还将在第七章进行详细分析，因此这里不再详细引注和展开分析。

[①] 相关细节将在本书第七章第二节第二部分即"外国法处理中国数据出境管制的'平衡测试'方案解析"进行深度分析。

第五章
跨境电子取证的刑事司法协助制度

通常而言，证据调查是刑事司法协助程序中的一项重要内容。由于电子数据本身就属于一种刑事证据，因此在跨境取证过程中理所当然地也可以在刑事司法协助框架下开展。不过，从近年来的情况来看，冗长繁杂且效率低下的刑事司法协助机制越发与电子取证所讲求的高效率执行格格不入，绕避协助机制的单边取证方式随之兴起，对协助机制进行改造的声音不绝于耳。在此背景下，打造快捷化的刑事司法协助机制，以适应跨境电子取证的全新需求，已经成为全球层面刻不容缓的议题。本章首先一般性地介绍适用于所有类型的证据调查的双边和多边协助机制，然后对现有的专门适用于电子数据跨境收集的代表性机制进行梳理，在此基础上分析现有的刑事司法协助机制存在的现实障碍及绕避这种渠道的各种风险，最后对我国近期跨境电子取证的刑事司法制度的发展进行总结和展望。

第一节　适用于跨境证据收集的一般性司法协助

一、双边刑事司法协助

国际司法协助，又称"国际司法互助"，是指"一国相关司法机关，根据另一国相关司法主管机关的请求，代为实施或者协助实施一定的司法行为。司法活动是一个国家的主权范围的事务。一国的诉讼程序原则上在国外不发生效力，具有严格的地域性。因此，一国司法机关需要在外国进行诉讼活动时，只能通过司法机关之间的相互委托和协助才能完成。从当前各国的司法实践来看，司法协助涉及刑事诉讼、民事诉讼和行政诉讼。其中，在刑事司法领域开展的协助，称为刑事司法协助。"①

国际社会关于刑事司法协助有狭义和广义的两种理解。狭义的刑事司法协助是指与审判有关的刑事司法协助，它包括送达刑事司法文书、询问证人和鉴定人、搜查、扣押、有关物品的移交以及提供有关法律资料等。广义的刑事司法协助除了狭义的刑事司法协助外，还包括引渡等内容。②我国 2018 年施行的《国际刑事司法协助法》第 2 条规定："本法所称国际刑事司法协助，是指中华人民共和国和外国在刑事案件调查、侦查、起诉、审判和执行等活动中相互提供协助，包括送达文书，调查取证，安排证人作证或者协助调查，查封、扣押、冻结涉案财物，没收、返还违法所得及其他涉案财物，移管被判刑人以及其他协助。"由于我国于 2000 年制定了《引渡法》，因此《国际刑事司法协助法》中所列的协助事项并不包括引渡。换言之，《国际刑事司法协助法》第 2 条所列举的刑事司法协助事项，属于狭义的刑事司法协助事项。

从司法实践来看，具体到电子数据的跨境收集而言，如果一国侦查机关已经确定需要收集的电子数据存储于另一个国家的地域管辖范围，就可以在与他国存在既定的适用于所有证据类型的司法协助机制的基础之上，向后者的司法执法机关发送侦查取证的正式请求。而后，被请求一方便可以开展电子数据的勘验、搜查、扣押、鉴定及数据恢复等工作。

从早期来看，一国向另一国寻求取证协助，通常是通过递交正式的"司法协助函"（letters rogatory）的方式来开展的。这种函件一般是由请求国的司法机关签发，然后通过外交渠道寻求他国协助。由于这种协助形式在当时主要是基于国与国之间外交上的礼遇，而没有正式的条约规范，因此在个案当中使用的数量并不太多，可以说是双边刑事司法协助机制的早期发展形态。直到下文所述的《欧洲刑事事项互助公约》（European Convention on Mutual Assistance in Criminal Matters）于 1962 年生效，这种"司法协助函"才得到国际条约的正式规范，在欧洲国家成了多边刑事协助机制的一个组成部分。

在《欧洲刑事事项互助公约》的影响之下，美国在 20 世纪 60 年代开始寻求

---

① 王爱立主编：《中华人民共和国国际刑事司法协助法解读》，9～10 页，北京，中国法制出版社，2019。
② 陈卫东主编：《刑事诉讼法》，480 页，北京，中国人民大学出版社，2004。

与一些国家签署包含类似协助机制的双边条约。1973年,经过协商后,美国与瑞士签署了首份双边司法协助条约。这样的条约形式对许多国家间后来签署的双边司法协助条约产生了重要的示范性影响。这类双边条约通常都会规定,签署国除了特定的例外情况外,有义务在搜查和扣押、强制证人作证、开示普通文件及政府持有的文书材料等方面提供协助。

我国与许多国家签署的双边刑事司法协助条约,一般也包含协助开展此类证据调查事项的条款,而且具体的内容也大同小异。例如,根据1998年签署的《中华人民共和国和大韩民国关于刑事司法协助的条约》,其中第3条的规定便列出了许多关于证据调查的协助内容:向有关人员调取包括陈述在内的证据,提供资料、文件、记录和证据物品,查找或辨认人员或物品,获取和提供鉴定人的鉴定结论,执行搜查和扣押的请求,安排在押人员和其他人员作证或协助调查,采取措施在有关赃款赃物方面提供协助,等等。

又如2003年签署的《中华人民共和国和泰王国关于刑事司法协助的条约》,第2条中规定的协助内容也包括许多涉及证据调查的事项:在被请求方获取人员的证言或者陈述,提供文件、记录和证据物品,获取和提供鉴定结论,查找和辨认人员,进行司法勘验或者检查场所或者物品,为作证的目的移交在押人员或者安排其他人员在请求方出庭,查询、搜查、冻结和扣押,采取措施查找、冻结、扣押和没收犯罪所得,等等。

再如2013年签署的《中华人民共和国和大不列颠及北爱尔兰联合王国关于刑事司法协助的条约》,第2条中也涉及许多关于证据调查协助的内容,如获取有关人员的证言或者陈述,提供文件、记录和证据物品,获取和提供鉴定结论,查找和辨认人员,进行勘验或者检查,安排有关人员作证或者协助调查,进行查询、搜查、冻结和扣押,获取银行资料,涉及犯罪所得和犯罪工具的协助,等等。

国家间除了根据条约开展正式的刑事司法协助以开展跨境证据收集外,还有一些非正式的刑事司法协助渠道。例如,国与国之间的侦查机关通过非正式的渠道和长久以来培育的良好合作关系,就侦查情报进行交换,并彼此协助对方开展证据调查,这在实践中并不鲜见。非正式协助机制在运行过程中往往会简化流程,效率较高,因此受到一些国家侦查机关的青睐。例如,"只要某一信息看上去似乎与另一国家的行为相关,就鼓励国内的侦查机关事先主动向外国侦查机关披露相关信息，而不是等待外国侦查机关启动侦查程序并发出正式的司法互助请求。这种信息交换显然在很大程度上依赖于国家之间关系的好坏程度，也取决于侦查机关内部处理案件的人员的态度和意见。"① 此外，还有一些国家会在特定刑事大要案件中开展联合调查，在此过程中彼此提供协助。

二、多边刑事司法协助

除了双边刑事司法协助外，国家间还可以在许多情况下通过多边刑事司法协助渠道开展包括电子数据在内的证据形式的跨境收集。这方面的首个多边条约是于1962年生效的《欧洲刑事事项互助公约》。其中第1条便规定，缔约国同意为彼此在刑事事项方面"提供最广泛的互助"。除了有限的例外情形外，缔约国有义务执行他国通过"司法协助函"发送的刑事事项请求。

此后，一些国际公约也对刑事司法协助进行了一般性的规定。例如，1971年于蒙特利尔签署的《制止危害民用航空安全的非法行为的公约》（*The Convention for the Suppression of Unlawful Acts Against the Safety of Civil Aviation*）第11条第1款规定："缔约各国对上述罪行所提出的刑事诉讼，应相互给予最大程度的协助。"又如，1972年于海牙签署的《制止非法劫持航空器的公约》（*Hague Convention for the Suppression of Unlawful Seizure of Aircraft*）第10条第1款规定，"缔约各国对第4条所指罪行和其他行为提出的刑事诉讼，应相互给予最大程度的协助。"再如，2010年6月于塔什干签署的《上海合作组织成员国政府间合作打击犯罪协定》第3条第1项也规定，各方主管机关可以通过"执行有关采取侦查措施的请求"开展合作。

作为全世界规模最大且最有影响力的国际组织，联合国也为包括电子数据在内的证据形式的跨境收集提供了一些机制。例如，1988年通过的《联合国禁止非法贩运麻醉药品和精神药物公约》（*United Nations Convention against Illicit Traffic in Narcotic Drugs and Psychotropic Substances*）第7条第2款规定了证据调查协助的多种情况，具体涉及：（a）获取证据或个人证词；（b）送达司法文件；

---

① 金华、陈平凡等：《云计算法律问题研究》，34页，北京，法律出版社，2012。

（c）执行搜查和扣押；（d）检查物品和现场；（e）提供情况或证物；（f）提供有关文件及记录的原件或经证明的副本，其中包括银行、财务、公司或营业记录；（g）识别或追查收益、财产、工具或其他物品，以作为证据。

又如，2000年通过的《联合国打击跨国有组织犯罪公约》（*U.N. Convention Against Transnational Organized Crime*）第12条第1款规定："缔约国应在本国法律制度的范围内尽最大可能采取必要措施，以便能够没收：（a）来自本公约所涵盖的犯罪的犯罪所得或价值与其相当的财产；（b）用于或拟用于本公约所涵盖的犯罪的财产、设备或其他工具。"第2款规定，"缔约国应采取必要措施，辨认、追查、冻结或扣押本条第一款所述任何物品[①]，以便最终予以没收。"第13条进一步规定了没收事宜的国际合作："缔约国在收到对本公约所涵盖的一项犯罪拥有管辖权的另一缔约国关于没收本公约第12条第1款所述的、位于被请求国领土内的犯罪所得、财产、设备或其他工具的请求后，应在本国国内法律制度的范围内尽最大可能：（a）将此种请求提交其主管当局，以便取得没收令并在取得没收令时予以执行；或（b）将请求缔约国领土内的法院根据本公约第12条第1款签发的没收令提交主管当局，以便按请求的范围予以执行，只要该没收令涉及第12条第1款所述的、位于被请求缔约国领土内的犯罪所得、财产、设备或其他工具。"据此，在打击跨国有组织犯罪方面，成员国可以在该公约的框架下开展刑事司法协助，其中提及的"冻结""扣押"等措施均可以为电子证据的跨境收集提供工具。

从各国警察机关开展的刑事侦查的协助而言，还可以通过总部位于法国里昂的"国际刑警组织"（Interpol）进行多边框架下的取证协助。截至2022年1月，国际刑警组织已有195个成员国。作为一个重要的政府间国际组织，其通过全天候的通信系统将成员国联系在一起，以便相关国家相互进行实时联络。国际刑警组织还为成员国提供了其建立的丰富的数据库的访问权限。此外，该组织还在许多不同的犯罪领域为警察与专家提供了彼此之间的协调联络机制，这在当今最为迫切需要应对的恐怖主义犯罪、网络犯罪和有组织犯罪的跨境办案过程中更是发

---

① 第1条规定，缔约国应在本国法律制度的范围内尽最大可能采取必要措施，以便能够没收：（a）来自本公约所涵盖的犯罪的犯罪所得或价值与其相当的财产；（b）用于或拟用于本公约所涵盖的犯罪的财产、设备或其他工具。

挥了重要作用。① 总之，国际刑警组织所提供的联络机制为成员国相互之间的警务联络搭建了重要的平台，便利了各国在包括电子取证在内的跨境打击犯罪工作方面的警务协助。

此外，一些国家还建立了区域性的多边协作机制。例如，"澜沧江—湄公河综合执法安全合作中心"便是由中国推动建立并参与的澜湄流域第一个综合性的执法安全合作类政府间国际组织。根据《关于建立澜沧江—湄公河综合执法安全合作中心谅解备忘录》，"澜湄执法中心将根据各成员国的执法需求制定行动纲领，在尊重各成员国主权和法律的基础上，逐步将中心打造成为一个统筹协调本地区预防、打击跨国违法犯罪、情报信息融合交流、专项治理联合行动、加强执法能力建设的综合平台；致力于为各成员国执法部门提供优质、高效的服务，共同应对地区安全形势的变化和风险挑战，为澜湄国家各领域合作、发展提供安全保障。"② 该中心下设湄公河联合巡逻执法指挥部、情报融合与案件协查部、联合行动协调部、执法能力建设部、综合保障部。据此，中国便可以在该中心的组织框架下与澜沧江—湄公河流域的老挝、柬埔寨、缅甸等国开展包括刑事侦查在内的刑事司法协助工作，其中具体的工作也包括电子取证方面的协助。

上文只是简要地梳理了一些具有代表性的双边条约和多边公约，不管是根据双边还是多边机制，国家之间开展包括刑事侦查中的调查取证在内的刑事司法协助，从国际法层面总体来看还是畅通的。不过，这些双边和多边机制主要还是要么针对一般性的刑事犯罪，要么针对一些特定的刑事犯罪（如劫持航空器），同时也受限于一些条约和公约制定于较早的时间，因此多数都没有专门就刑事诉讼中跨境收集电子数据的特殊协助形式进行针对性的制度安排。当然，由于电子数据的收集属于一般的证据调查的组成部分，因此当前开展电子证据的跨境收集工作，也可以根据这些一般性的双边条约和多边公约开展。

---

① See INTERPOL, "What is INTERPOL?", https://www.interpol.int/Who-we-are/What-is-INTERPOL，最后访问日期：2022 年 1 月 24 日。
② 参见"澜沧江—湄公河综合执法安全合作中心"总述，载 http://www.lm-lesc-center.org/pages_75_180.aspx，最后访问日期：2022 年 2 月 22 日。

第二节　专门适用于跨境电子取证的司法协助

尽管可以根据一些双边条约和多边公约跨境收集电子数据，但是由于这些条约或公约基本上都适用于所有类型证据的收集，而没有考虑到电子取证对快捷、高效等方面的特殊要求。因此，特别是随着 20 世纪 90 年代以来互联网络及相关信息技术的飞速发展，越来越多的电子数据因为网络无国界的特性，常态性地存储于不同的国家，针对网络犯罪及电子数据的特殊性而制定特别国际公约的呼声越渐高涨，相应的协助渠道也由此搭建了起来。这里便对专门适用于跨境电子取证的两个具有代表性的多边司法协助渠道进行说明。

一、G-8 框架下的司法协助

从 1995 年起，八国集团首脑峰会（简称"G8 峰会"）[1]就注意到网络安全的议题。1999 年 10 月，在莫斯科发布的《G-8 国家打击跨国有组织犯罪部长会长公报》中，"附件 1"部分采纳了与跨境收集电子数据的一些特定的准则，呼吁缔约的成员国在收到他方的搜查、扣押、复制、开示请求后，应当确保其有能力对存储在计算机系统中的数据进行快速保存。该《公报》呼吁相关准则应当通过签署条约并由成员修订国内法律和政策的方式加以执行。具体而言，与跨境收集电子证据的司法协助相关的这些准则包括：[2]

第一，存储于计算机系统中的数据的保存。（1）每一成员国基于获取、搜查、复制、扣押及开示数据的目的，不仅应当确保其有能力对存储于计算机系统（特别是当数据存储于诸如网络服务提供者这样的第三方的系统）中的数据、需要短期留存的数据、特别脆弱而易于丢失或被修改的数据进行快速保存，而且应当确保即使仅仅是为了协助其他国家时，也能进行相应的快速保存。（2）一个成员

---

[1] 具体包括加拿大、法国、德国、意大利、日本、俄罗斯、英国、美国。俄罗斯自 2014 年被排除在峰会之外后，八国集团首脑峰会（G8）变成了七国集团首脑峰会（G7）。
[2] See "Ministerial Conference of the G-8 Countrieson Combating Transnational Organized Crime (Moscow, October 19-20, 1999): COMMUNIQUE"，https://www.justice.gov/sites/default/files/ag/legacy/2004/06/09/99MoscowCommunique.pdf，最后访问日期：2022 年 2 月 22 日。

国可以请求另一成员国对存储于后者境内的计算机系统中的数据进行快速保存。（3）在收到另一国家的请求后，一国应当在符合其国内法的情况下采取所有恰当的措施，对相应的数据进行快速的保存。这类数据保存应当持续一定的合理期间，从而使得请求方有时间就获取、搜查、复制、扣押及开示相应数据提出正式的请求。

第二，司法协助的快速开展。（1）在接到数据（含已经保存的数据）的获取、搜查、复制、扣押及开示方面的正式请求后，被请求方应当在符合其国内法的情况下按照以下方式尽可能快速地执行相应的请求：一是通过传统的司法协助程序开展；二是依据传统的司法协助程序对请求国国内的司法授权或其他形式的法律授权予以批准或给予认可，从而向请求国开示扣押的数据；三是被请求国法律允许的其他方法。（2）每个成员国均需根据这些准则，通过包括语音、传真或电子邮件在内的快速但可靠的通信方式（在要求的情况下还需书面确认），在适当的情形下对司法协助请求予以接受并给予回应。

第三，无需司法协助而对数据的跨境收集。尽管提出了上述这些准则，但一个成员国在符合其国内法的情况下基于这些目的开展的活动并不需要获得另一国的授权：（1）获取公开资料，而不论相应的数据到底位于何处。（2）获取、搜查、复制、扣押存储在另一国计算机系统中的数据，前提是相应的行为获得了有权披露数据的人的合法且自愿的同意。如果对数据所在国进行告知为目标国国内法所许可，而且数据内容反映出对目标国刑法的违反抑或看上去系目标国利益之所在，那么开展数据搜查的国家就应当考虑对目标国进行相应的告知。

在《布达佩斯公约》出台之后，G-8即要求下属的高科技犯罪小组委员会成立"网络犯罪联防组织"（24/7 Computer Crime Network）。但是，真正开始重视网络安全这一问题，则是在2001年的"9·11"事件之后。这个组织的成立目的中最重要的一条，就是监控利用网络进行的恐怖活动或者是针对网络的恐怖袭击行为，并且为G-8各国反恐部门提供情报支持。在这一组织中，各成员单位均需要相互提供单一联络窗口，供全天候的网络犯罪情报交换及协查。实际上，这个组织之所以以"24/7"为名，主要就是指成员单位间，以单一窗口，每周7天、每天24小时进行各类网络犯罪的情报交换、追踪协查，以利于遭侵害的成员单位迅速找出"破坏源"及作出应对。

二、《布达佩斯公约》框架下的刑事司法协助

欧盟国家牵头制定《布达佩斯公约》（本部分简称《公约》）于 2001 年 11 月由欧洲委员会的 26 个欧盟成员国以及美国、加拿大、日本和南非等 30 个国家的政府官员在匈牙利首都布达佩斯所共同签署的国际公约。自此，《公约》成为全世界第一部针对网络犯罪行为所制定的国际公约。

《公约》规定缔约国需要对九类网络犯罪行为处以刑法处罚，即非法进入、非法截取、资料干扰、系统干扰、设备滥用、伪造电脑资料、电脑诈骗、儿童色情的犯罪、侵犯著作权及相关权利的行为。2003 年 1 月 23 日，该《公约》的补充协定即《关于通过计算机系统实施的种族主义和排外性行为的犯罪化》（*Additional Protocol to the Convention on Cybercrime, Concerning the Criminalisation of Acts of a Racist and Xenophobic Nature Committed through Computer Systems*）于法国斯特拉斯堡获得通过，从而增加了《公约》可以适用的新的犯罪行为。

第三节　跨境电子取证的刑事司法协助面临的现实障碍

将刑事司法协助机制适用于跨境电子取证，虽然适应了时代发展的迫切需要，但是程序运行过程中也面临多种难题。无论是从双边还是多边协助渠道来看，实践中都面临较为突出的现实障碍。

一、适用范围有限

采用传统的刑事司法协助机制收集电子数据，适用的案件范围实际上是较为有限的。开展刑事司法协助以收集电子数据的前提，是两国之间签署了双边协议，或者共同加入了多边国际条约或区域性条约（例如《公约》）。例如，某些国家并未签署双边刑事司法协助条约，甚至还未建立外交关系，但是只要成为国际刑警组织的成员国，就都能够利用这一多边平台开展刑事司法协助。因此，如果没

有类似的机制，不同的国家就不可能在国际法框架下开展协助。于是，一国在此情况下完全可以对他国提出的请求予以明确拒绝，或者置之不理。

即使国与国之间签署了双边刑事司法协助条约，抑或共同加入了适用于跨境电子取证的多边国际公约，采用正式协助方式开展跨境电子取证的适用范围也仍然是有限的。近年来，就跨境电子取证的现实需求与实际开展的刑事司法协助之间的对比来看，尽管很难找到翔实的统计数据，但是可以想象的是，其间必然存在着较大的鸿沟。例如，在网络犯罪、恐怖主义犯罪、洗钱犯罪、贩毒犯罪、电信诈骗犯罪等诸多类型、为数众多的跨国犯罪当中，如果全部按照刑事司法协助的方式由一国请求另一国或地区提供常规意义上的协助，已经不现实，某些国家作为被请求国必定会不堪重负，而且正如上文所言，在如今的全球化背景之下，越来越多过去只与一国相关的犯罪也表现出多重跨境因素。这样的案件难以精确统计，但必将是海量的。如果对具有跨境因素的案件全部通过刑事司法协助处理，将是一个根本不可能完成的任务。随着网络犯罪和涉网犯罪越来越多，与电子数据完全无关的刑事案件已经并不多见，而其中相当一部分案件的电子数据都会或多或少地涉及跨越国境存储和流通的问题。在这种情况下，采用常规意义上的刑事司法协助机制开展海量的跨境电子取证，已经越发跟不上时代发展的步伐。

此外，还有一个技术上的原因可能导致跨境电子取证的刑事司法协助程序难以实施。例如在 2004 年，总部设在美国的托管服务商 Rackspace 收到一张由意大利的检察官签发的传票。传票是根据司法互助条约签发的，要求该公司提交关于一家名为 Indymedia 的媒体组织留下的某些日志文件信息。按照请求获取信息的传票要求，Rackspace 公司选择关停该信息所在的服务器主机（但是这台主机不在美国，而在伦敦），然后把驱动器提交给了美国联邦调查局，其理由是无法在指定提交信息的时间内找到这些文件。这起案件中有个需要特别关注的问题，即合法的双边司法协助条约的执行，需要在第三国实施。① 由此可见，由于云计算技术导致的数据可能在全球范围内分散存储的特性，传统的由两国开展的刑事司法协助的点对点的程序架构，可能转变为两国之外的第三个国家牵涉其中。由于第三国可能是数据的实际存储地，因此相应数据的出境必然涉及该国的数据出

---

① 金华、陈平凡等：《云计算法律问题研究》，33 页，北京，法律出版社，2012。

境管制政策和法律方面的禁令或限制性规定，从而导致相应的刑事司法协助程序的适用面临难以预知的法律障碍。

二、协助时间漫长

即使国与国之间在跨境收集电子数据方面有既定的刑事司法协助机制，而且在实际个案中也会采用这种程序开展工作，但是这并不等于相应程序在运行的时候就是十分顺畅的。实践中，一些国家会因各种因素而无法执行他国提出的协助请求，甚至在个案中还会有意予以拖延，从而导致协助时间十分漫长，效率之低下不言而喻。

一方面，协助时长与被请求方的配合程度密切相关。对于请求国而言十分重要的案件，被请求国却可能对此持漠不关心的态度，① 这是非常常见的现象。正如前言部分的案例分析所言，中美两国从法理上讲都可能对该案主张刑事管辖权。但是从刑事侦查实际立案管辖的角度而言，由于犯罪的结果实际发生在中国，产生的实际危害和损失也位于中国，因此中国管辖此案的需求显然更为强烈。相对而言，美国一般不会对这样的犯罪予以立案管辖并开展侦查，而只会倾向在个案中提供数据收集方面的协助。然而，由于美国方面实在不太可能对这类案件予以热切关注，因此在电子取证的协助方面出现迟延，也就不奇怪了。

另一方面，"倒U型"协助模式导致程序运行十分复杂漫长。这种模式是指，从请求国执法机构提出取证申请到被请求国执法机构收到请求，因循了一个"倒U型"的流程。就传统司法协助方式而言，这种协助模式最大的优势是对他国主权的尊重。② 然而就程序的实际运行来看，这种模式在效率方面的弊端也十分突出。

例如，一个位于巴黎的法国人对里昂的公民实施欺诈犯罪，巴黎警方在开展刑事侦查的时候发现，嫌疑人使用的是美国的邮件服务器注册的账号，从而需要搜查嫌疑人的邮件内容信息。由于相关邮件数据由服务器所属的公司存储于美国

---

① Russell G. Smith, Peter Grabosky, Gregor Urbas, *Cyber Criminals on Trial*.Cambridge: Cambridge University Press, 2004, p.57.
② 冯俊伟：《跨境电子取证制度的发展与反思》，载《法学杂志》，2019（1）。

境内，因此这起案件的搜查就需要获得美国方面的协助。按照常规的协助方式，巴黎警方需要层层上报，最终由法国司法部将相关文书从法文翻译成英文后，向美国司法部递送协助请求。在此请求过程中，法国司法部必须详细阐述，需要美方协助调查取证的涉嫌犯罪事项达到了美方刑事诉讼中关于搜查的证明标准——即存在"相当理由"（probable cause）。美国司法部国际事务办公室（Office of International Affairs）接手协助请求后，需要准备好所有的文件，再将请求协助搜查的事项送交邮件服务所属公司所在地的联邦检察官进行审查。联邦检察官经审查后，再向管辖区域的法官申请电子数据搜查令状。法官会根据《宪法第四修正案》关于搜查程序启动的上述证明标准进行审查，从而决定是否签发搜查令状，从而允许检察官对上述公司的服务器中的邮件内容进行搜查。整个搜查程序结束后，美国方面需要将收集到的电子数据再通过"倒U型"程序回转给巴黎警方。根据美国司法部的统计，这样的刑事司法协助从一开始启动，到最终结束，平均需要耗费10个月甚至更长的时间。

在欧洲，一国执法机关即使通过2017年生效的"欧洲调查令"开展协助请求，相应的规定也只是要求被请求方在120天内走完工作程序，这仍然会消耗漫长的时间。这样一来，请求国执法机关通过司法协助机制最终获得的电子数据可能早就已经过时，或者早已经被修改、删除或者毁坏了。

我国在通过刑事司法程序获取境外包括电子数据在内的证据的时候，也面临着程序冗长、迟缓的巨大障碍。例如，以冯俊伟教授所考察的中日刑事司法协助所涉及的调查取证为例，在我国基层公安机关申请司法协助调查取证的案件中，根据《公安机关办理刑事案件程序规定》第370条①的规定，首先需要基层公安机关按照司法协助条约的要求，提出司法协助请求书并附相关文件及日文译本。然后层报省级公安机关审核后报送公安部，公安部审查后根据2007年由两国签署的《中日关于刑事司法协助的条约》的规定，与日本法务大臣或者国家公安委员会联系，提出司法协助请求。根据日本《国际侦查协助法》第6条、第7条、

---

① 《公安机关办理刑事案件程序规定》于2020年7月4日修订，并于当年9月1日起施行。引文中的第370条为2012年的版本，新版条文为第380条。新版本中的第380条规定："需要请求外国警方提供刑事司法协助或者警务合作的，应当按照我国有关法律、国际条约、协议的规定提出刑事司法协助或者警务合作请求书，所附文件及相应译文，经省级公安机关审核后报送公安部。"

第 8 条的规定，日本法务大臣或者国家公安委员会收到相关请求后，需要进行审查，审查通过后则交由地方检察厅或国家公安委员会，地方检察厅应当命令检察官开展取证工作，国家公安委员会应当将相关文件交由适当的都道府县警察署进行调查取证。最后，在日本检察官或司法警察取得相关证据后，将证据经由原渠道交回。① 由此可见，中日两国之间的刑事司法协助程序实质上也是一种尊重主权但是相应地牺牲了取证效率的"倒 U 型"的程序。

三、技术原因限制

信息技术是一把双刃剑，在巨大地推动了社会进步的同时，也为大量犯罪的发生和演变提供了温床。根据信息转移原理，犯罪分子在网络空间中的任何行为都会留下蛛丝马迹，侦查机关通常都可以顺藤摸瓜进行定位。但是在某些案件中，如欲在侦查过程中准确地认定电子数据实际存储的位置，仍然会面临技术层面的障碍。

例如，特别是随着加密技术的运用，一些犯罪中涉及的电子数据并不容易被快速、有效地定位，这给侦查机关寻找犯罪踪迹增添了极大的麻烦。近年来，大量"暗网"组织在使用了多重加密技术之后，可能将服务器设置于世界上的任何一处。不仅仅是"暗网"中的交易信息，而且犯罪分子经由"暗网"浏览公共页面的数据信息都难以进行技术监控和追踪。在这种情况下，侦查机关尽管也有可能通过远程勘验、搜查等手段收集到电子数据，而且也有一定的理由怀疑这些证据实际上存储于境外，但是却无法在侦查的特定阶段精确地锁定这些数据到底存储于哪一国家或地区。因此，侦查机关实际上根本就不可能按照常规的刑事司法协助程序开展跨境电子取证工作。又如，在一些特定的案件中，随着云计算技术分布式数据存储方式的发展，抑或由于网络服务提供者对网络系统进行了特别的设定，某些电子数据的储存位置是由网络系统随机进行分配的，这导致连网络服务提供者本身可能也并不清楚数据储存的实际位置。于是，侦查阶段涉及云计算服务时，侦查机关常常需要从可能位于国外的计算机系统中获取数据，有时候侦

---

① 参见冯俊伟：《跨境电子取证制度的发展与反思》，载《法学杂志》，2019（6）。

查人员根本就不清楚数据所在的物理位置。更进一步讲，数据所在的计算机系统可能在犯罪嫌疑人、被害人或者第三人的控制之中，也有可能由多人共同控制，因此，云服务用户和服务供应商都可能成为侦查机关调查的目标。[①] 一旦这些计算机系统可能位于境外，然而由于技术性的原因无法在侦查的特定阶段予以明确，就会导致管辖权的行使和侦查权的实际运行面临难以预测的困境。

在本书第一章提到的谷歌公司数据披露案中，数据存储位置不明这个问题就十分突出。而从近年来我国打击跨境电信网络诈骗犯罪的实践来看，也面临类似的问题。据检察系统 2021 年的统计数据，"目前电信网络诈骗窝点 70% 在境外，服务器也基本在境外，且有不少采用云服务器，实际所在地难以确定，原有规定在实践中难以适用。"[②] 因此，基于技术原因的限制，侦查机关有时候在个案中在难以确定电子数据的储存位置抑或目标系统的实际位置的情况下，显然无法通过常规的刑事司法协助途径寻求他国相关部门的协助。

四、难以满足需求

数十年前，国际社会设计出来的刑事司法协助机制可能是一项理想的制度，然而近些年来，对电子数据的跨境收集出现了越来越多的需求，传统的冗长、复杂的司法协助方式已经不适应时代的发展。协助需求大量增加的原因是多方面的，其中一个极为重要的因素便在于，因为技术的进步，刑事案件越发体现出跨越国境的特征。而在人类阔步迈入数字化时代之后，随着通信全球化的趋势越发显著，双边或多边刑事司法协助程序的适用无疑面临着更加突出的困境。

如前文所述，某些案件可能只是因为嫌疑人使用了境外电子邮件账户发送过与案情有关的邮件，即使该案件其他方面的信息完全不涉及境外因素，那么这个案件也仍然可能涉及跨境收集电子数据的刑事司法协助的问题。又如，随着云存储技术和市场的飞速发展，海量的数据不再像过往那样只是存储在本地计算机硬盘中，而实际位于"云"中。典型的情况例如，一位智能手机用户在使用他国手

---

① 金华、陈平凡等：《云计算法律问题研究》，15 页，北京，法律出版社，2012。
② 刘太宗、赵玮、刘涛：《〈关于办理电信网络诈骗等刑事案件适用法律若干问题的意见（二）解读〉》，载《人民检察》，2021（13）。

机生产商的设备时开通了该生产商提供的"云账户",在以主动方式或通过授权的方式被动将照片、文档、视频等上传后,只要在连网的状态下便可以通过其他电子设备在任意地点下载这些电子文件。如此一来,相应的电子文件很有可能并没有存储于电子设备,而是实际存储于手机生产商或云服务商设置于境外的服务器中。由于电子数据的存储方式伴随云存储技术的发展已经越发云端化,未来涉及跨境云存储因素的刑事案件也必定会持续增加,相应的对电子数据的跨境收集的需求也会越来越大。

美国在这方面面临的问题尤其突出。其所收到的司法协助请求不仅数量庞大而且越发复杂,这实际上也导致美国在面对这些司法协助请求的时候,有不堪重负之感。众所周知,作为互联网行业的发起者和引领者,大量IT公司集聚于美国,其中诸如微软、谷歌、脸谱这样的公司还发展为全球IT巨头,用户遍布世界各个角落。如果其他国家侦查机关针对这些公司持有的用户数据向美国方面提出大量的协助取证请求,那么这样的跨境调查无疑会令美国的相关部门疲于应付。

五、法律标准阻碍

"法律与民族志,如同驾船、园艺、政治及作诗一般,都是跟所在地方性知识相关联的工作。"[①] 实际上,任何一个国家的法律本身也都是"地方性知识"。各国因历史、文化等多重因素的影响,在具体的法律标准的问题上虽然有共性,但是大量的差异也不容忽视。这样的差异会对跨境电子取证的刑事司法协助到底能否实际得到执行,产生极大的影响。这里从双重犯罪原则、侦查措施启动标准和证据收集的标准3个角度展开,以此反映协助程序中法律标准差异的具体影响。

(一)双重犯罪原则的阻碍

在涉及跨境收集电子证据的司法协助程序当中,根据国际法上"双重犯罪原则"的要求,该协助程序所指向的犯罪在请求国与被请求国均应属于各自刑法所否定的行为。因此,在常规的刑事司法协助程序中,提出协助请求的一方必须对

---

① [美]克利福德·吉尔兹著:《地方性知识——阐释人类学论文集》,王海龙、张家瑄译,222页,北京,中央编译出版社,2000。

此进行详细说明并举证阐明。换言之，一国在请求他国协助收集电子数据时，如果相应的犯罪在请求国属于犯罪而在被请求国不属于犯罪，则被请求国便可以予以拒绝。

从国际上刑事司法协助程序的运行来看，跨境电子取证因双重犯罪原则而未能成功执行的案件也时有发生。这就要求提出刑事司法协助的国家的侦查机关的经办人员不仅要熟悉己方的刑法规定，还必须通晓被请求国关于特定犯罪的法律规范，以此推动协助程序能够实际得到有效执行。

（二）侦查措施启动标准差异的阻碍

即使符合实体法上的双重犯罪标准的要求，也并不意味着跨境电子取证的刑事司法协助程序一定能够得到执行，因为还需要进一步从程序法的角度进行检视。实际上，许多国家基于侦查权控制及人权保障的理念，往往会对特定强制侦查措施的启动设置一定的标准。只有满足了相应标准，被请求国才能从程序角度启动特定的侦查措施，这里便以搜查措施的启动标准进行分析。

例如，根据美国于 1986 年颁布的《电子通信隐私法》（Electronic Communications Privacy Act，ECPA）的要求，美国当局接受其他国家和地区的刑事司法协助请求开展电子数据的搜查时，在决定是否启动协助程序的问题上，需取决于请求方的提供的材料能否得到美国方面"相当理由"（probable cause）的认定。实际上，这是一个相当严格的标准，许多欧洲国家及世界上绝大多数其他国家在搜查措施的启动方面都没有达到这样的标准。

然而，美国在收到其他国家和地区的证据搜查协助请求的时候，这是需要审查的核心标准。于是，美国无法满足协助需求，不仅仅是因为其近年来接收到了大量的协助请求而无法及时处理，还因为其刑事程序中关于搜查的高标准要求而导致外国主管部门提出的协助请求无法满足。正如本书第三章多次引用的《云法白皮书》在第 8 页所指出的那样：

值得强调的是，在美国，对于获取电子通信内容的搜查令的要求或许是全世界最为严格的，而且高度保护个人隐私。签发搜查令的请求必须提交给独立的法官进行审批。除非法官发现，政府部门已经通过宣誓证词证实，特定犯罪已经发生或正在发生的"相当理由"（probable cause）是存在的，而且要搜查的地点（例如某个电子邮件的账号）也包含该特定犯罪的证据，否则就不能对搜查令予以授权。除此之外，搜查令必须具体地载明要搜查和扣押的数据；不允许通过"试探性调查"（fishing expeditions）①的方式查明是否有证据存在。我们的一些外国执法伙伴发现，向美国提交司法协助的请求非常难以得到满足，原因之一就在于美国法律有着严格的要求。

美国的民权主张者普遍担忧，由于请求方境内很可能并不存在这样的标准，可能在提出请求的时候并未严格按照美国的标准向美国提出请求，因此担忧搜查程序被滥用，从而不利于对美国国内的权利加以保障。总之，从程序运行的角度来看，电子数据的刑事司法协助并不是在符合"双重犯罪原则"的情况下，经请求就会必然启动，还必须要符合被请求国国内法关于特定侦查措施启动的法律程序标准。

（三）证据收集程序标准差异的阻碍

即使刑事司法协助的程序和特定侦查措施都能顺利启动，也并不意味着通过协助程序收集的电子数据就是符合请求方的实际需求的。这是因为，各国刑事程序中开展证据调查所遵循的都是自身的国内法，因此协助程序中请求国与被请求国在证据收集程序的标准方面所表现出来的差异也会导致跨境电子取证的实效面临现实障碍。

例如，近年来，随着电信网络诈骗犯罪案件的大幅度增加，我国在与其他国家合作开展打击此类犯罪的过程中，虽然取得了不少的积极成果，但是在包括电子取证在内的证据的调查方面，也存在十分突出的类似的程序性障碍。例如，根据研究者的考察，在柬埔寨警方配合我国公安机关开展跨境电信诈骗侦查的案件中，在抓捕及现场证据收集的时候，柬方对我国的诉讼程序及证据制度不了解，

---

① "fishing expeditions"在法律英语中可以意指"在没有明确目标但意图发现有罪证据或有价值的证据的情况下开展的调查"（an investigation that does not stick to a stated objective but hopes to uncover incriminating or newsworthy evidence）。这里根据上下文语义，将"fishing expeditions"意译为"试探性调查"，与中文语境中的"钓鱼执法"的含义有类似之处。

对与犯罪集团或团伙的人员构成、具体犯罪情节及现场相关的证据的收集和保全也不会按照中方所要求的证据标准进行。即使两国警务合作顺畅，收集的证据也很难达到我国刑事诉讼对案件证明的证据标准要求，这同样不利于对此类犯罪行为的惩处。①

从下文还将展开分析的内容来看，我国近年来在打击网络犯罪、规范电子取证方面制定了许多涉及办案程序运行的规则，而且相关工作程序还在持续完善过程当中。但是从我国开展的国际刑事司法协助特别是警务合作的实际情况来看，由于许多被请求国关于证据调查的法律程序要求要低于我国，这就导致通过协助程序开展跨境电子取证所收集的电子数据的质量在许多案件中并不尽如人意。

第四节　我国刑事司法协助制度发展与前瞻

过去一些年间，随着全球性打击网络犯罪的需要，我国与许多国家和地区一道，都在积极探索通过双边和多边机制开展打击网络犯罪的国际执法协作，其中许多工作都涉及电子数据的跨境收集与运用。例如，根据外交部在"联合国网络犯罪问题专家组首次会议"上的介绍，2004年至2011年间，中国公安机关共协助41个国家调查网络犯罪案件721起。此外，我国也非常注重加强打击网络犯罪国际合作机制建设。中国已经与美国、英国、德国等近30个国家警方建立了双边警务合作关系；依托国际刑警打击信息技术犯罪亚太地区工作组，在亚太地区建立了每年会晤的协作机制；与7个国家建立了网络犯罪调查专人联络机制；与日本、韩国等14个国家联合建立了亚洲计算机犯罪互联网络（CTINS），及时交换网络犯罪动态、共享侦查取证技术；依托上海合作组织制定了《上海合作组织成员国保障国际信息安全行动计划》。②

此外，中国近年来也在打击跨境电信诈骗等案件的过程中，采取了各种灵活方式广泛寻求与相关国家和地区的合作。其中，我国与东盟国家建立的"10+1、

---

① 参见熊俊：《中柬打击跨境电信诈骗犯罪警务合作研究》，载《法制博览》，2019（29）。
② 参见：《中国代表团出席联合国网络犯罪问题专家组首次会议并做发言》，载 https://www.fmprc.gov.cn/ce/cgvienna/chn/drugandcrime/crime/t790751.htm，最后访问日期：2021年5月13日。

10+3"打击跨国犯罪部长级会议、高官会议以及东盟国家警察首长会议等合作机制便是这种合作机制的代表。

我国还通过双边途径建立了与一些东盟国家的协助机制。例如,中国公安部部长赵克志与柬埔寨副总理兼内政部部长苏庆于2018年5月签署了《打击电信诈骗合作谅解备忘录》,该合作谅解备忘录就两国合作加强打击电信诈骗等跨国犯罪活动作了规定。在中国和柬埔寨共同打击跨境电信网络诈骗案件中,警务合作成效显著,双方多次联合开展犯罪打击行动,其中许多案件都涉及电子数据的跨境收集、提取和移送。中方在驻柬埔寨大使馆设置了警务联络员,在已经侦破的中柬跨境电信诈骗案件中,柬方内政部对我国的协作抓捕犯罪嫌疑人请求等均给予了大力支持。据统计,自2011年到2017年,1133名中国公民涉及网络电信诈骗犯罪被柬埔寨遣返回中国。2018年,中柬警方继续共同合作打击电信诈骗犯罪,在柬埔寨共抓获335名电信诈骗犯罪嫌疑人。[①]

在此基础上,随着近期以电信诈骗为代表的网络犯罪呈现持续蔓延的趋势,[②]我国密集出台了一系列涉及跨境电子取证的法律规范。下文首先介绍相关规范在近期的发展情况,然后从跨境电子数据鉴真及审查这两个重点角度展开具体的探讨。

一、我国刑事司法协助制度的发展

(一)相关规范的发展概述

2018年10月26日,第十三届全国人民代表大会常务委员会第六次会议通过了《中华人民共和国国际刑事司法协助法》(以下简称《国际刑事司法协助法》)。该法第四章较为详尽地对跨境调查取证进行了规定。其中第25条阐明,我国办案机关需要外国协助获取并提供有关文件、记录、电子数据和物品的,应当制作

---

① 参见熊俊:《中柬打击跨境电信诈骗犯罪警务合作研究》,载《法制博览》,2019(29)。
② 最高人民检察院于2021年1月发布的数据显示,检察机关办理网络犯罪案件以年均近40%的速度攀升,2020年达到了54%。参见刘硕、陈菲:《网络犯罪办案数年均增长近40%,检察机关如何精准打击?》,载http://www.xinhuanet.com/2021-01/25/c_1127024206.htm,最后访问日期:2021年5月13日。

刑事司法协助请求书并附相关材料，经所属主管机关审核同意后，由对外联系机关及时向外国提出请求。在根据该条具体执法请求开展证据调查协助程序的时候，由于"附相关材料"有助于被请求方了解、理解我方请求事项及要求，因此我国办案机关应当附上"需要获取的有关文件、记录、电子数据和物品的持有人、地点、外形和数据等具体信息"。

正如上文所述，由于法律程序标准差异等因素的影响，开展刑事司法协助包括电子取证在内的证据调查工作，在实践中经常达不到预期效果。因此，《国际刑事司法协助法》第25条还作出了针对性的规定："请求外国协助调查取证时，办案机关可以同时请求在执行请求时派员到场。"这样的规定实际上在一些双边刑事司法协助条约中就有明确规定，主要是考虑到不同的国家对于证据的形式、标准有不同的要求，由请求国派员到场，可以保证调查取证的效果，提高调查取证的效率，也有利于做好沟通、解释工作，督促被请求国积极采取调查取证措施。经同意到场的人员应当遵守被请求国的法律规定，服从主管机关和办案机关的安排，与外方工作人员做好配合。①

除了法律层面的规定外，网络犯罪的办案机关近年来也出台了一些涉及跨境电子取证刑事司法协助的规范。例如，两高和公安部于2016年12月发布的《关于办理电信网络诈骗等刑事案件适用法律若干问题的意见》第6条第（3）项规定："依照国际条约、刑事司法协助、互助协议或平等互助原则，请求证据材料所在地司法机关收集，或通过国际警务合作机制、国际刑警组织启动合作取证程序收集的境外证据材料，经查证属实，可以作为定案的依据。"根据文意进行理解，这一规定显然适用于包括电子数据在内的所有证据在电信网络诈骗等刑事案件中的跨境收集与运用。

此外，最高人民检察院于2021年1月印发《人民检察院办理网络犯罪案件规定》，该规定第七章对"跨国（边）境司法协助"进行了规范。其中第57条规定："地方人民检察院在案件办理中需要向外国请求刑事司法协助的，应当制作刑事司法协助请求书并附相关材料，经报最高人民检察院批准后，由我国与被请求国

---

① 王爱立主编：《〈中华人民共和国国际刑事司法协助法〉解读》，144～145页，北京，中国法制出版社，2019。

间司法协助条约规定的对外联系机关向外国提出申请。没有刑事司法协助条约的，通过外交途径联系。"该规定站在检察机关办理涉外案件的角度，同样对通过司法协助途径收集包括电子数据在内的刑事证据的司法协助程序进行了规范。

（二）跨境电子数据移送保管规则的发展

通过刑事司法协助程序取得于境外收集的电子数据，需要由境外执法机关在开展相应的证据收集工作后，将电子数据移交给中国的办案人员，并由后者进行保管、转运及后续的检验鉴定等工作。这种工作机制要求从电子数据收集提取工作开始，就必须做到全链条的严格管控，从而避免电子数据在收集提取之后因客观原因失真、人为增删等情况的出现。为了有效打击跨境网络犯罪并规范跨境电子取证及移送保管工作，我国近年来出台了一些非常具有针对性的规则来加以规范。

例如，两高和公安部于2016年共同发布《关于办理电信网络诈骗等刑事案件适用法律若干问题的意见》。其中在"六、证据的收集和审查判断"之中，第（3）项专门就刑事司法协助中的证据收集的规范化提出了要求："公安机关应对其来源、提取人、提取时间或者提供人、提供时间以及保管移交的过程等作出说明。"

又如，最高人民检察院于2021年发布的《人民检察院办理网络犯罪案件规定》第58条规定："人民检察院参加现场移交境外证据的检察人员不少于二人，外方有特殊要求的除外。移交、开箱、封存、登记的情况应当制作笔录，由最高人民检察院或者承办案件的人民检察院代表、外方移交人员签名或者盖章，一般应当全程录音录像。有其他见证人的，在笔录中注明。"

（三）跨境电子数据鉴真规则的发展

鉴真是证据法上适用于实物证据的一个专门术语。鉴真与鉴定一字之差，但是有明显的区别。在针对实物证据的司法鉴定程序启动之前，提交实物证据的一方至少需要证明该证据是来源可靠、提取合法和保管完善的，也就是该证据确实属于提交证据的一方所声称的"那份证据"，接下来进行的鉴定才是富有意义的。换言之，鉴真是鉴定开展的前提，鉴定实际上是有效鉴真之后的分析、运用证据的后续环节。①近年来,电子数据的鉴真问题也得到了学界的广泛关注。②从学理层面来看,电子数据的鉴真,主要关注的就是对证据从收集提取到后续的移送保管等全链条工作的审查,以此评判所收集的电子数据的真实性、完整性。

虽然过往的一些证据规则并没有专门适用于电子数据的鉴真,但是由于跨境网络犯罪的办理往往涉及大量电子数据的收集,因此,公安司法机关在办理网络犯罪案件过程中处理跨境电子取证事务时,在许多情况下都需要适用相应的协助程序,以此确保电子数据的鉴真。实际上,相较于境内取得的电子数据的鉴真,跨境取得的电子数据的鉴真问题更加复杂,这个领域近年来也得到了相关规则的密集规范。

本部分总结的规定的内容虽然多数不是专门适用于跨境电子数据的收集和审查,但是由于办理跨境网络犯罪等案件时需要大量收集提取和运用电子数据,因此部分规范性文件和司法解释对于规范跨境电子数据的收集审查工作意义重大,因此需要一并进行分析。而从具体的规则内容来看,无论是审查证据来源的合法性还是规范性,实际上都可以说是对包括电子数据在内的境外证据从收集提取到移送保管的全链条的审查,反映出我国跨境电子数据鉴真审查规则得到了进一步的发展完善。

1. 非适用于特定案件类型的鉴真规则

最高人民检察院于2021年发布的《人民检察院办理网络犯罪案件规定》对包括电子数据在内的境外收集的证据的审查进行了规范。其中第59条规定:"人民检察院对境外收集的证据,应当审查证据来源是否合法、手续是否齐备以及证据的移交、保管、转换等程序是否连续、规范。"从条文表述的具体内容来看,实际上也属于对跨境证据的鉴真审查。

最高人民法院于2021年修订了《关于适用〈中华人民共和国刑事诉讼法〉的解释》,其中第77条则从审判机关的角度对来自境外的证据材料的审查进行

---

① 陈瑞华:《实物证据的鉴真问题》,载《法学研究》,2011(5)。
② 代表性研究参见刘品新:《电子证据的鉴真问题:基于快播案的反思》,载《中外法学》,2017(1);谢登科:《电子数据的鉴真问题》,载《国家检察官学院学报》,2017(5);刘译矾:《论电子数据的双重鉴真》,载《当代法学》,2018(3);郭金霞:《电子数据鉴真规则解构》,载《政法论坛》,2019(3)。

了规范:"人民检察院应当随案移送有关材料来源、提供人、提取人、提取时间等情况的说明。经人民法院审查,相关证据材料能够证明案件事实且符合刑事诉讼法规定的,可以作为证据使用,但提供人或者我国与有关国家签订的双边条约对材料的使用范围有明确限制的除外;材料来源不明或者真实性无法确认的,不得作为定案的根据。"值得注意的是,该《解释》还专门对远程调取境外电子数据的内容进行了规定。具体体现在第93条第(2)项的内容:"远程调取境外或者异地的电子数据的,是否注明相关情况;对电子数据的规格、类别、文件格式等注明是否清楚。"从这一条文具体的表述来看,可以说是对于跨境收集提取和移送保管的电子数据的鉴真的针对性审查。

2. 适用于特定案件类型的鉴真规则

(1)办理跨境电信网络诈骗犯罪案件的鉴真规则

两高和公安部于2016年发布的《关于办理电信网络诈骗等刑事案件适用法律若干问题的意见》"六、证据的收集和审查判断"中,第(3)项规定,"依照国际条约、刑事司法协助、互助协议或平等互助原则,请求证据材料所在地司法机关收集,或通过国际警务合作机制、国际刑警组织启动合作取证程序收集的境外证据材料,经查证属实,可以作为定案的依据。"这可以说是对通过刑事司法协助程序收集的境外证据进行真实性审查的一般性规定。此外,该条还对来自境外的其他证据材料的审查提出了具体的要求:"应当对其来源、提供人、提供时间以及提取人、提取时间进行审查。能够证明案件事实且符合刑事诉讼法规定的,可以作为证据使用。"

对于通过国(区)际警务合作收集或者境外警方移交的境外证据材料,考虑到因客观条件限制,境外警方可能未提供相关证据的发现、收集、保管、移交情况等材料。出现这种情况的原因在于,跨境电信网络诈骗案件的办理,受司法体制、执法习惯、法律规定等差异的影响,公安机关赴境外取证成本高、难度大,实践中情况也比较复杂。从有利于惩治犯罪、依法推进诉讼的角度考虑,结合我国刑事诉讼法规定的精神要求,如果境外警方未提供相关证据的发现、收集、保管、移交情况等材料的,不宜一律否定其证据效力,而是允许公安机关进行补正,对证据来源、移交过程等作出书面证明并加盖公安机关印章,经审核能够证明案件事实的,可以作为证据使用。① 为此,两高和公安部在 2021 年发布的《关于办理电信网络诈骗等刑事案件适用法律若干问题的意见(二)》第 14 条的规定中做了特别的制度安排:"公安机关应当对上述证据材料的来源、移交过程以及种类、数量、特征等作出书面说明,由两名以上侦查人员签名并加盖公安机关印章。经审核能够证明案件事实的,可以作为证据使用。"

最高人民检察院于 2018 年发布的《检察机关办理电信网络诈骗案件指引》则较为细化地对境外证据的审查提出了要求。其中第二部分"需要特别注意的问题"之第(7)项"境外证据的审查"从三个方面对办理跨境电信网络诈骗的证据审查进行了规范。一是注意审查境外证据来源的合法性,审查的具体材料或协作方式包括:外交文件(国际条约、互助协议)、司法协助(刑事司法协助、平等互助原则)、警务合作(国际警务合作机制、国际刑警组织);二是注意证据转换的规范性审查;三是注意其他来源的境外证据的审查,具体而言,通过其他渠道收集的境外证据材料,作为证据使用的,应注重对其来源、提供人、提供时间以及提取人、提取时间进行审查。能够证明案件事实且符合刑事诉讼法规定的,可以作为证据使用。

除了上述办案规范性文件和司法解释外,最高人民检察院于 2020 年发布的第 18 批指导性案例中的"张凯闵等 52 人电信网络诈骗案",则是专门指向跨境电子数据的鉴真审查。在这起由肯尼亚警方协助中国警方收集证据的案件中,后续电子数据无污损鉴定意见的鉴定起始基准时间晚于犯罪嫌疑人归案的时间近 11 个小时,导致不能确定电子数据在此期间是否存在被增加、删除、修改的情况。于是,本案不得不进行一次补充侦查。根据肯尼亚警方出具的《调查报告》、我国驻肯尼亚大使馆出具的《情况说明》以及公安机关出具的扣押决定书、扣押清单等,能够确定境外获取的证据来源合法,移交过程真实、连贯、合法。此后,国家信息中心电子数据司法鉴定中心重新作出无污损鉴定,鉴定的起始基准时间与肯尼亚警方抓获犯罪嫌疑人并起获涉案设备的时间一致,能够证实电子数据的真实性。

从该案所涉及的跨境电子数据收集来看,相关工作完全是按照刑事司法协助

---

① 刘太宗、赵玮、刘涛:《〈关于办理电信网络诈骗等刑事案件适用法律若干问题的意见(二)〉解读》,载《人民检察》,2021(13)。

程序开展的。从案件中暴露出来的问题来看，显然是证据的收集到移送的过程出现了瑕疵，导致电子数据的鉴真出现了问题。因此，在此类案件的办案实践中，需要重点对电子数据的客观性、真实性、完整性进行审查。①

具体而言，该指导性案例在"指导意义"（第二部分）"电子数据应重点审查客观性"部分指明："一要审查电子数据存储介质的真实性。通过审查存储介质的扣押、移交等法律手续及清单，核实电子数据存储介质在收集、保管、鉴定、检查等环节中是否保持原始性和同一性。二要审查电子数据本身是否客观、真实、完整。通过审查电子数据的来源和收集过程，核实电子数据是否从原始存储介质中提取，收集的程序和方法是否符合法律和相关技术规范。对从境外起获的存储介质中提取、恢复的电子数据应当进行无污损鉴定，将起获设备的时间作为鉴定的起始基准时间，以保证电子数据的客观、真实、完整。三要审查电子数据内容的真实性。通过审查在案言词证据能否与电子数据相互印证，不同的电子数据间能否相互印证等，核实电子数据包含的案件信息能否与在案的其他证据相互印证。"②

（2）办理跨境赌博犯罪案件的鉴真规则

2020年，由两高和公安部联合发布的《办理跨境赌博犯罪案件若干问题的意见》第7条专门对"跨境赌博犯罪案件证据的收集和审查判断"进行了规定。其中第（1）项对公安机关、人民检察院、人民法院在办理跨境赌博犯罪案件中应当注意对电子证据的收集、审查判断的一般性问题进行了规范。具体而言，"公安机关应当遵守法定程序，遵循有关技术标准，全面、客观、及时收集、提取电子证据；人民检察院、人民法院应当围绕真实性、合法性、关联性审查判断电子证据。"根据第（3）项的内容，办案机关需"依照国际条约、刑事司法协助、互助协议或者平等互助原则，请求证据材料所在地司法机关收集，或者通过国际

---

① 证据的客观性与真实性在相对于证据的虚假性时，并不具有区分意义。但是两者在特定的语境下也有不同的含义，原因在于客观的反义词是主观，而真实的反义词才是虚假。从反义词出发可以推之，证据的客观性与真实性有着不同的定位。至于将证据的完整性从真实性中分离出来，从电子证据的角度而言，"电子证据的完整性同真实性具有特殊的关系，但不能被简单认为是后者的组成部分。"参见陈丽：《论电子证据的完整性》，载《证据科学》，2021（6）。
② 最高人民检察院第一检察厅编著：《最高人民检察院第18批指导性案例适用指引——电信网络犯罪》，9～10页，北京，中国检察出版社，2020。

警务合作机制、国际刑警组织启动合作取证程序收集的境外证据材料，公安机关应当对其来源、提取人、提取时间或者提供人、提供时间以及保管移交的过程等作出说明。"

二、对我国刑事司法协助制度发展的评价

（一）协助程序的规范化及电子数据鉴真审查规则得到了长足发展

长期以来，虽然我国与世界上许多国家和地区在双边和多边框架下可以通过刑事司法协助条约开展调查取证，但是相关国内规则总体上较为粗梳，一定程度上制约了跨境证据的有效收集和审查。通过上文的规范总结可以看出，我国近年来通过多部规范性文件、司法解释及指导性案例，织密了相关规则，令刑事司法协助程序中的跨境证据收集和鉴真审查规则得到了长足发展。

具体而言，这些规则的内容所表现出的几个方面的特征，都体现出协助程序的发展完善。一是从发布主体来看，最高层级的公安司法机关都参与其中，令协助程序的规范化得到了有效协调。二是从适用的证据类型来看，虽然多数规则适用于所有的跨境证据的收集和审查，但是也有部分司法解释和指导性案例指向跨境电子数据的收集和审查，从而适应了目前非常突出的跨境网络诈骗、跨境网络赌博等案件办理的迫切需要。三是包括电子数据在内的跨境实物证据的鉴真得到了极大重视，这从各项规则对相关证据的收集提取和移送保管的全链条的细致规范中可见一斑。因此总结而言，我国协助程序的规范化在近年来得到了长足发展，对于跨境电子取证及审查工作的规范及对相关证据的有效运用而言，是非常值得肯定的。

（二）境外移送的电子数据的证据能力规则仍存在缺陷

证据能力或称证据资格的概念指向的是某个证据能否作为定案根据的问题。根据我国证据法理论的通说，证明能力一般涉及客观性、关联性、合法性三个方面。从通过司法协助程序移交给我国公安司法机关的电子数据来看，在进行审查时也需要考虑这三个方面的因素。从上文的规范分析来看，我国近年来所发展起

来的规则已经大大推动了协助程序的规范化及电子数据鉴真审查制度的完善。从很大程度上讲，这已经从规范层面有效解决了通过司法协助程序收集的电子数据的客观性审查的指引。但是从证据审查的另外两个方面来看，当前对于经司法协助程序收集的电子数据的审查，在规则层面仍然存在不尽完善之处。由于关联性审查只是考察电子数据是否与案件事实实质相关，因此与数据本身是来源于境内抑或境外关系不大，因此这里不展开分析。

根据冯俊伟教授的研究，"在司法实践中，虽然法院对域外刑事证据可采性的判断在形式上采取了与国内刑事证据相同的'三性'标准，但在实质上却采取了宽松的可采性标准，也即更为重视域外刑事证据的真实性。法院在具体实践中采取了真实性审查的方式，更强调对域外证据来源和取证过程的说明、其他证据的佐证、与其他国内证据的相互印证等。真实性审查的方式忽视了跨境取证中对被追诉人的权利保障。"[①] 这一论断实际上就是说明，域外取得的刑事证据很容易出现合法性危机，而这个问题完全也适用于对电子数据的分析。

例如，向我国提供司法协助的国家，必然会在侦查取证程序方面与我国呈现一些不同之处，而且在某些具体的取证环节甚至会与我国的程序立法表现出大相径庭的面貌。由于我国当前的域外证据审查规则过度偏向于电子数据的鉴真即强化真实性审查，这实际上导致不同国家法律程序的合法性方面的差异遭到了严重忽视，从而令境外的侦查机关或司法机关移送给我国的电子数据的证据能力的审查可能存在明显的缺陷。

（三）协助程序仍着眼于效率低下的"倒U型"取证结构

从当前的实践来看，适用于跨境电子取证的刑事司法协助程序仍然属于一种"倒U型"的效率低下的取证结构。这种程序结构大致需要途经四个主体：境内执法机关、境内主管机关、境外主管机关以及境外执法机关。[②] 例如，《刑事司法协助法》第五章"调查取证"中第一节"向外国请求调查取证"便是这种跨境取证结构的典型样态。由于该法第25条专门指出该程序适用于"电子数据"

---

① 参见冯俊伟：《域外取得的刑事证据之可采性》，载《中国法学》，2015（4）。
② 参见冯俊伟：《跨境电子取证制度的发展与反思》，载《法学杂志》，2019（6）。

的获取，因此刑事电子取证的司法协助原则上也应当经历这种冗长烦琐的程序。

《人民检察院办理网络犯罪案件规定》第七章中的"跨国（边）境司法协作"在这个方面没有任何突破，跨境电子取证也是需要严格遵循第 57 条规定的"地方人民检察院－最高人民检察院－对外联系机关－外国相关机关部门"的"倒 U 型"结构。

由于刑事司法协助程序的发展仍然着眼于传统的取证结构，这导致数字化、云计算的时代背景受到了严重的忽视，跨境电子取证的快捷化要求没有得到应有的重视。这也意味着，对于前文提到的当前国际上在司法协助框架下的另外两种跨境电子取证形式（跨境远程电子取证及依托网络服务提供者进行的跨境数据披露），我国的刑事司法协助程序并没有将其纳入其中进行规范。实际上，我国侦查机关经由第三方平台实施的跨境电子取证目前没有任何进展，以及侦查机关采取远程登录等方式单边获取电子数据继续面临巨大的法律困境，均与刑事司法协助程序没有考虑跨境电子取证的特殊性密切相关。

（四）协助程序与跨境电子取证的其他制度未达到均衡发展

综合我国跨境刑事电子取证制度新近发展的情况来看，主要是在跨境电子取证刑事司法协助和单边跨境远程电子侦查取证这两项制度方面有所发展。换言之，在侦查机关经由第三方平台即网络服务提供者实施的跨境刑事电子取证方面，我国近期没有出现任何制度性的发展。

与此相对的是，从国际上近期跨境电子取证制度的飞速发展来看，一个主要的表现恰好就是授权侦查机关通过这种方式间接收集存储于境外的数据。实际上，我国已经切实遭受这种外来取证方式的威胁。最为典型的情况便是，美国于 2018 年 3 月生效的《云法案》已经授权执法部门通过云服务提供者披露其所掌握的数据，而不论相应的电子数据是否位于美国境内。

然而，对于这种外来长臂执法式的电子取证而言，我国近期的立法主要表现出被动防御的特征。这在《国际刑事司法协助法》第 4 条[①]、《中华人民共和国

[①] 其中规定，"非经中华人民共和国主管机关同意，外国机构、组织和个人不得在中华人民共和国境内进行本法规定的刑事诉讼活动，中华人民共和国境内的机构、组织和个人不得向外国提供证据材料和本法规定的协助。"

数据安全法》第 36 条①的规定中都有很大程度的体现。与此相对的是，尽管实践中有侦查机关也尝试通过第三方平台收集存储于境外的电子数据，但是由于欠缺明确的法律依据，国际互联网公司往往都不愿意配合。②导致这个局面出现的主要原因，就在于我国近年来的制度发展主要着眼于刑事司法协助程序的完善，很大程度上忽视了其他类型跨境电子取证制度的同步协调发展。由于本书第七章还将对此展开论述，这里不再具体就其中内容进行详细分析。

三、我国跨境电子取证刑事司法协助制度的发展前瞻

（一）打通跨境电子取证的快捷刑事司法协助渠道

由于当前的刑事司法协助程序仍然属于传统的"倒 U 型"结构，已经远不能满足追求快捷理念的跨境电子取证的时代要求。为此，我国跨境刑事电子取证制度未来的发展应当重点关注打通快捷司法协助渠道。

1. 国际刑事司法协助渠道

（1）发展方向

刑事司法协助通常有双边和多边两种渠道，二者都应当成为跨境快捷电子取证制度发展的着力点。具体而言，我国可以在与其他国家和地区签署或更新国际、区际刑事司法协助条约的时候，专门设计跨境电子取证的快捷刑事司法协助程序。此外，我国也需要在联合国等平台之下参与相关多边条约谈判和设计的时候，提出适用于电子取证的多边快捷刑事司法协助的中国方案。在多边平台打通跨境电子取证的快捷刑事司法协助渠道，有一个很重要的优点就是解决"双重犯罪原则"带来的程序障碍。例如，欧洲理事会制定的《布达佩斯公约》不仅对跨境电子取证的快捷刑事司法协助程序进行了规定，而且还规定了各缔约方都能达成共识的犯罪。在本书第四章已经详细分析的《布达佩斯公约》第二附加议定书已经落地的背景下，这一区域性多边公约所设计的跨境快捷电子取证制度必将发挥更为重要的作用。

---

① 其中规定："非经中华人民共和国主管机关批准，境内的组织、个人不得向外国司法或者执法机构提供存储于中华人民共和国境内的数据。"
② 参见冯姣：《互联网电子证据的收集》，载《国家检察官学院学报》，2018（5）。

当然，这份区域性公约仍然存在很多的问题，例如其中授权的单边跨境电子取证制度一直为我国官方所诟病，因此并不是我国参与或缔结相关国际公约的政策选项。此外，该公约中所涉及的罪名也已经不适应全球层面网络犯罪更新迭代的形势。尽管如此，在国际公约中规定缔约国都能认同的罪名却是一个值得参考的思路，从而可以避免缔约国的侦查机关在个案中举证证明其请求符合"双重犯罪原则"而耗时费力。考虑到本书的主题是在数据主权与安全的视角下对刑事跨境电子取证特别是其中的程序制度进行研究，因此后续的分析并不涉及与"双重犯罪原则"相关的实体法问题。

从未来的发展来看，无论是双边还是多边渠道，快捷刑事司法协助程序应当着力解决文书的简化、申请及审查标准的统一、程序运行要求及拒绝情形的规范设计、开展衔接和协调工作的全天候代表处的设置，等等。为了实质性地推动刑事司法协助程序的快捷化，甚至可以考虑改变传统的"倒 U 型"结构，在相互尊重主权的情况下使境内外双方执法者直接合作的方式在一定程度上合法化，[①]从而将跨境电子取证的模型改造为"线型"结构，以适应时代发展的迫切需求。从 2020 年 7 月 27 日至 7 月 29 日举行的联合国网络犯罪问题政府间专家组的第六次会议来看，也有一些建议关乎规则和标准的设立。例如，有国家提出应当统一各国跨境调取电子证据的技术标准和数据保存规则；提升电子证据和跨境取证技术层面的互操作性；区分电子证据的保存和调取、内容数据和非内容数据，对保存电子证据、获取日志信息和用户注册信息等非内容数据的请求提供最大限度的协助。我国代表也建议，通过电子签章等手段实现跨境取证法律文书和电子证据的网上交换。[②]这些建议亟须在联合国的相关平台取得尽可能多的国家的共识，以此打通跨境电子取证的快捷刑事司法协助渠道，从而从根本上消解当前的跨境电子取证所面临的诸多困境。

实际上，联合国层面开展的相关会议已经在很大程度上对上述发展方向进行了确认。例如，在上述联合国网络犯罪问题政府间专家组第六次会议中，优化国

[①] 王立梅：《论跨境电子证据司法协助简易程序的构建》，载《法学杂志》，2020（3）。
[②] 《国际社会共商打击网络犯罪国际合作和预防——联合国网络犯罪问题政府间专家组第六次会议简况》，载 https://mp.weixin.qq.com/s/Pkkzcpm3cJN3TcCHn_GbBQ，最后访问日期：2022 年 2 月 22 日。

际刑事司法协助机制,提升电子证据跨境取证的效率,成了主要议题之一。专家组会议上,各国普遍认为应当结合网络犯罪和电子证据的特点,推动国际刑事司法协助机制"升级换代",以便能够更快地回应不断增多的跨国留存和提取电子证据的请求,从而提升国际合作的效率。除此之外,一些国家还提出了不少具体的设想,其中一些建议关乎机制创新:建立国际合作快速反应机制,使用网络平台在线发送司法协助请求、传输电子证据;建立类似《布达佩斯公约》所搭建的7天24小时网络的全天候联络机制,①从而便利快速司法协助;在各国负责司法协助的中央机关设立负责电子证据取证的专门机构;改进国际刑警组织框架下的执法合作机制等。我国参会代表也建议,设立针对网络犯罪和电子证据的快速响应机制和联系渠道。②总之,各国近年来在联合国平台针对跨境电子取证提出的专业建议已经达成了很多共识,从而为《联合国打击网络犯罪公约》的提出以及未来的落地奠定了很好的基础。

(2)《联合国打击网络犯罪公约》的提出及最新进展

由于《联合国打击网络犯罪公约》近期已经成为我国外事部门工作的重心,因此本部分关于国际刑事司法协助机制中多边渠道的最新发展,也主要就此展开阐述。实际上,制定一部联合国打击网络犯罪公约的设想,早在21世纪初就已浮出水面。在此过程中,作为打击网络犯罪国际规则讨论的重要平台,联合国网络犯罪问题政府间专家组自2011年至今,已经举行了多次重要的会议。各国通过在会上发言、提交书面评论等方式,深入交流关于打击网络犯罪的本国立法、

---

① 该《公约》第35条的标题即"24/7 Network",可意译为"一周7天、每天24小时的全天候联络机制"。本条共3款。第1款规定:"每个缔约方应当指定一个一周7天、每天24小时的联络点,以此确保在涉及计算机系统和数据相关犯罪行为的侦查或起诉时,或收集证明犯罪的电子形式的证据时,能够提供即时协助。这种协助应促进,或在缔约方国内法和实践容许的背景下,直接采取下列行动:(a)提供技术性的意见;(b)依照第29条和第30条的规定保存数据;(c)收集证据、提供合法和信息以及对嫌疑人进行定位。"第2款规定:"(a)缔约方的联络点应具备与另一缔约方的联系点实现快速通信的能力;(b)如果缔约方指定的联络点不是缔约方的职权机构或负责国际协助或引渡的职权机构的一部分,那么这个联络点应确保其能够与这些职权机构开展快速协调工作。"第3款规定:"为了促进这个联络机制的运作,每一缔约方应确保配备经受过培训且拥有装备的职员。"
② 参见《国际社会共商打击网络犯罪国际合作和预防——联合国网络犯罪问题政府间专家组第六次会议简况》,载 https://mp.weixin.qq.com/s/Pkkzcpm3cJN3TcCHn_GbBQ,最后访问日期:2022年2月22日。

最佳实践、技术援助及国际合作方便的信息。相关讨论虽然不乏分歧,但是也取得了大量的共识。包括中国、俄罗斯、南非等在内的很多国家很早就关注打击网络犯罪国际规则问题,并在联合国大会、联合国预防犯罪和刑事司法委员会和联合国网络犯罪问题政府间专家组等场合呼吁尽快在联合国框架下通过谈判,制定打击网络犯罪的全球性公约。在此过程中,俄罗斯提出了《联合国合作打击信息犯罪公约(草案)》(Draft United Nations Convention on Cooperation in Combating Information Crimes),于2017年提交给第72届联大,供各国代表参考和讨论。

2019年3月27日至29日,联合国毒品和犯罪问题办公室第五届网络犯罪政府专家组会议召开。专家组达成的高度共识在于,需要在打击网络犯罪领域构建一个各国均能够接受的国际性法律框架,尤其要对跨境电子取证等涉及国际合作的程序性问题进行合理的规范,以保障相关国际合作的顺利开展。具体而言,各国就跨境电子取证在宏观层面形成了四个方面的共识:首先,刑事司法协助机制仍然是目前世界各国主要的跨境取证方式;其次,该机制运行效率低下,难以有效应对网络环境下电子数据证据的全球高速流动;再次,网络服务提供者、网络运营者等因其掌握、控制或占有大量数据,已经成为重要的,甚至关键的执法参与者;最后,国际社会有必要积极探索统一或示范性规范,并探索新型取证模式,一方面协调各国跨境数据取证活动;另一方面提升网络犯罪国际治理的总体能力。①

综上,上述各类多边平台的讨论为在联合国框架下制定全球性公约积累了大量经验性认识,总结出了需要迫切解决的问题并形成了一系列可供参考的专业对策。而从实践层面来看,各国在近年来纷纷加强打击网络犯罪的立法力度,在核心网络犯罪行为的定罪、综合应对网络犯罪模式及电子证据立法等方面呈现了不同程度的趋同态势。特别是随着越来越多发展中国家对相关问题的认识更为清晰,愿意参与其中的国家越来越多,在联合国框架下谈判制定打击网络犯罪全球性公约的时机逐渐成熟。

2018年12月17日,第73届联大全会对俄罗斯发起、其他金砖国家参与共提的《打击为犯罪目的使用信息通信技术》(Countering the Use of Information

---

① 参见黄道丽主编:《网络安全法治研究2020》,278页,武汉,华中科技大学出版社,2020。

and Communications Technologies for Criminal Purposes）^① 决议进行表决。该决议以 94 票支持、59 票反对、33 票弃权获得通过（见表 5-1），即"第 73/187 号"决议。这份决议首次将"打击为犯罪目的使用信息通信技术"议题列入联大议程，并责成联合国秘书长在各国提交的书面意见基础上，向第 74 届联大提交关于网络犯罪问题的报告。

表 5-1 联大"第 73/187 号"决议投票情况

	国　　家
赞成 （94 票）	阿尔及利亚、安哥拉、亚美尼亚、阿塞拜疆、巴林、白俄罗斯、伯利兹、贝宁、不丹、多民族玻利维亚国、博茨瓦纳、巴西、文莱达鲁萨兰国、布基纳法索、布隆迪、柬埔寨、喀麦隆、乍得、中国、刚果、科特迪瓦、古巴、朝鲜民主主义人民共和国、多米尼克、厄瓜多尔、埃及、萨尔瓦多、赤道几内亚、厄立特里亚、埃塞俄比亚、加蓬、几内亚、几内亚比绍、印度、印度尼西亚、伊朗伊斯兰共和国、伊拉克、牙买加、约旦、哈萨克斯坦、肯尼亚、科威特、吉尔吉斯斯坦、老挝人民民主共和国、黎巴嫩、利比亚、帕劳、卡塔尔、俄罗斯联邦、圣基茨和尼维斯、圣卢西亚、圣文森特和格林纳丁斯、圣多美和普林西比、沙特阿拉伯、塞尔维亚、塞舌尔、新加坡、索马里、南非、南苏丹、斯里兰卡、苏丹、苏里南、阿拉伯叙利亚共和国、塔吉克斯坦、泰国、多哥、土库曼斯坦、乌干达、阿拉伯联合酋长国、坦桑尼亚联合共和国、乌兹别克斯坦、委内瑞拉玻利瓦尔共和国、越南、也门、赞比亚、津巴布韦
反对 （59 票）	阿尔巴尼亚、安道尔、澳大利亚、奥地利、比利时、波斯尼亚和黑塞哥维那、保加利亚、加拿大、智利、克罗地亚、塞浦路斯、捷克共和国、丹麦、多米尼加共和国、爱沙尼亚、芬兰、法国、格鲁吉亚、德国、希腊、洪都拉斯、匈牙利、冰岛、爱尔兰、以色列、意大利、日本、基里巴斯、拉脱维亚、列支敦士登、立陶宛、卢森堡、马耳他、马绍尔群岛、密克罗尼西亚联邦、摩纳哥、黑山、荷兰、新西兰、挪威、巴拿马、波兰、葡萄牙、大韩民国、摩尔多瓦共和国、罗马尼亚、圣马力诺、斯洛伐克、斯洛文尼亚、所罗门群岛、西班牙、瑞典、瑞士、前南斯拉夫的马其顿共和国、汤加、乌克兰、大不列颠及北爱尔兰联合王国、美利坚合众国、瓦努阿图
弃权 （33 票）	安提瓜和巴布达、阿根廷、巴哈马、孟加拉国、巴巴多斯、佛得角、哥伦比亚、哥斯达黎加、刚果民主共和国、吉布提、斐济、冈比亚、加纳、格林纳达、危地马拉、圭亚那、海地、莱索托、利比里亚、毛里求斯、墨西哥、瑙鲁、巴布亚新几内亚、巴拉圭、秘鲁、菲律宾、卢旺达、萨摩亚、塞内加尔、东帝汶、土耳其、图瓦卢、乌拉圭

---

① 联合国数字图书馆（https://digitallibrary.un.org/）收录的中文翻译版本名为《打击为犯罪目的使用信息通信技术行为》，本书采用既有文献及我国外交部门在联大辩论等环节所用的称谓即《打击为犯罪目的使用信息通信技术》。

2019年10月11日，白俄罗斯、柬埔寨、中国、朝鲜、缅甸、尼加拉瓜、俄罗斯和委内瑞拉在第74届联大第三委员会提交新的《打击为犯罪目的使用信息通信技术》决议草案，其中明确提出"设立一个代表所有区域的不限成员名额特设政府间专家委员会，以拟订一项关于打击为犯罪目的使用信息和通信技术行为的全面国际公约"。[①]11月，决议草案以88票赞成、58票反对、34票弃权的结果在联大三委通过。当年12月27日，第74届联大以79票赞成、60票反对、33票弃权见表5-2，通过了中国、俄罗斯等47国共同提交的《打击为犯罪目的使用信息通信技术》决议即"第74/247号"决议。根据该决议，联大"决定设立一个代表所有区域的不限成员名额特设政府间专家委员会（即"特委会"），以拟订一项关于打击为犯罪目的使用信息和通信技术行为的全面国际公约，同时充分考虑到关于打击为犯罪目的使用信息和通信技术行为的现有国际文书和国家、区域和国际各级的现有努力，特别是全面研究网络犯罪问题不限成员名额政府间专家组的工作和成果。"[②]2020年8月，该专家委员会在美国纽约正式组建。

表5-2 联大"第74/247号"决议投票情况

	国　　家
赞成 （79票）	阿尔及利亚、安提瓜和巴布达、亚美尼亚、阿塞拜疆、白俄罗斯、不丹、博茨瓦纳、文莱达鲁萨兰国、布隆迪、柬埔寨、喀麦隆、中非共和国、乍得、中国、古巴、朝鲜民主主义人民共和国、埃及、赤道几内亚、厄立特里亚、埃塞俄比亚、加蓬、冈比亚、几内亚、印度、印度尼西亚、伊朗伊斯兰共和国、伊拉克、牙买加、约旦、哈萨克斯坦、肯尼亚、科威特、吉尔吉斯斯坦、老挝人民民主共和国、黎巴嫩、利比亚、马达加斯加、马拉维、马来西亚、马尔代夫、马里、毛里塔尼亚、蒙古、莫桑比克、缅甸、纳米比亚、瑙鲁、尼泊尔、尼加拉瓜、尼日尔、尼日利亚、阿曼、巴基斯坦、卡塔尔、俄罗斯联邦、卢旺达、圣基茨和尼维斯、圣卢西亚、圣文森特和格林纳丁斯、塞内加尔、塞尔维亚、新加坡、南非、斯里兰卡、苏丹、苏里南、阿拉伯叙利亚共和国、塔吉克斯坦、泰国、多哥、土库曼斯坦、乌干达、阿拉伯联合酋长国、坦桑尼亚联合共和国、乌兹别克斯坦、委内瑞拉玻利瓦尔共和国、越南、也门、津巴布韦

---

① See UNDL, "Countering the use of information and communications technologies for criminal purposes : draft resolution / Belarus, Cambodia, China, Democratic People's Republic of Korea, Myanmar, Nicaragua, Russian Federation and Venezuela (Bolivarian Republic of)", https:// digitallibrary.un.org/ record/ 3831879?ln=en#record-files-collapse-header, 最后访问日期：2022年1月26日。
② 参见联大"第74/247号"决议，载 https://undocs.org/zh/A/RES/74/247, 最后访问日期：2022年1月26日。

续表

	国　家
反对 （60票）	阿尔巴尼亚、安道尔、澳大利亚、奥地利、比利时、伯利兹、波斯尼亚和黑塞哥维那、保加利亚、佛得角、加拿大、智利、哥伦比亚、克罗地亚、塞浦路斯、捷克共和国、丹麦、多米尼加共和国、爱沙尼亚、芬兰、法国、格鲁吉亚、德国、希腊、洪都拉斯、匈牙利、冰岛、爱尔兰、以色列、意大利、日本、拉脱维亚、列支敦士登、立陶宛、卢森堡、马耳他、马绍尔群岛、密克罗尼西亚联邦、摩纳哥、黑山、荷兰、新西兰、北马其顿、挪威、巴拿马、巴拉圭、波兰、葡萄牙、大韩民国、摩尔多瓦共和国、罗马尼亚、圣马力诺、斯洛伐克、斯洛文尼亚、西班牙、瑞典、瑞士、汤加、乌克兰、大不列颠及北爱尔兰联合王国、美利坚合众国
弃权 （33票）	阿根廷、巴哈马、巴林、孟加拉国、巴巴多斯、多民族玻利维亚国、巴西、哥斯达黎加、科特迪瓦、吉布提、厄瓜多尔、萨尔瓦多、加纳、危地马拉、圭亚那、海地、莱索托①、毛里求斯、墨西哥、摩洛哥、帕劳、巴布亚新几内亚、秘鲁、菲律宾、沙特阿拉伯、所罗门群岛、东帝汶、特立尼达和多巴哥、突尼斯、土耳其、图瓦卢、乌拉圭、赞比亚

2021年5月27日，第75届联合国大会通过了关于启动《联合国打击网络犯罪公约》谈判的决议，确定了谈判的组织机构、时间、地点、参与对象、议事规则等具体内容，这意味着谈判将进入实质性开展阶段。具体而言，这份决议的主要内容包括：一是确认特委会主席团选举结果；二是特委会将自2022年1月起召开至少6次会议，每次10天，其后结束工作以便向第78届联合国大会提交公约草案；三是特委会将在纽约和维也纳轮流举行谈判，在纽约举行最后一次会议通过公约；四是谈判将采用联合国大会议事规则，若在实质问题上无法协商一致，须以2/3以上多数投票决策；五是就观察员参与作出安排，没有经社理事会咨商地位的非政府组织、学界和业界也可以作为观察员参加特委会，授权特委会主席与秘书处编列此类观察员名单。②

如果公约经谈判后最终成功出台，预计将会在四个重要方面发挥协调作用：一是协调定罪，明确各国应当将哪些行为规定为网络犯罪并予以处罚；二是协调管辖权，即对特定类型跨国网络犯罪的管辖权作出原则划分，确立一些缓解管辖

---

① 投票结束后，莱索托代表团通知秘书处，它本打算投赞成票。参见联合国大会第七十四届会议第五十二次全体会议正式记录，载 https://undocs.org/zh/A/RES/74/247，最后访问日期：2022年1月26日。
② 参见叶伟：《〈联合国打击网络犯罪公约〉：进展、前景与展望》，载《北京航空航天大学学报》（社会科学版），2021（5）。

权冲突的指导原则；三是协调国际合作，为打击网络犯罪的跨国执法合作、司法协助、引渡和追回犯罪资产合作提供基本框架；四是协调包括立法和执法措施、预防、国际交流和技术援助等在内的其他事项。这四方面事项互相衔接配合，将共同构成打击跨国网络犯罪的国际规则体系，通过协调各国立法和实践推进国际合作。①

如果这份公约未来能够落地，将会成为联合国主导下的首个网络国际犯罪公约，这也标志着网络空间国际规则制定以及打击网络犯罪的国际合作将迈入全新的发展阶段。然而，从联合国层面推进制定全球性公约的方案，目前看来仍然困难重重，这可以从多个方面进行判断。

其一，各国就是否需要制定全新公约存在严重分歧。这从上述第74届联大并非压倒性通过的"第74/247号"决议中便可见一斑，这足见各国在此问题上的严重分歧。而且从此前的"第73/187号"决议来看，尚有94票支持，但是"第74/247号"决议的赞成票则下降到了79票。一部分发展中国家在投赞成票和弃权票方面表现出了立场的变化，而且不排除未来还会继续摇摆。投反对票的国家则变化不大，主要就是《布达佩斯公约》成员国。这些欧美强国极力主张将《布达佩斯公约》扩展为全球性公约，主张各国只需加入该公约即可，无需制定新的全球性公约。②例如联大在"第74/247号"决议投票之前的解释投票发言环节，除了美国代表Norman-Chalet提出"会员国对起草一项新条约的必要性或价值没有达成共识"而外，芬兰代表Terva也类似地表示：

> 欧洲联盟（欧盟）坚信，在没有广泛共识的情况下启动关于网络犯罪的新国际条约的谈判将会造成深刻分裂。虽然各国一致认为需要加强集体努力，以便建设能力，打击网络犯罪，但在相关论坛进行的讨论表明，许多会员国不支持制订

---

① 张鹏、王渊洁：《积极参与联合国打击网络犯罪公约谈判构建网络空间命运共同体》，载《中国信息安全》，2020（9）。
② 不可否认的是，《布达佩斯公约》虽然从性质上是一部区域性国际公约，但是仍然有很强的影响力。以巴西这个发展中国家阵营中的重要一员为例，其国会已经于2021年12月15日批准该国加入《布达佩斯公约》，这就可以解释其为何会对制定《联合国打击网络犯罪公约》的立场产生变化，于是从联大"第73/187号"决议投票中的赞成票变成了联大"第74/247号"决议投票中的弃权票。

一项新的国际文书。此外，那些要求就一项新条约开展谈判的人似乎未必能就关于这一问题的新条约的法律范围和性质达成一致。在没有共识的情况下启动谈判将会在各国之间造成进一步的两极分化。此外，鉴于在有关网络空间问题上达成国际协议有难度，关于一项新条约的谈判纵然取得成功，也可能会导致标准降低，从而进一步扩大数字和经济鸿沟，阻碍有效合作。①

然而，以我国为代表的国家对此并不能认同。"这就好比一小撮人先为自己量身定制了一套合适的游戏规则，然后，强迫剩余的大部分人也必须遵守这套规则，而不许商量制定新的规则，这显然毫无道理可言。"②我国关于缔结或参加这类公约的底线则是坚持以联合国作为唯一的国际合作平台和主体。③其他支持制定全球性公约的国家坚决反对欧美这种企图垄断打击网络犯罪国际规则的做法，指出《布达佩斯公约》存在固有的政治、法律和技术缺陷，不具备作为所谓"全球性标准"的条件，呼吁在联合国框架下以民主透明和多边参与的方式，谈判制定打击网络犯罪的全球性公约。持不同意见的两个阵营争论多年，联合国也因此长期未能就谈判打击网络犯罪全球性公约采取实质行动。④

其二，各国关于全新公约的具体议题存在较大争议。从联合国层面缔结全球性公约的微观层面的具体改革策略而言，各国分歧较大。尽管关于新公约可能涉及的犯罪的讨论还未展开，但是跨境取证的相关程序问题已经在此前的多次讨论中受到了广泛的关注。在这其中，争议焦点集中在是否允许以刑事司法协助机制以外的方式获取位于境外的电子数据证据，特别是是否允许向网络服务提供者等掌握或控制数据的第三方直接调取证据，期间牵涉的数据主权、数据安全、个人信息保护、企业责任等多个事项也成为制度改革的重点和难点。⑤

---

① 参见联合国大会第七十四届会议第五十二次全体会议正式记录，载 https://undocs.org/zh/A/RES/74/247，最后访问日期：2022年1月26日。
② 张鹏、王渊洁：《积极参与联合国打击网络犯罪公约谈判 构建网络空间命运共同体》，载《中国信息安全》，2020（9）。
③ 于志刚：《缔结和参加网络犯罪国际公约的中国立场》，载《政法论坛》，2015（5）。
④ 参见张鹏、王渊洁：《积极参与联合国打击网络犯罪公约谈判 构建网络空间命运共同体》，载《中国信息安全》，2020（9）。
⑤ 参见黄道丽主编：《网络安全法治研究2020》，278页，武汉，华中科技大学出版社，2020。

其三，各国关于全新公约的议事规则存在不同意见。各方在商定公约谈判安排，特别是议事规则问题上分歧突出，这必将成为未来在制定全新公约的进程中各国博弈的又一个问题。于是可以预见的是，即使不排除《布达佩斯公约》的部分成员国将来赞同全新公约的制定，但是如果发生这样的转变，相应的西方强国也一定会在议事规则的主导权方面进行激烈的争夺。

其四，各国关于网络空间的全球治理存在不同立场。全新公约的案文谈判虽然从表面上看会聚焦于跨境电子取证等相关议题，但是从深层次上讲涉及各国网络治理模式，涉及网络空间主权的国际博弈，事关各国切身利益，预计谈判过程将十分复杂。特别是既有的《布达佩斯公约》的部分成员国势必会对联合国平台的全球性公约的制定持不欢迎甚至反对态度，从而令全新公约的前景蒙上了一道阴影。

（3）《联合国打击网络犯罪公约》的焦点分析：跨境调取数据

《联合国打击网络犯罪公约》的谈判预计将涉及各国关键的多个方面的问题，而跨境电子取证制度的优化必将成为极其重要的议题。由于跨境电子取证又涉及多种不同的形式，因此各种取证方式的选择都会成为未来谈判博弈的关注点。在这其中，在新公约框架下的加速刑事司法协助程序以开展跨境快捷电子取证，预计容易受到各国欢迎，但是跨境电子取证的其他方式则一定会在联合国谈判进程中遭遇不同程度的争议。以一国单边开展的跨境远程电子取证为例，由于以我国和俄罗斯为代表的一些国家一直以来坚决反对欧洲理事会《布达佩斯公约》第32条b款的规定，因此单边开展的跨境远程电子取证的相关条款究竟能够在多大程度上为未来的《联合国打击网络犯罪公约》所采纳，将成为一个未知数。由于这个问题还将在下一章进行详细解析，因此这里不再展开。

至于依托网络服务提供者直接调取存储于境外的电子数据，也一定会成为联合国谈判过程中争议的焦点。本书虽然在第三章详细分析了美国《云法案》的电子数据跨境电子取证的机制和预期影响等问题，但是并没有涉及中国在国际公约层面对此问题的立场和方案方面的分析，因此本部分将在阐述国际发展趋势及各国立场的基础上对我国现有的官方立场进行评析，并提出适度的调整建议。

从2019年3月27—29日于维也纳举办的联合国网络犯罪政府专家组第五次会议来看，我国强调，网络犯罪虽然没有国界，但国家主权有国界。跨国调取电子证据应尊重证据所在地的国家主权，不能仅因国际司法协助和执法合作取证效率低便对其简单予以否定。应当综合考虑和平衡各方面因素，更多通过优化司法协助和执法合作的程序和方式提升取证效率，尊重相关企业和个人的正当权利。①

由此可见，我国官方倾向于优化司法协助和执法合作，对公约层面绕避协助程序而设计跨境调取数据的相关制度态度谨慎。尽管如此，本书认为，我国官方需重视近年来的国际发展潮流，可以考虑适度调整新公约中跨境调取数据制度的立场，理由如下。

其一，跨境调取数据的公私直接合作在效率方面优势明显。

在信息技术特别是云计算技术飞速发展的背景之下，许多网络服务巨头因业务发展需要或各国数据本地化政策等原因，在全球范围内广泛设立数据中心。加强打击网络犯罪的公私合作，强化作为利益相关者的网络服务提供者配合刑事侦查的义务，已成为多数国家的共识。由于传统的刑事司法协助程序已经暴露出来的效率方面的明显劣势，许多国家已经清楚地认识到，绕避协助程序而直接要求网络服务提供者披露存储于境外的数据，将极大提高跨境电子取证的效率。如本书第四章第二节所言，虽然《布达佩斯公约》第二附加议定书这样的国际法文件规定缔约国的侦查机关可以向另一缔约国当局发出请求，并由后者要求其境内的网络服务提供者提供部分类型的数据，抑或可以通过"7 天 24 小时全天候网络平台"（24/7 Network）开展快捷刑事司法协助，但是在实践中毕竟还是存在不少局限性。原因在于，该第二附加议定书确立的这些跨境快捷电子取证机制从本质上讲仍然是建立在传统的司法协助程序的基础之上的，只不过相对而言从取证效率上讲会提升许多。然而较之跨境调取数据的公私直接合作而言，第二附加议定书所设计的快捷程序仍然在效率上有所不及。因此，我国虽然担忧这种取证方式对数据主权和安全可能造成的威胁，但是这一方案所呈现出来的取证方面的效率优势，需要正面看待。

其二，跨境调取数据已经越发成为全球性发展趋势。

从近期来看，在跨境电子取证方式上强化对网络服务提供者的跨境数据披露，已经成为欧美国家极其重要的立法发展动向。这种发展状况及趋势在本书第三章

---

① 参见张鹏、王渊洁：《联合国网络犯罪专家组最新进展》，载《通信安全与通信保密》，2019（5）。

分析的美国《云法案》以及第四章分析的《布达佩斯公约》第二附加议定书、欧盟《电子证据条例（草案）》的相关内容中已经表现得十分明显。由于相关章节已经对此进行了详细介绍和评析，这里不再对其中具体规则的内容进行详细说明。这里主要就《联合国打击网络犯罪公约》所可能涉及的跨境调取数据的规定进行分析。

如上所述，俄罗斯已经于 2017 年向联合国大会提交了《联合国合作打击信息犯罪公约（草案）》。在该草案的第三章"执法"当中，第 25 条第 1 款设计了名为"提供令"（Production Order）的制度：每个缔约国应当采取必要的立法或可能的其他措施，以授权其主管当局指令：（a）其境内的一个自然人提交其所持有或控制的特定计算机数据；（b）其境内的一个网络服务提供者提交其所持有或控制的"用户信息"[①]。[②] 由于本部分只涉及关于网络服务提供者的讨论，因此这里只分析第 25 条第 1 款 b 项的相关问题。

通过对比就可以发现，这份草案第 25 条第 1 款的规定几乎照搬了欧洲理事会制定的《布达佩斯公约》第 18 条规定的"提供令"的规定，而且其中所涉及的"提供令"适用的两种情形的表述也大致相同，只是具体内容有所差异。[③] 通过本书第四章的讨论可以发现，《布达佩斯公约》第 18 条第 1 款 b 项规定的"提供令"实际上是可以由缔约国的侦查机关依托网络服务提供者而跨境调取数据的。

[①] 按照该草案第 25 条第 3 款的规定，"用户信息"（subscriber information）意指，由网络服务提供者所掌握的涉及所服务的用户的"通信技术参数"（Technical parameters of traffic）及内容数据（content data）之外的所有信息，具体而言包括三种类型：（a）用户所使用的信息及通信服务的类型、规定于其中的技术性条款、服务的期限；（b）服务协议或约定中可以获得的用户的身份、邮政或其他地址、电话或其他可联系到的号码（包括 IP 地址、账单或付款信息）；（c）服务协议或约定中可以获得的安装信息及电信设备的站点上的其他所有信息。第一章第六节提到，《布达佩斯公约》第 18 条规定的"提供令"所适用的"用户信息"也分为三种类型，对比之后就可以发现，此处草案中"提供令"所指向的"用户信息"与其完全一致。

[②] 《联合国合作打击信息犯罪公约（草案）》第 25 条的"提供令"针对两种情形是：(a) a person in its territory to submit specified computer data in that person's possession or control; (b) a service provider offering its services in its territory to submit subscriber information in that service provider's possession or control.

[③] 《布达佩斯公约》第 18 条规定的"提供令"针对两种情形是：(a) a person in its territory to submit specified computer data in that person's possession or control, which is stored in a computer system or a computer-data storage medium; (b) a service provider offering its services in the territory of the Party to submit subscriber information relating to such services in that service provider's possession or control.

由于该规定在强制执行效力上较弱，这才有了《布达佩斯公约》第二附加议定书于 2021 年的正式出台。换言之，俄罗斯提交讨论的《联合国合作打击信息犯罪公约（草案）》实际上是认可一部分电子数据的跨境调取的，只不过将数据的类型限制在了"用户数据"。

由此可见，除了《布达佩斯公约》的缔约国认同可以适用于跨境调取数据的"提供令"制度外，与我国一同推动制定《联合国打击网络犯罪公约》的俄罗斯也是认可"提供令"制度在一定程度上的跨境适用。除此之外，值得一提的另外一个国家——同样是发展中国家阵营中重要一员的巴西。该国近期也通过了直接调取境外电子数据相关立法。① 而且非常值得注意的是，上文已经提到，巴西国会于 2021 年 12 月 15 日批准该国加入《布达佩斯公约》，这意味着该国也是认可在该国际公约的框架下"提供令"的跨境适用的。

其三，跨境调取数据并不必然影响国家数据主权维护。

虽然以中国为代表的国家主张国家对网络空间中的数据也拥有主权，但是一些国家对此持否定态度。但是近年来的发展趋势表明，从网络服务提供者所占有或掌握的数据来看，各国基本接受"用户数据"（subscriber data）、"内容数据"（content data）和"通信数据"（traffic data）的电子证据分类。② 例如，从第四章第二节已经得到详细分析的《布达佩斯公约》以及第二附加议定书所设计的跨境数据披露制度来看，其中便依据"域名注册信息""用户数据""通信数据""计算机存储的数据"的数据分类进行了精细的跨境取证程序区分。再从上述由俄罗斯提交的《联合国合作打击信息犯罪公约（草案）》的规则设计来看，实际上对网络服务提供者占有或掌握的数据，也是进行了这样的类型划分。于是，根据数据的分类，不同的数据与国家数据主权的关系就可能展现出不同的面相。例如，尼日利亚认为，并非所有直接跨国调取电子数据的行为都会侵犯国家主权，例如直接调取"用户数据"即不存在该问题。③ 而从《布达佩斯公约》的缔约国来看，既然都认可其中第 18 条第 1 款 b 项所规定的适用于"用户数据"的"提供令"制度，

---

① 参见张鹏、王渊洁：《联合国网络犯罪专家组最新进展》，载《通信安全与通信保密》，2019（5）。
② 参见张鹏、王渊洁：《联合国网络犯罪专家组最新进展》，载《通信安全与通信保密》，2019（5）。
③ 参见张鹏、王渊洁：《联合国网络犯罪专家组最新进展》，载《通信安全与通信保密》，2019（5）。

自然也就不可能对这类数据提出强烈的主权主张了。

对此，我国也有研究者结合美国的经验提出建议：向企业调取数据时，一方面需要考虑数据隐私性的强弱和用户对数据是否存在"隐私的合理预期"；另一方面，法律应当对调取数据的情形加以区分。① 这样的建议不仅对完善我国境内的数据调取制度具有重要的意义，同时也有助于消解跨境数据调取目前面临的困境。具体而言，我国法律如果授权侦查机关向第三方平台调取其所掌握的存储于境外的诸如"用户数据"这样的非内容数据，不仅可以降低相关公司的跨境业务合规压力，而且也会对他国数据主权与安全构成尽可能小的冲击，因而更有可能得到各方接受。

对于第三方平台的内容数据，未来不宜明确授权侦查机关跨境调取，但是可以考虑设置一定的例外情形。例如，针对一些国家采用数据控制者模式，可能强制第三方平台提供存储于我国境内的数据。对于这种侵犯我国数据主权的情况，我国可以采取国际法上的对等原则予以反制。② 当然，作为一种制度性的例外，进行反制目的并不是丰富跨境刑事电子取证的渠道，而是在制度层面构成对他国数据长臂管辖的有效制衡。由于这个问题已经超越了刑事司法协助的制度分析框架，这里不再展开，而是在本书第七章继续进行分析。

实际上，我国的法律也出现了关于数据分类的明确表述。例如，根据2021年施行的《数据安全法》第21条的规定，国家建立数据分类分级保护制度，加强对重要数据的保护。对国家核心数据，则实行更为严格的保护。换言之，国家对数据的保护也是建立在数据的不同类型之上的，这种思路也可以适用于我国参与推动的《联合国打击网络犯罪公约》的程序制度设计，从而对诸如"提供令"这样的条款进行具体考虑的时候予以参考。当然，需要注意的是，我国《数据安全法》规定的对数据的分类分级保护制度实际上并不是一种非常精细化的制度设计。具体到网络服务提供者所掌握的数据而言，我国现行的包括刑事程序法律在内的相关规定实际上还不存在对于"用户数据""内容数据"和"通信数据"的

---

① 参见吴慧敏：《美国数据分类调取制度述要及启示》，载《中国刑警学院学报》，2020（6）。
② 参见梁坤：《基于数据主权的国家刑事取证管辖模式》，载《法学研究》，2020（2）。

明确划分。因此，在新的国际公约未来很有可能设计跨境调取数据制度的背景下，我国也需要认识到，不同的数据类型与国家所主张的数据主权之间存在着不同程度的强弱联系。对网络服务提供者所掌握的存储于境内的所有数据都主张十分刚性的主权，既不必要，而且在数据出境管制的制度实践中也不太可行。

综上，在《联合国打击网络犯罪公约》的制定过程中，是否允许缔约国侦查机关依托其境内抑或另一缔约国境内的网络服务提供者快捷调取电子数据，势必成为各国博弈的一个焦点问题。但是考虑到这种跨境电子取证机制确实在效率方面相较传统机制而言具有明显的优势，而且很大程度上也确实代表了跨境电子取证在全球范围内的重要发展趋势，因此本书建议，我国官方可以重新认识并审慎评估在一定程度上接受在全新的国际公约中设置这种跨境电子取证机制的可能性和可行性。这对于在联合国平台尽可能求同存异地达成新的国际公约而言具有极其重要的意义。考虑到网络服务提供者所掌握的"用户数据""内容数据"和"通信数据"的区分已经在很大程度上成为国际共识，而且无论是《布达佩斯公约》以及该公约的第二附加议定书，还是俄罗斯提交的《联合国合作打击信息犯罪公约（草案）》均认可依托网络服务提供者发布的跨境数据"提供令"需要区分数据类型而实施，因此我国未来在谈判过程中如果接受"提供令"，也并不意味着将这种跨境电子取证机制适用于网络服务提供者所掌握的所有类型的数据。因此，我国可以在数据主权的界定方面也进行精细化的数据类型化设定，从而尽可能满足新公约谈判的需要，从而尽可能促成新公约的诞生。

（4）刑事司法协助背景下的数据主权与安全保障

无论双边还是多边渠道下，对于电子取证的刑事司法协助，从本质上讲都可以视为相关国家为了优化协助程序而共同进行的主权让渡，也即根据本书第一章所谓的"程序主义数据主权"的理念而作出的制度安排。尽管如此，国家间快捷刑事司法协助渠道的打通，并不意味着数据主权与安全方面的纷争就得到了一劳永逸式的解决，仍然有必要采取一定的程序机制以确保相关国家的数据主权与安全得到尊重和保障。

之所以提出这样的主张，原因在于，国家间即使在双边或多边渠道下搭建了快捷刑事司法协助程序，仍然可能面对多种复杂的数据主权与安全方面的风险，因而导致跨境电子取证程序的运行出现障碍。例如，在一国向另一国发出电子取证的协助请求后，后者就可能基于这样的原因而予以拒绝。在一国向己方境内或他国境内的网络服务提供者发出跨境数据调取指令后，后者也可能基于相关国家法律关于数据主权维护和数据安全保障方面的出境禁令而导致无法执行相应的程序。本书将在第七章从长臂执法的角度对数据出境相关的法律禁令进行探讨，但是并不涉及双边和多边刑事司法协助框架下对这个问题的分析。这里参考《布达佩斯公约》及其第二附加议定书、俄罗斯向联合国提交的《联合国合作打击信息犯罪公约（草案）》，重点从通过多边刑事司法协助进行跨境快捷电子取证的角度，总结保障数据主权与安全而需要考虑的程序要素，以期为未来联合国框架下新公约的程序细化设计提供学理参考。

其一，数据分类分级保护。如上述所，"用户数据""内容数据"和"通信数据"等数据类型的区分已经在国际上达成共识。为此，中国官方在未来提出或讨论《联合国打击网络犯罪公约》具体方案设计及条款安排的时候，需要着力推动新公约对数据的分类分级保护，从而在程序设计过程中针对不同类型的数据建构"提供令"以及快捷协助调取等不同的跨境快捷电子取证程序。

其二，程序选择权。新公约在可能的情况下应规定丰富的跨境快捷电子取证程序方案，从而为成员国的取证活动提供更多的选择。这个思路不仅有利于成员国的跨境电子取证程序以灵活方式顺利开展，而且更重要的是可以体现对成员国程序选择权的充分重视和尊重。例如，如果一些国家担忧以"提供令"为代表的跨境快捷电子取证程序对其国内数据主权与安全的侵犯，其不仅可以主张法律保留，而且应有权指令其在境外或国内运营的网络服务提供者，在向他国主管机关披露数据前，必须得到该国主管机关的批准，以满足数据出境的相关法律法规的要求。

其三，国内法的尊重。新公约的制定需要充分考虑为数众多的成员国国内法律程序的特殊规定，这对吸引成员加入而言具有重要的意义。例如，一些国家国内的法律程序要求，对特定类型的数据的调取需要由检察官或法官等主体签发相关的指令，抑或需要满足程序启动的相关法定证明标准。因此，新公约的制定需要充分注意成员国法律程序的多样性，允许成员国对他国通过"提供令"或快捷协助方式进行跨境电子取证时，要求后者通过提供案件支撑信息或特定证据等方式满足前者国内法的程序要求,① 从而切实保障相应国家对包括重要个人信息等特定类型数据的利益。

其四,协助程序中的安全保障和真实性要求。新公约应当搭建连接各国所指定的主管部门或联络机构的加密通信平台,从而保障协助程序的运行安全。除此之外,新公约还应当具体规定,电子化的协助请求与回复方式需要满足哪些方面的真实性要求,以便成员国能够在充分保障数据跨境安全传输的前提下执行相应的协助程序。

其五,数据安全出境审查。尽管制定新公约最主要的目的是加速协助程序,但是也应当充分尊重各成员国基于数据安全保障而设计的数据出境审查方面的法律规定。为此,新公约中协助程序的执行也应当充分考虑并给予成员国以合理的时间以开展数据安全出境审查工作。

其六,法律保留。基于数据的分类分级保护思路,新公约应当允许成员国对特定类型的数据或对相应数据的跨境收集方式所适用的程序条款提出法律保留,以此充分尊重成员国的程序选择权。特别是对于各成员国基于自身利益而主张的与其数据主权与安全密切相关的数据类型而言,更应当强调法律保留条款的存在。

2. 区际刑事司法互助渠道

从区际刑事司法互助渠道来看,值得注意的是,大陆侦查机关与港澳台地区也保持着较为密切的协助关系。这种传统的刑事司法互助程序以地域管辖为依据划分侦查权适用的范围,建立在相互尊重、互利合作的基础之上,仍应当是未来包括电子取证在内的跨境刑事证据收集制度运行的基本方案。

---

① 我国于2018年施行的《国际刑事司法协助法》已经注意到了这个问题,并体现出了相应的思路。该法第39条规定:"办案机关需要外国协助查封、扣押、冻结涉案财物的,应当制作刑事司法协助请求书并附相关材料,经所属主管机关审核同意后,由对外联系机关及时向外国提出请求。外国对于协助执行中华人民共和国查封、扣押、冻结涉案财物的请求有特殊要求的,在不违反中华人民共和国法律的基本原则的情况下,可以同意。需要由司法机关作出决定的,由人民法院作出。"如此规定原因在于,基于权力控制和权利保障的理念,许多国家的刑事程序法均建立了司法审查制度来对"查扣冻"措施的适用加以控制,也即通常需要由中立的法官来进行事先的令状授权。为此,我国的刑事司法程序中令人瞩目地第一次出现了人民法院与侦查程序或监察程序的直接关联,这与常规刑事程序中人民法院只能在审判阶段对相关侦查或调查措施进行事后审查形成了鲜明的对照。这实际上体现的就是开展刑事司法协助过程中对其他国家国内法规定的尊重。参见梁坤:《〈国际刑事司法协助法〉第39条中人民法院的角色定位》,载《人民法院报》,2019年1月3日,第6版。

以大陆和台湾地区的合作为例，海峡两岸关系协会与台湾海峡交流基金会于 1999 年在南京签署的《海峡两岸共同打击犯罪及司法互助协议》（以下简称《协议》创立了一种类似于"欧洲调查令"的制度。具体而言，该《协议》第 13 条规定，"双方同意以书面形式提出协助请求。但紧急情况下，经受请求方同意，得以其他形式提出，并于 10 日内以书面确认。请求书应包含以下内容：请求部门、请求目的、事项说明、案情摘要及执行请求所需其他资料等。如因请求书内容欠缺致无法执行请求，可要求请求方补充资料。"按照此特别程序，双方便可以采用较为快捷的程序执行《协议》第 8 条所规定的"调查取证"。不过，这一创设于 20 世纪末的两岸司法互助特别程序与"欧洲调查令"的调查取证范围类似，显然也是适用于所有种类的刑事证据的收集，而不涉及更为快捷的跨境电子取证的特别考量。

2010 年 1 月，公安部刑事侦查局与台湾地区刑事警察局建立了打击电信诈骗直接联络窗口。2011 年 3 月，公安部刑事侦查局与台湾警方共同推出了"两岸警方共同赴第三地联手开展打击行动"的新型合作模式。这些成绩都有助于提升合作打击跨境电信诈骗犯罪的能力和质量。[①] 不过，为了适应两岸共同打击犯罪特别是快捷电子取证的需要，在进一步优化合作渠道及程序方面仍有很大的空间。

对此，有学者提出，应当进一步简化《协议》中的协助环节和协助方式，[②] 省却程序上的繁文缛节。这样的观点应当得到充分重视，对跨境电子取证而言意义尤其重大，其与国际上刑事司法协助程序在此方面的发展方向是不谋而合的。

为此，我国在未来完善区际刑事司法互助程序并着眼于提升跨域电子取证的效率方面，可以以正在推动缔结的《联合国打击网络犯罪公约》中的跨境快捷电子取证制度为参照。但是在具体的制度设计方面，由于区际刑事司法协助程序并不涉及国家层面可能出现的数据主权和安全方面的争议，因此在跨境电子取证的方式方法上可以更加灵活地进行安排。当然，由于我国实行"一国两制"制度，大陆和特别行政区的刑事侦查和司法机关在开展刑事司法互助工作进行跨域电子

---

① 参见王胜：《电信诈骗犯罪侦防对策研究——以我国台湾地区电信诈骗分子为视角》，载许昆主编：《公安刑事执法改革与打击犯罪新机制发展报告》，142 页，北京，中国人民公安大学出版社，2016。
② 马顺成：《海峡两岸刑事调查取证协助机制探讨——〈海峡两岸共同打击犯罪及司法互助协议〉为场域》，载《净月学刊》，2015（4）。

取证的时候，也需要充分尊重并遵循对方的程序法规定。

（二）完善电子取证司法协助程序相关的证据能力规则

如前所述，对于通过司法协助程序获取的电子数据，相关办案文件在规范证据审查的时候非常侧重于鉴真，也即重点审查的是电子数据及其存储介质的真实性。对于电子数据的关联性，由于无论是境内取证还是跨境取证，在这个问题上都没有明显的差异，于是这里也不展开分析。据此，完善电子取证司法协助程序的相关证据能力规则，需要从合法性审查层面加强。实际上，近期的一些办案文件已经开始强调要审查包括电子数据在内的跨境收集的证据。

例如，最高人民检察院在2018年发布的《检察机关办理电信网络诈骗案件指引》，"境外证据的审查"一节的第一部分即"证据来源合法性的审查"中要求，对于通过外交文件、司法协助和警务合作渠道获取的境外证据，要重视审查"证据来源是否是通过上述途径收集，审查报批、审批手续是否完备，程序是否合法；证据材料移交过程是否合法，手续是否齐全，确保境外证据的来源合法性。"

又如，最高人民法院于2021年发布的《人民检察院办理网络犯罪案件规定》第59条规定："人民检察院对境外收集的证据，应当审查证据来源是否合法、手续是否齐备以及证据的移交、保管、转换等程序是否连续、规范。"

再如，2021修订施行的《最高人民法院关于适用〈中华人民共和国刑事诉讼法〉的解释》第77条也指明，经人民法院审查，除了特定例外情况，"相关证据材料能够证明案件事实且符合刑事诉讼法规定的，可以作为证据使用"。这也可以理解为对境外证据的合法性审查的规定。

此外，最高人民检察院于2020年发布的第18批指导性案例即"张凯闵等52人电信网络诈骗案"，在"裁判要旨"中除了上文所强调的对境外取得的电子数据的鉴真审查外，也明确提出了"对境外实施犯罪的证据应着重审查合法性"。而且需要注意的是，"裁判要旨"将合法性审查置于真实性审查之前，可见检察机关已经在一定程度上改变了过去过于重视审查境外证据真实性的做法，转而更为强调合法性审查。

整体而言，我国当前立法愈加重视境外取证的合法性问题。虽然对证据合法性问题也有一定争议，但较之对真实性的关注，重视合法性已有重要进步。[①] 这里需要注意的是，上述合法性审查规则在很大程度上忽略了一个重要的问题，那就是对于通过刑事司法协助程序获取的境外电子数据的合法性审查，显然需要依据我国的证据规则开展相应工作。然而问题在于，提供协作的外国执法部门在进行电子取证过程中不可能完全依据我国法律法规，而在很大程度上是遵循其国内法的规定。因此，我国未来完善电子取证司法协助程序相关的证据能力规则时，除了要强调进行合法性审查而外，还需要对外国与我国的相关刑事程序法律制度不一致的情况进行关照。

对此，两高与公安部于 2021 年联合发布的《关于办理电信网络诈骗等刑事案件适用法律若干问题的意见（二）》第 14 条实际上做了一定的变通："通过国（区）际警务合作收集或者境外警方移交的境外证据材料，确因客观条件限制，境外警方未提供相关证据的发现、收集、保管、移交情况等材料的，公安机关应当对上述证据材料的来源、移交过程以及种类、数量、特征等作出书面说明，由两名以上侦查人员签名并加盖公安机关印章。经审核能够证明案件事实的，可以作为证据使用。"这里便反映出近年来刑事司法协助收集包括电子数据在内的证据的一个较为普遍的情况，即境外警方在收集保管证据的过程中无法满足我国的刑事程序中的合法性要求。如果严格按照我国法律进行审查，那么大量证据可能存在成为瑕疵证据甚至非法证据的风险。然而，如果过度降低跨境取证的程序合法性要求，这对程序运行的正当性又将提出严峻的挑战。因此，上述规定可以说是结合了跨境取证实际情况而做的合理的变通，尽可能在这两个极端之间实现一定程度的平衡。

在此基础上，关于电子取证的刑事司法协助程序相关的证据能力规则的持续完善，实际上也还有进一步细化发展的空间。例如，在外国法与中国法的规定不一致且协助程序的运行出现明显差异的情况下，我国现有的刑事证据禁止使用的规则以及非法证据排除规则是否需要抑或应当针对境外取证的电子数据严格执行，以及诸多瑕疵电子数据如何在跨境取证的话语体系下进行有效的补正和解释，还需要持续关注。

[①] 冯俊伟：《境外电子数据的取得与运用——基于第 67 号检察指导性案例的展开》，载《国家检察官学院学报》，2021（4）。

第六章
单边跨境远程电子取证制度

正如前文所言，各国侦查机关在电子数据的收集过程中均面临一个同样的难题，那就是这类证据实际存储于境外。由于刑事侦查长久以来被定性为国家权力的重要组成部分，因此原则上只能限于在一国国境之内开展活动。如果需要收集存储于境外的刑事证据，按照传统的机制只能通过司法协助在双边或多边框架下向他国主管部门发送相应的请求。但是，在如今的网络时代，这显然不是一个最佳的方案。司法协助请求要么得不到及时回应，要么则程序复杂且耗时过长，与追求快捷、高效的电子取证理念格格不入。在此背景下，脱离司法协助框架而直接以跨境远程方式收集电子数据的需求越发旺盛。

那么，如何从侦查程序规范甚至国际法层面看待这种取证活动？2001年，欧洲理事会制定的《布达佩斯公约》对此有所规范，虽然该公约至今仍是这一领域最为主要的区域性国际规则但是，《布达佩斯公约》相关条文不仅表述模糊，而且对跨境远程搜查等措施予以忽略，这些因素都导致其早已不适应时代发展的需求。而从中国的规范层面来看，虽然相关司法解释和部门规章对跨境电子取证的某些远程侦查措施进行了规定，但是由于规则建构的理念不清和对侦查措施的选择性规范，导致实务中实际采取的措施表现出多方面的乱象。此外，由于现行国内法规则与国际法原则在一定程度上脱节，这不仅导致中国在这一领域大量的侦查实务在一定历史时期忽略了应有的程序保障和权力控制，而且实际也存在着潜在但重大的国际法风险，甚至不排除在个案中引发国际争端的可能。

对照跨境远程电子取证在实践中的广泛运用，我国刑事诉讼法、侦查学界对这个问题的学理关注虽然在近年来已经启动，但是明显不足。例如，有学者侧重从司法协助的角度对域外取得的刑事证据的可采性展开了深度分析，① 抑或从整体层面分析了跨境电子取证制度的发展，② 但是并没有对绕开司法协助而单边开展的跨境远程电子取证的问题展开具体而深入的探讨。一些文献对规范和实践层

---

① 冯俊伟：《域外取得的刑事证据之可采性》，载《中国法学》，2015（4）；王青、李建明：《国际侦查合作背景下的境外取证与证据的可采性》，载《江苏社会科学》，2017（4）。
② 冯俊伟：《跨境电子取证制度的发展与反思》，载《法学杂志》，2019（6）。

面的诸多远程电子取证措施进行了学理研究，要么是只关注了国内相关制度而缺乏跨境层面的比较分析，[①]要么则是在进行比较分析的时候又忽视了跨境远程取证的相应措施；[②]一些研究从技术层面注意到了电子取证所具有的跨区域特征，[③]但在法理方面进行的深刻提炼和反思又十分欠缺。

与此相对的是，跨境远程电子取证的议题从20世纪90年代中期开始便已经在域外受到关注，近期随着这一领域侦查及司法制度改革的助推，已经成为学界聚焦的热点问题。从具体的研究来看，相关文献中所谓的"跨境访问"（transborder access）就可以用来指代这种由某国单方开展的跨境远程提取电子数据的措施。不过，由于这一术语本身并不十分明确。因此学术研究中关于这类取证措施的称谓还表现出多种样态，例如："直接跨境提取数据的执法活动"（direct law enforcement access to extra-territorial data）、"远程搜查与扣押"（remote search and seizure）、"直接侵入"（direct penitration）等。国外的相关制度和学理的发展，非常值得我国关注。

本章首先对域外规则和中国现有规范从历史发展、主要内容及内在法理等多个角度进行综合比较，在此基础上结合国际层面的最新发展动态对中国跨境远程电子取证制度的未来发展提出具体建议。

第一节　历史维度下的域外规则及法理解析

跨境远程电子取证制度首先是在西方国家发展起来的，经过谨慎的探索之后，逐步成为区域性的国际规则。本节首先对跨境电子取证制度在域外的发展脉络进行梳理，并在此基础上解析其内在的法理，以此作为本章的学理参照。

---

① 刘品新主编：《电子取证的法律规制》，第二、三、五、六章，北京，中国法制出版社，2010。
② 皮勇：《〈布达佩斯公约〉中的证据调查制度与中国相关刑事程序法比较》，载《中国法学》，2003（4）。
③ 许兰川等：《云计算环境下的电子取证：挑战及对策》，载《刑事技术》，2017（2）。

一、域外规则的发展历史与当前的内容缺陷

(一)《莫斯科公报》的铺垫

电子数据能够非常方便地以跨越国境的方式存储,这几乎是互联网于20世纪90年代初期连通全球时同步产生的一个现象。也正是从这个时期开始,在意识到传统的刑事司法协助机制难以适应网络时代跨境电子取证需求的背景之下,西方发达国家开始集体关注以最快捷的方式也即通过实时远程途径收集境外电子数据的议题。

在此过程中,八大工业国家高峰会(简称"G-8"峰会)对这一领域共识的阶段性达成起到了重要的推动作用。1999年10月,"G-8"莫斯科峰会发布《G-8国家打击跨国有组织犯罪部长会议公报》(Ministerial Conference of the G-8 Countries on Combating Transnational Organized Crime COMMUNIQUE,以下简称《莫斯科公报》),其中"附件1"第6点中令人瞩目地提出,成员国在符合其国内法的情况下基于以下目的开展的活动无需获得另一国的授权:"(1)收集公众可以获得的数据(公开资料),而不论相应的数据位于何处;(2)提取、搜查、复制、扣押存储在另一方境内的计算机系统中的数据,前提是相应的行为获得了拥有法定权限而向取证方披露数据的主体(person)的合法且自愿的同意。"[1]

《莫斯科公报》提出的方案为后续的区域性国际法框架的形成奠定了基础,具有重要的历史意义。但是,由于其本身并无约束力,因此真正意义上的跨境电子取证的国际法规范在当时仍处于空白状态。就此背景之下,正如本书第一章所提到的公开资料所显示的那样,美国FBI于2000年在个案中以远程方式搜查了位于俄罗斯境内的嫌疑人的计算机系统,引发两国外交争端。[2] 刑事诉讼中跨境远程电子取证在规则层面的缺失随着此案的助推一度得到热烈讨论,对这种跨境电子取证活动进行法律规制的呼声在国际上也愈发强烈。

---

[1] Ministerial Conference of the G-8 Countrieson Combating Transnational Organized Crime(Moscow, October 19-20, 1999): COMMUNIQUE, G7 Information Centre(09February2007), http://www.g8.utoronto.ca/adhoc/crime99.htm, 最后访问日期:2022年2月23日。

[2] Russell G. Smith, Peter Grabosky, Gregor Urbas, Cyber Criminals on Trial, Cambridge: Cambridge University Press, 2004, p.58.

（二）比利时修法及《布达佩斯公约》的规则创制

在国际规范缺失的背景之下，比利时于 2000 年颁布《计算机犯罪法》（*Computer Crime Act*），在《刑事诉讼法》中增加了第 88 条之三（Art. 88ter），在全球范围内率先针对跨越国境的"计算机和网络搜查"进行了规定。具体而言，侦查法官（investigating judge）可以在特定情形下授权搜查计算机系统，而且这种搜查行为在符合法定情形时还可以延伸到与令状所注明的系统相连接的其他系统。如果搜查中发现相应的数据并不位于比利时境内，那么只能采取"复制"（copy）措施。同时，侦查法官应当立即通知司法部长，并由后者及时对相关国家予以告知。然而，比利时的修法在这一时期并没有引发西方各国跟风效仿，围绕国家主权、隐私权的担忧更多的是促使各国采取了一种谨慎观望的态度。

比利时修法没有引发其他国家跟进，还有一个更为重要的原因在于，欧洲理事会从 20 世纪 90 年代中期开始，已经在着手制定包括跨境远程电子取证在内的刑事程序规则。1997 年 2 月，欧洲理事会设立"布达佩斯公约委员会"（Cybercrime Convention Committee），其主要工作之一便是着手起草在其缔约国范围内打击网络犯罪的公约文件，而跨境电子取证正是其中重要的议题。2001 年 11 月 8 日，《布达佩斯公约》及具有法律解释意义的《布达佩斯公约解释报告》（下文简称《公约解释报告》）在经过各国多轮激烈争论之后终于获得通过。

《布达佩斯公约》通过第 32 条 a、b 两款，对缔约国无需通过司法协助而单边开展的跨境远程电子取证的程序作出了与上述《莫斯科公报》"附件 1"中两种情形大同小异[①]的规定："缔约方可不经另一方的授权许可：a. 收集公众可以获得的存储于计算机中的数据（公开资料），而不论该数据位于何处；b. 通过其境内的计算机系统提取、接收存储在另一方境内的计算机系统中的数据，前提是相应的行为获得了拥有法定权限而通过计算机系统向取证方披露数据的个人的合法且自愿的同意。"据此，刑事诉讼中跨境远程电子取证的区域性国际规则首次形成。在此基础上，许多缔约国根据《布达佩斯公约》的规定，陆续将其转化为国内法加以遵循。

---

① 关于两者之间不同点的深度分析，将在后文展开。

（三）现行域外规则内容存在的主要问题

1.《布达佩斯公约》第 32 条术语不清可能导致适用混乱

《布达佩斯公约》第 32 条存在的第一个问题便是具体适用时的解释。例如，有学者曾一度将第 32 条 b 款解释为"远程搜查和扣押"①，这显然与《布达佩斯公约》的文字表述相去甚远。此外，上述条文中所谓的"法定权限""合法且自愿的同意"均引发了理解上的不一致，一些缔约国必然会按照自己所认为合法的方式开展工作。

在此背景之下，《布达佩斯公约委员会关于跨境收集数据的指引注释（第 32 条）》[T-CY Guidance Note # 3 Transborder access to data(Article 32)，下文简称《公约第 32 条指引注释》]于 2014 年正式发布。这份具有法律解释性质的文件对长久以来认识不清的许多问题进行了阐释。例如，32 条 a 款中所谓的"公众可以获得的（公开资料）"包括公众通过订阅或注册而可以获得的资料；如果相应的网络内容或服务并未向公众开放，则不属于该条款所授权的范围。此外，这份文件还对"跨境""同意"等重要的术语的含义进行了说明。②

尽管如此，关于相关措词的理解仍然存在一定的分歧。例如，缔约国的侦查机关如果持法院签发的搜查令来到某外国公司在其境内的分支机构，要求其签署同意意见书后直接开展远程搜查，是否符合《布达佩斯公约》32b 条 b 款的旨意，由于缺乏权威解释，仍然不好判断。其中的根本性的问题在于，到底如何对 32b 条 b 款所谓的能够进行"合法且自愿的同意"的"个人"（person）进行理解？具体而言，"个人"必须是将数据上传至云端的用户吗？或者可以是代用户处理数据的云服务提供者（及其工作人员）？在云环境中，云服务用户当然有这种权限，而云服务提供者也可能有这类合法权限，实际上它们常常通过与用户订立的格式服务合同而获得这种权限。③

针对诸如此类的疑问，《公约解释报告》第 294 段指出："谁是可以'给予

---

① Ian Walden, *Computer Crimes and Digital Investigations*, Oxford: Oxford University Press, 2007, p.319.
② See Cybercrime Convention Committee(T-CY),T-CY Guidance Note # 3 Transborder access to data (Article 32), https://rm.coe.int/16802e726a，最后访问日期：2018 年 11 月 3 日。为行文方便，下文关于《公约第 32 条指引注释》相关内容的介绍，不再重复引注。
③ [英]克里斯托弗·米勒德编著：《云计算法律》，陈媛媛译，428 页，北京，法律出版社，2019。

合法授权'以披露数据的'个人',根据具体情况、'个人及适用的法律'的性质而产生变化。"其进一步举例说明,"某个人的电子邮件可能由一个网络服务提供者存储于另一国家境内,抑或有人可能是有意地将数据存储在另一国家。这些人可能需要取回相应的数据,而且考虑到他们自身拥有合法权限,于是可能自愿地向执法人员披露数据,抑或允许这些执法人员访问相应的数据。"①从这个解释来看,似乎可以推之《布达佩斯公约》第32条b款所谓的"个人"应该就是云服务提供者的用户。而且,从《布达佩斯公约》的内容体系及后续的第二附加议定书的内容来看,也不应包括网络服务提供者。原因在于,其一,《布达佩斯公约》第18条"1b"部分规定的"提供令"制度本身是可以跨境适用的,如果将第32条b款所谓的"个人"扩大解释为包括网络服务提供者,则两个条款的内容就会出现实质性的重复。其二,从上文所及的《布达佩斯公约》第二附加议定书的核心内容来看,实际上就是要强化对云服务提供者的跨境数据披露义务。因此,如果能够将《布达佩斯公约》第32条b款所谓的"个人"扩大解释为网络服务提供者,那么《布达佩斯公约》第二附加议定书实际上在很大程度上就没有制定的必要了。

然而,《公约解释报告》一方面举例说明这是典型情况下的"个人",同时又指出"个人"可能产生变化,这导致其从文义解释来说似乎也没有排除云服务用户之外的其他"个人",甚至没有明确将云服务提供者中作为其工作人员的"个人"排除在外。于是,缔约国侦查机关在实践中适用《布达佩斯公约》32b条b款时仍然有可能出现对"个人"范围的扩大理解,从而导致该条款在适用中可能在一定程度上泛化。

又如,《布达佩斯公约》并未定义"计算机数据"的范围,因此有研究者担忧,这样一来涉及一国国家安全、军事利益的数据也可能被包含在内,无形中是对网络间谍行为大开绿灯。再如,为表面上满足公约所规定的"合法而自愿的同意"的条件,不能排除一些缔约国会对数据权利人采取贿赂、威胁、欺骗等非法手段。②

---

① See Explanatory Report of Convention on Cybercrime, Paragraph 294, https://rm.coe.int/16800cce5b,最后访问日期:2021年12月20日。
② 胡健生、黄志雄:《打击网络犯罪国际法机制的困境与前景——以欧洲委员会〈公约〉为视角》,载《国际法研究》,2016(6)。

总之，虽然经过"布达佩斯公约委员会"的解释，但是对相关术语的理解仍然存在的不同认识，这必然导致规则条款的适用效果大打折扣。

2. 现有规则体系之外存在严重法律空白

除了《布达佩斯公约》第 32 条规定的上述两种情形外，缔约国是否还能够通过其他方式直接开展跨境远程电子取证，至今没有明确的答案。根据《布达佩斯公约》第 39 条第 3 段的规定，① 对于其他类型的跨境远程电子取证的情形，实际上既未进行合法性授权，也未进行明确的排斥。② 可以说，这反映了缔约国在这个敏感问题上能够接受的统一立场。然而这样一来，包括"远程搜查"（remote search）在内的其他未得到规范的措施就会继续处于法律上的真空地带。例如，在本书第一章提到"俄罗斯黑客案"中，美国 FBI 的探员秘密获取嫌疑人的账号密码后，远程登录俄罗斯境内的计算机系统并提取到电子数据，这种跨境远程搜查从严格意义上讲至今都没有明确、具体的国际法规则加以调整。

根据法理，在没有规则的情况下只能依惯例或原则。正如下文还将深度分析的那样，一国侦查机关在未经他国许可的情况下，通常是不能将国内法单向延伸进行域外适用，从而"进入"他国领土开展侦查活动的。因此可以认为，在无明确的国际法规定的情况下，跨境远程搜查实际上并不为国际法原则所容许，国际社会目前也普遍不承认这类跨境远程取证措施。而对于数据存储地不明确的远程搜查，目前同样面临这个问题。例如，基于"暗网"（dark web）多重加密等技术手段的限制，服务器所在地通常并不明确，因此以美国 FBI 为代表的侦查机关近年来使用黑客软件对"暗网"空间进行的远程搜查实质上很可能越境开展，关于这种特殊的搜查行为的合法性不仅引发了理论界激烈的争议，而且许多国家也越发表现出对这种做法可能侵犯自身国家主权的担忧。

在此背景下，《布达佩斯公约》已经遭遇严重的发展瓶颈。布达佩斯公约委员会在 2014 年发布的报告中也承认，规范跨境电子取证的工作已经很难继续推

---

① "本《公约》中规定的内容并不对（未涉及的）缔约国的其他权利、限制条件、义务及责任产生影响"（Nothing in this Convention shall affect other rights, restrictions, obligations and responsibilities of a Party）。
② Explanatory Report of Convention on Cybercrime, Paragraph 293, https://rm.coe.int/16800cce5b, 最后访问日期：2018 年 11 月 13 日。

进。①该委员会在《公约第 32 条指引注释》的讨论稿中无奈地认为，缔约国"可能有必要根据其国内法、相关的国际法原则或基于国际关系的考虑而评估跨境搜查或其他取证措施的合法性。"②

在本书第四章已经提到的《布达佩斯公约》第二附加议定书的讨论过程中，实际上相关议题也得到了关注，但是未取得任何实质性的进展。具体而言，起草者曾经设计了与此相关的两个跨境电子取证条款，一是"借助计算机系统的秘密调查"（undercover investigations by means of a computer system）；二是"延伸搜查"（extension of searches）。这些条款受到了《布达佩斯公约》缔约国的高度关注，但是被普遍认为需要在此领域开展进一步的工作，需要更多的时间进行讨论，并且需要同利益相关者进行更多的协商，于是并不适合在第二附加议定书中就解决这个问题。起草者建议，这个议题需要以一种与众不同的形式来加以处理，而且可能需要通过一种单独的法律文件来加以解决。③总之，《布达佩斯公约》及第二附加议定书在此问题上仍然裹足不前，现有的规则体系继续也相应地仍然呈现出空白地带。

二、域外规则建构的法理解析

（一）基于传统地缘管辖的国家主权原则而设计相应程序制度

受国际法原则及国家主权原则的限定，一国侦查机关在未经许可的情况下不能直接到境外开展侦查，因此通常都需要通过司法协助机制开展工作。于是，刑事侦查中远程收集存储于他国境内的电子数据，也就没有理由绕开司法协助机制

---

① Cybercrime Convention Committee(T-CY), Transborder access to data and jurisdiction: Options for further action by the T-CY (December 2014),https://rm.coe.int/16802e726e, 最后访问日期：2018 年 11 月 13 日。
② Cybercrime Convention Committee (T-CY), T-CY Guidance Note # 3 Transborder access to data (Article 32), Proposal prepared by the Bureau for comments by T-CY members and observers and for consideration by the 9th Plenary of the T-CY (June 2013), https://rm.coe.int/16802e70bc, 最后访问日期：2018 年 11 月 13 日。
③ Cybercrime Convention Committee, Second Additional Protocol to the Convention on Cybercrime on enhanced co-operation and disclosure of electronic evidence: Explanatory Report, Council of Europe, https://search.coe.int/cm/pages/result_details.aspx?objectid=0900001680a48e4b, 最后访问日期：2021 年 11 月 17 日。

或国际法原则而由一国单方开展。但是，由于这种跨境取证发生在虚拟空间而非实体空间，侦查人员毕竟并不存在实际的物理跨境行为。为此，哈佛大学网络法专家 Goldsmith 就曾提出，侦查人员开展远程搜查犹如通过卫星窥探他国领土内的活动，并未为国际法规则所禁止。① 然而，更多的学者尽管也承认这类侦查活动确实导致以领土为界限的刑事管辖权逐渐模糊起来，② 但是仍然倾向于认为，如果一国执法人员未经许可"到位于另一国的数据库搜查计算机系统，缺乏协调和合作会引起程序法和主权问题"。③

在国内法层面，西方许多国家便是根据这种传统的地缘管辖制度，尽力避免将远程取证行为触及国境之外，进而引发关于国家主权方面的争端。例如，英国法院在签发远程搜查令状的时候，就需要判断警察的行动是否系跨越国境而开展的侦查；根据国内法和国际法这种行动是否合法，抑或是否有授权或者是否存在国家主权原则的一般例外、是否存在国家间的礼让。如果违法从境外收集数据，则法院可能会将相应的证据予以排除。④ 德国学者 Patrick Köppen 撰写的研究报告也指出，尽管此类问题在德国还没有得到充分的讨论，但是一旦出现跨境远程收集存储于境外设备中的数据，就需要考虑相应国家的主权是在什么情况下出现了妥协或让步。⑤ 由此可见，以英国、德国代表的西欧一些国家在处理跨境远程搜查的时候，还是比较谨慎的。

而在国际法层面，虽然欧美部分国家并不承认网络空间主权，但是在协商制定《布达佩斯公约》中跨境电子取证条款的时候，均认同这类取证活动会造成对他国主权的侵犯。究其原因，主要就是考虑到相关规则是建立在传统的地缘管辖基础之上的。具体而言，可以结合以下两个条款进行理解。

其一，《布达佩斯公约》第 19 条。该条款是关于搜查扣押于缔约国境内适

---

① Jack Goldsmith, The Internet and the Legitimacy of Remote Cross-Border Searches, *University of Chicago Legal Forum*(2001)2001, 103.

② Mireille Hildebrandt, "Extraterritorial jurisdiction to enforce in cyberspace?: Bodin, Schmitt, Grotius in cyberspace", *University of Toronto Law Journal*（63）2013，196.

③ [加] 唐纳德·K. 皮雷格夫：《打击网络犯罪和网络恐怖主义中的国际合作》，卢建平等译，载《法学家》，2003（5）。

④ Ulrich Sieber, Nicolas von zur Mühlen(eds.), *Access to Telecommunication Data in Criminal Justice*, Berlin: Duncker & Humblot, 2016, p.730.

⑤ 同上注，第 554 页。

用的限制。具体而言，该条第 1 段规定，缔约国应当采取必要的立法或其他措施，以授权其主管当局在其领土范围内搜查或以类似方式访问：（a）计算机系统或其中的一部分，以及存储于其中的计算机数据；（b）可能存储有数据的计算机数据存储介质。在此基础上，该条第 2 段则考虑到了上述第 1 款的初步搜查或访问可能扩大连接用户系统的其他计算机系统的情况，例如常见的远程云取证即是如此。如果相应数据也是位于缔约国境内，那么初步搜查或访问之后进行的延伸搜查、访问也是合法的。由此可见，《布达佩斯公约》第 19 条对电子数据搜查和访问的处理是极其谨慎的，以避免将缔约国的侦查权延伸到其他国家境内，从而引发不必要的国家主权方面的争端。

其二，《布达佩斯公约》第 32 条。该条的出现与第 19 条的适用存在的困境有内在的关系。原因在于，在缔约国的侦查机关适用第 19 条第 2 段的时候，"虽然可访问性是容易确定的技术问题，但要确定合法性则可能要求执法机关确定'本国'云服务商用于存储云服务用户数据的系统位置（可能位于域内或域外）。这可能难度极大，特别是在服务商需要在有限时间内执行调查者命令的前提下，除非其服务的设计考虑到了司法管理的问题。"[①] 为解决该问题，《布达佩斯公约》第 32 条才在一定条件下规定，成员国有权允许侦查机关直接访问网络服务提供者存储于域外的数据。但是在这种情况下，缔约国的侦查权在向域外延伸的过程中是否会导致国家主权的对外延伸，抑或数据存储地的国家的主权是否本质上存在让步甚至受到侵犯，是一个极其重要的问题。

从《布达佩斯公约》第 32 条 a 款来看，由于适用于公开数据，因此即使未经进一步授权，某一缔约国的侦查机关也可访问实际存储于另一缔约国境内的数据，尽管相应数据可能受到关于信息使用的包括版权法、数据保护法在内的其他规则的约束。然而，如 Nicolai Seitz 博士所言，侦查机关对这类数据的跨境访问并不会产生主权争议，因为这类访问行为属于国际习惯法的内容。[②]

从《布达佩斯公约》第 32 条 b 款来看，根据《公约第 32 条指引注释》的说

---

① ［英］克里斯托弗·米勒德编著：《云计算法律》，陈媛媛译，427 页，北京，法律出版社，2019。
② 转引自［英］克里斯托弗·米勒德编著：《云计算法律》，陈媛媛译，427～428 页，北京，法律出版社，2019。

明，这个条款在性质上就属于国家主权原则的例外。但是在适用该条款的时，该注释文件鼓励缔约国更为有效地通过包括双边司法协助在内的《布达佩斯公约》中的国际合作条款开展跨境证据调查。按照此思路，《布达佩斯公约》在一定程度上容许单方开展的跨境远程取证，并不能理解为不尊重国家主权，因为这是在缔约国协商一致的情况下共同商定的制度，而这恰恰是尊重缔约国国家主权的表现。国际电信联盟（ITU）官网发布的出版物中的表述则是转换了一种思路，称缔约国签署《布达佩斯公约》，实际上是放弃了部分（主权）原则，从而允许其他国家实施影响其领土完整的调查。①

《布达佩斯公约》的规则创制所遵循的这种理念尽管为缔约国官方所信奉，但是具体的内容却并没有得到普遍认可。实际上，《莫斯科公报》作为《布达佩斯公约》的前奏，曾经宣示性地提出，"如果对数据所在国进行告知为目标国国内法所许可，而且数据内容反映出对目标国刑法的违反抑或看上去系目标国利益之所在，那么开展数据搜查的国家就应当考虑对目标国进行相应的告知。"不过，《布达佩斯公约》第 32 条却并没有承袭《莫斯科公报》的这一内容，忽略了"告知义务"。2014 年的《公约第 32 条指引注释》第 3.1 部分也只是提示，基于权利保障的考虑，执行远程取证的国家"可以考虑"（may consider）对电子数据存储地的相关职权部门进行告知。然而，这显然不是一个强制性的义务要求，相关国家在实务中甚至完全可以不予理会。

西方国家有学者也提出，要想在不违背国家主权框架的情况下合理地执行第 32 条，是不可能的。②此外，第 32 条 b 款规定只要获得对数据拥有合法权限的主体的同意，一国侦查机关便可以在未经他国政府同意的情况下开展跨境远程取证。为此有学者提出质疑，根据国家主权原则，应当由数据所在国政府同意，而不应当由所谓的主体甚至是个人同意。③中国也有研究者认为，第 32 条 b 款很可能对缔约国的国家主权造成冲击。④由于该条款无法提出保留，一旦成为缔约国，

---

① 《了解网络犯罪：现象、挑战及法律对策》，282 页，https://www.itu.int/en/ITU-D/Cybersecurity/Pages/Publications.aspx，最后访问日期：2018 年 11 月 13 日。
② Philippe Baumard, *Cybersecurity in France*, Cham: Springer, 2017, pp.35.
③ Nicolai Seitz, Transborder Search: "A New Perspective in Law Enforcement", *Yale Journal of Law and Technology*, （7）2004, 23.
④ 徐峰：《网络空间国际法体系的新发展》，载《网络安全与通信保密》，2017（1）。

就必然面临适用该条规定的风险。而且，一旦接受这一条款，一国就将面临他国政府部门以刑事侦查为名而收集其他情报的风险，这显然也是对国家主权的一种潜在的侵犯。①

这种思路成为中国、俄罗斯等国家拒绝加入《布达佩斯公约》的重要理由。例如在2011年1月，中国代表团在维也纳参加联合国预防犯罪和刑事司法委员会所属的"打击网络犯罪问题政府间专家组首次会议"发言中表示，"有关公约第32条b款，其实质是域外取证。我们完全尊重公约现有缔约国支持这一条款的立场，但从全球范围看，这一条款对其他国家产生困难也不是一件令人意外的事情。从国际合作的实践看，为打击跨国性日益突出的犯罪，国内法的域外适用一方面是必要的，但因涉及主权和管辖权，也是极易引起争议的，需要各国在此方面加强协调。因此，我们对俄罗斯代表的立场持同情态度。要是公约允许对这一条款作出保留，相信会便于更多国家参加。"②

2013年2月，中国代表团于在维也纳参加"联合国网络犯罪问题政府间专家组"第二次会议时，特别强调了《布达佩斯公约》在程序规定上的先天不足，重申了《布达佩斯公约》第32条b款存在的缺陷，认为该条规定的直接跨境取证措施与国家司法主权之间的关系值得探讨，研究报告草案已指出，目前大多数国家尚无此实践。③

俄罗斯对这一条款的态度与中国完全一致。作为1999年《莫斯科公报》的发起国及欧洲委员会的成员，俄罗斯至今都拒绝加入《布达佩斯公约》，对第32条b款的适用会侵犯国家主权的担忧成为重要的考虑因素。例如，在2017年12月4日召开的"第四届世界互联网大会·乌镇峰会"的"打击网络犯罪和网络恐怖主义国际合作"分论坛上，俄罗斯外交部新威胁和挑战司司长罗加乔夫·伊利亚·伊戈列维奇表示，《布达佩斯公约》第32条b款让包括俄罗斯在内的众多国家无法接受。不经他国数据主管部门的同意直接跨境获取他国数据，这让国

---

① 胡健生、黄志雄：《打击网络犯罪国际法机制的困境与前景——以欧洲委员会〈公约〉为视角》，载《国际法研究》，2016（6）。
② 佚名：《中国代表团出席联合国网络犯罪问题专家组首次会议并做发言》，载 http://www.fmprc.gov.cn/web/wjbxw_673019/t812063.shtml，最后访问日期：2018年3月15日。
③ 佚名：《中国代表团出席"联合国网络犯罪问题政府间专家组"》，载 http://www.fmprc.gov.cn/ce/cgvienna/chn/drugandcrime/crime/t1018227.htm，最后访问日期：2018年3月15日。

家主权无法得到保障,也给违反人权和自由、侵犯用户隐私权留下了空隙。①

总结而言,基于传统地缘管辖的国家主权原则目前仍然是塑造国际法上刑事管辖制度的基本依据,网络空间中跨境提取电子数据的行为也必须受到传统的国家主权原则的限制。这一理念不仅深刻地影响到域外国家国内法的制度安排和《布达佩斯公约》这样的区域性国际规则的制定,而且也为未加入《布达佩斯公约》的国家所坚守。但是,由于《布达佩斯公约》所设计的具体规则从目前来看并没有在彰显这一理念方面达成更大范围的共识,这是导致该领域的国际规则目前还很难达成共识的重要原因。

(二)基于网络环境的特性而保障权利并控制侦查权

1. 跨境远程环境下需要更加强调保障权利并控制侦查权的原因

任何刑事案件的侦查,都与权利保障密切相关,对侦查权的有效控制乃是权利保障的基本手段。以跨境远程方式进行电子取证,需要更加强调权利保障及侦查权控制,这至少有以下几个方面的考虑。

第一,侵犯隐私等合法权利的可能性更大。信息技术的飞速发展见证了数据存储单位的急剧变化,在遍布全球的"云存储"的技术框架下,存储单位如今一般都达到了 TB 的海量级别。这就导致个案中跨境电子取证的数据量远非传统空间中对单一电子设备进行的数据提取所能比拟。因此,一旦滥用侦查权,对数据隐私等相关权利的侵犯显然更为严重。

从网络环境下的搜查来看,由于搜查范围在实践中不易界定,②这导致宽泛的概括性搜查(general search)而非精准面向特别实物的搜查所存在的风险显露无遗。③此外,随着物联网的飞速发展,大量的数据存储装置通过网络与其他电子设备紧密相连,如果开展勘验不慎而导致数据破坏,所带来的可能就是大范围的财产权和信息安全方面的危害后果,这远不是在一个相对封闭的空间进行常规勘验所能比拟的。

---

① [俄]罗加乔夫·伊利亚·伊戈列维奇:《网络犯罪国际立法需与时俱进》,载《人民日报》,2018年1月12日,第23版。
② 刘品新:《论计算机搜查的法律规制》,载《法学家》,2008(4)。
③ Orin S. Kerr, "Searches and Seizures in a Digital World", *Harvard Law Reviews*, (119)2005, 531-532.

第二，非常规取证程序更为常见。一般而言，收集、提取电子数据应以"扣押封存原始存储介质"为原则。换言之，为防止原始电子数据的完整性遭到破坏，通常需要对扣押的存储介质进行镜像复制；然后，取证人员对新制成的介质进行搜查，也即实际的计算机搜查是在侦查机关的计算机系统而非嫌疑人的系统中完成的。也即，常规意义上对电子证据的搜查的第一步是扣押设备，第二步才是进行更具实质意义的电子证据的提取。①

美国司法部计算机犯罪与知识产权犯罪部（Computer Crime & Intellectual Property Section 缩写为 CCIPS）在 2009 年发布的《刑事侦查中计算机搜查扣押与电子证据收集指引》（*Searching and Seizing Computers and Obtaining Electronic Evidence in Criminal Investigations*）中指出，对计算机的搜查在大多数情况下都必须移除电子设备，然后再分成两个步骤进行搜查。第一个步骤称为"镜像复制"（imaging），也即将硬盘内的所有数据进行整体复制；第二个步骤才是"分析"，也即对硬盘的镜像复制件进行检验分析。而且在具体开展扣押电子设备的工作之前，一般还需要断电。这种二步式搜查程序对保证电子证据的客观性、完整性具有重要的意义。但是在实践中，大量存在原始存储介质不便封存的情况，如网络服务器硬盘上数据量巨大，很多内容与案件无关，扣押封存会影响其他正常网络应用服务；涉案的计算机内存数据、网络传输数据等并非存储在电子介质上；原始存储介质位于境外，无法直接获取等客观情况，只能直接或者在线提取电子数据。同时，随着云计算等信息技术的发展，越来越多的电子数据存储在云系统中，或者服务器位于境外、大型在线系统中，这些情形下电子数据的原始存储介质不仅无法扣押封存，且因数据量巨大，也无法直接提取，给侦查工作带来困扰。

对比实践中搜查程序的两种工作模式来看，远程方式开展的搜查只能进行非常规的一步式搜查。特别是当电子证据储存于境外而需要在线进行搜查时，由于不可能首先对原始存储介质进行扣押和封存，因此就不可能出现所谓的二步式搜查。此外，客观的侦查条件决定了侦查取证过程中不可能断电开展工作，否则就

---

① 有学者将电子取证划分为"一体收集"和"单独提取"这两种模式，这里所谓的常规取证情形属于"一体收集"。谢登科：《电子数据的取证主体：合法性与合技术性之间》，载《环球法律评论》，2018（1）。

不可能存在后续的搜查行为。换言之，对电子数据的跨境远程搜查只能是非常规的一步式搜查，从而导致破坏原始电子数据的风险增大。

第三，主动监控类调查措施更易出现。与常规刑事侦查中在电子数据生成之后的事后被动取证相比，在网络环境下采用技术手段进行的监视和跟踪极易操作。实践中，侦查机关可以方便地对重点目标进行 24 小时的实时监控，而且很难被发现。这种做法虽然可能更为深刻地影响到通信自由和隐私权，① 在快捷、实时获取证据方面相比漫长的司法协助程序取证具有明显的优势。这便导致侦查机关在跨境取证过程中更倾向于采用技术手段进行监控类取证，当然问题在于这类措施也会更为深刻地影响到通信自由和隐私权。② 虽然国际主流意见并不赞成开展跨境监控类取证，但是在侦查实务中的应用几乎已经成为公开的秘密。

第四，秘密侦查更为普遍。刑事侦查行为有公开侦查和秘密侦查之分。到底是公开还是秘密开展侦查，需要视案件具体情形而定。搜查也是如此，常规的侦查实践中，既有公开开展的搜查，也有秘密开展的搜查。与常规的勘验、搜查需要进入实体空间进行取证因而易为他人所知不同，网络空间中跨境开展的无论是勘验、搜查还是技术侦查，都完全可以在秘密状态下进入境外虚拟空间进行调查取证。以跨境远程搜查为例，由于在秘密状态下不可能像普通的搜查程序那样向嫌疑人出示搜查证，嫌疑人也就无法通过提出异议等方式对侦查权进行制约，而相应的知情权也无法得到保障。

2. 域外规则在保障权利及控制侦查权方面的具体表现

基于上述原因，强调对跨境远程电子取证进行超常规的侦查权控制，以此实现对隐私等权利的保障，成为域外规则形成过程中重点关注的议题。例如，1999年的《莫斯科公报》第 17 条专门指出："在设计跨境电子取证制度时，除了考虑国家主权，就是要关注人权保障、人民的自由和隐私。"③ 2001 年的《布达佩

---

① 龙宗智：《寻求有效取证与保证权利的平衡——评"两高一部"电子数据规定》，载《法学》，2016（11）。

② 龙宗智：《寻求有效取证与保证权利的平衡——评"两高一部"电子数据规定》，载《法学》，2016（11）。

③ Ministerial Conference of the G-8 Countries on Combating Transnational Organized Crime(Moscow, October 19-20, 1999): COMMUNIQUE, G7 Information Centre(09 February 2007), http://www.g8.utoronto.ca/adhoc/crime99.htm，最后访问日期：2022 年 2 月 23 日。

斯公约》第 15 条也专门规定，权力的行使和程序的确立、实施和适用都需要遵循欧洲理事会于 1950 年制定的《人权和基本自由保护公约》、联合国于 1966 年制定的《公民权利与政治权利国际公约》和其他可适用的国际人权保护措施所确立的人权内容，规定充分的保护人权和自由的条款，并应当体现衡平原则。2014 年的《公约第 32 条指引注释》第 3.1 部分也专门指出，在适用这一条文的时候应当考虑个人和第三方的权利。

从跨境电子取证的程序设计来看，上述域外规则也至少从两个方面表现出对权利保障的关照以及对侦查权制约的重视。

第一，具体措施的设计呈现出对强制性侦查措施的抑制。根据《布达佩斯公约》32 条 a 款，可以收集的是只能是公开资料，而且必须是已经在计算机系统中处于"存储"（stored）状态的资料。与这种类型的数据不同的是，还有一类数据是当前不能获得而需要在"未来"（future）产生的，典型的情况就是通过通信讯截取这样的实时监控取证措施方能收集。① 《布达佩斯公约》32 条 a 款显然不适用于第二种类型的数据，这实际上就否定了实时监控取证相关的强制性侦查措施的适用。

而从 b 款来看，《莫斯科公报》中列举的"提取、搜查、复制、扣押"（access, search, copy and seize）措施在《布达佩斯公约》中变成了"提取、接收"（access and receive），而未纳入"搜查、扣押"这两种典型的强制性措施。即使是获取嫌疑人同意后使用其提供的账户、密码远程登录境外计算机系统进行取证，从性质上讲依然属于"经同意的搜查"而应纳入任意侦查的范围。虽然荷兰于 2019 年 1 月 1 日施行的《计算机犯罪法（三）》（Computercriminaliteit III）在"ARTIKEL II G"部分对"侵入"（binnendringt）计算机系统并进行在线监控的强制性措施进行了授权，但是立法将其限制在了贩毒、走私、恋童癖及攻击银行等起刑点在 4 年以上的重罪。②

第二，争议较大的强制搜查以司法令状的特别程序设计为前提。根据西方国

---

① Cybercrime Convention Committee (T-CY), Criminal Justice Access to Data in the Cloud: Challenges, p.7, issued on 26 May 2015, https://rm.coe.int/1680304b59，最后访问日期：2022 年 1 月 10 日。
② Janene Pieters, New Law Allows Dutch Police To Hack Suspects, https://nltimes.nl/2018/06/27/new-law-allows-dutch-police-hack-suspects，最后访问日期：2018 年 11 月 4 日。

家刑事诉讼中普遍采行的令状原则,侦查机关在适用可能侵犯公民基本权利的强制性措施之前,原则上需取得司法机关签发的授权令状。例如,美国FBI对境外"暗网"的搜查,虽然很可能并不清楚搜查地点的实际物理位置,但是由于将此措施纳入《宪法第四修正案》关于"人身、住宅、文件和财产不受无理搜查"的调整范围,因此来自于中立法官的授权必不可少。而在法律允许跨境远程搜查的国家,除了同样需要司法授权外,还设置了特殊的程序机制来强化对警察权力的控制。例如,比利时刑事诉讼中尽管允许有条件的跨境远程搜查,除了强调只能采用"复制"措施外,还特别要求侦查法官发现侦查行为跨越国境后应当立即通知司法部长,并由后者及时对相关国家予以告知。这种将审查权上移的方案也得到了荷兰学者梵瓦勒的认同:法官授权的同时还需要得到"最高层级检察官的事先授权"。①

总之,就跨境电子取证的域外规则而言,无论是区域性国际法规则还是一些国家的国内法规则,都不是尽善尽美的,而且规则的形成、发展的过程都充满了各种争议。但不可忽视的是,基于对传统地缘管辖的国家主权原则的尊重、对网络环境下特殊的权利保障及侦查权制约的重视乃是规则背后的精髓所在,这应当成为分析、检视中国当前相应制度的重要的参考视角。

第二节 中国近年来的制度检视及理论反思

一、程序法依据与实务类型

中国对跨境远程电子取证的程序规制,走了一条与上述域外发展背景完全没有关联的道路。在《刑事诉讼法》至今都没有针对这类措施进行规范的情况下,各类规范性文件从20世纪末开始,便涉及跨境电子取证以及相关侦查措施运用的问题。

早在1997年,我国公安部发布了《计算机信息网络国际联网安全保护管理

---

① [荷兰]约翰·梵瓦勒:《荷兰网络犯罪的司法侦查》,祁拓译,载《人民检察》,2017(16)。

办法》。其中第 8 条规定："从事国际联网业务的单位和个人应当接受公安机关的安全监督、检查和指导，如实向公安机关提供有关安全保护的信息、资料及数据文件，协助公安机关查处通过国际联网的计算机信息网络的违法犯罪行为。"从该条款中规定的单位和个人的公安机关的协助查处义务来看，实际上已经隐含着公安机关有权对国际联网的境外计算机信息网络中的电子数据进行取证。只不过，对于公安机关到底是否可以依托从事国际联网业务的单位和个人，采用特定的远程侦查措施进行取证，这份管理办法并未作出非常明确的规定。

2005 年，公安部为了回应实践需求，发布《计算机犯罪现场勘验与电子证据检查规则》。其中第 3 条第（2）项首次对"远程勘验"措施进行了规定，并明确了其"是指通过网络对远程目标系统实施勘验，以提取、固定远程目标系统的状态和存留的电子数据。"虽然这一条款并未明确指明其是否适用于对跨境形态下电子数据的勘验，但无疑为此后相关规则的形成奠定了基础。

2010 年，两高和公安部联合发布《关于办理网络赌博犯罪案件适用法律若干问题的意见》。在第五部分即"关于电子证据的收集与保全"的内容中，该意见指出："对于电子数据存储在境外的计算机上的，或者侦查机关从赌博网站提取电子数据时犯罪嫌疑人未到案的，或者电子数据的持有人无法签字或者拒绝签字的，应当由能够证明提取、复制、固定过程的见证人签名或者盖章，记明有关情况。必要时，可对提取、复制、固定有关电子数据的过程拍照或者录像。"虽然这里没有明确说明侦查机关可以对存储在境外的计算机上的电子数据采用什么样的收集措施，但是两高组织相关人员发表的阐释文章提供了一定的信息。因为从该条的制定背景来看，最高人民法院的同志指出："这主要是考虑到很多赌博网站位于境外，一些电子数据是侦查机关在抓获犯罪嫌疑人之前通过对赌博网站实施远程勘验固定的，犯罪嫌疑人也可能不在案或者拒绝签字，从而无法让犯罪嫌疑人或电子数据持有人签名。因而为确保证据来源的客观性，在此情形下强调应由能证明提取、复制、固定电子数据过程的见证人签名或者盖章。"[①] 最高人

[①] 高贵君等：《〈关于办理网络赌博犯罪案件适用法律若干问题的意见〉的理解与适用》，载《人民司法·应用》，2010（21）。

民检察院的同志所发表的阐释文章也表达了类似的意思。[①] 由此可见，在制定以及在适用该意见的时候，两高的同志均是对跨境"远程勘验"这种侦查措施持肯定态度的。

2014年，两高和公安部联合发布《关于办理网络犯罪案件适用刑事诉讼程序若干问题的意见》（以下简称《网络犯罪程序意见》），其中第15条中首次对跨境远程电子取证进行了规定。具体而言，对于"原始存储介质位于境外"而无法获取介质的，可以提取电子数据。但是对于到底该如何跨境提取这类电子数据，具体措施有哪些类型，该意见并未明确。

2016年，两高和公安部联合发布《关于办理刑事案件收集提取和审查判断电子数据若干问题的规定》（以下简称《电子数据规定》），其中第9条在继承了《网络犯罪程序意见》第15条的基础上进一步规定："对于原始存储介质位于境外或者远程计算机信息系统上的电子数据，可以通过网络在线提取。为进一步查明有关情况，必要时，可以对远程计算机信息系统进行网络远程勘验。进行网络远程勘验，需要采取技术侦查措施的，应当依法经过严格的批准手续。"据此，在《电子数据规定》出台之后，中国侦查机关跨境远程电子取证的制度体系已经表现出体系化的样态。当出现原始存储介质位于境外的情况时，虽然无法像常规的电子取证那样扣押原始存储介质，但是也可以提取电子数据，其措施便是"网络在线提取"。在此基础上为了进一步查明有关情况且在必要时，侦查机关可以采用"网络远程勘验"措施。在进行网络远程勘验而需要采取"技术侦查"措施的，再按这种最为特殊的措施的相应程序执行。

不过，公安部于2019年发布《公安机关办理刑事案件电子取证规则》之后，跨境电子取证的措施又出现了一种并不算是十分明确的变化。实际上，这份规则并没有针对跨境电子取证的措施进行明确规范，而只是在第23条隐约涉及了相关内容："对公开发布的电子数据、境内远程计算机信息系统上的电子数据，可

[①] "该条款考虑到网络赌博犯罪具有一定的特殊性，比如很多赌博网站位于境外，不存在电子数据持有人签名的可能性，或者有的赌博网站留存数据时间往往很短，多数数据是在抓捕犯罪嫌疑人之前由侦查机关对网站实施远程勘验提前提取固定的，不存在由犯罪嫌疑人签字的可能性，还有的电子数据持有人无法签字或者拒绝签字。"参见陈国庆、韩耀元、吴峤滨：《〈关于办理网络赌博犯罪案件适用法律若干问题的意见〉理解与适用》，载《人民检察》，2010（20）。

以通过网络在线提取。"这里所谓的"隐约涉及",主要是考虑到该条文实际上只是对与"跨境"相对的"境内"数据的取证进行了规范。从措施运用的角度而言,需要注意的是,这个条文是在第三章"收集提取电子数据"中第四节"网络在线提取电子数据"部分规定的。换言之,尽管公安部的这份规则还对作为远程侦查措施的远程勘验等进行了规范,但是相关部分的内容没有再出现任何有关"跨境""境内"的表述。

值得注意的是,除了上述关于跨境电子侦查取证措施的梳理,侦查机关远程开展的鉴定、检查、搜查、辨认等方式[①]实际上都可以轻易地跨越国境,而且实践中甚至还出现了"冻结"境外电子数据的案例,[②]但是由于这些措施并未在规范层面得到明确,因此本章在进行规范分析时将主要以2016年的《电子数据规定》中的措施体系为依据。

二、相关规范与实务的理论反思

(一)中外侦查措施的横向比较

从上述域外规则及以《电子数据规定》为主的中国程序规则的对比来看,尽管存在称谓上的差异,但是有一部分措施实质上是完全等同的。当然,有的措施也存在着明显的区别,见表6-1。

表6-1 跨境远程电子取证的侦查措施对比

	域外侦查措施	域外规则	中国侦查措施	中国规则
完全相同的措施	提取公开数据	《布达佩斯公约》第32条a款	一般性的网络在线提取	《电子数据规定》第9条第2款
	经同意的提取或接收	《布达佩斯公约》第32条b款	远程勘验(经同意的提取)	《电子数据规定》第9条第3款

---

① 高峰、田学群:《五方面细化规范"远程取证"工作》,载《检察日报》,2013(3)。
② 例如在一起开设网上赌场的案件侦查过程中,公安机关冻结了涉嫌赌博的境外网站的账户达487个。参见雷强、张发平:《境外注册境内狂拉下线,在线赌博网站涉赌9.8亿》,载《市场星报》,2015(5)。

续表

	域外侦查措施	域外规则	中国侦查措施	中国规则
部分相同的措施	远程搜查（复制数据）	比利时《刑事诉讼法》第88条之三（Art. 88ter）	远程勘验（非经同意的提取）	《电子数据规定》第9条第3款
形似而实异的措施	远程搜查（技术破解或侵入、实时监控）	美国《联邦刑事程序规则》第41（b）（6）条；荷兰《计算机犯罪法（三）》第ⅡG条	技术侦查	《电子数据规定》第9条第3款

首先，某些措施完全相同。从中国侦查机关对境外电子数据进行的"一般性的网络在线提取"来看，尽管实务中经常将其与"远程勘验"混同，① 但是两者在功能定位上存在着明显的区别，而且有一种观点认为这其实是一种可以独立出来的侦查措施。根据最高人民检察院同志的解读，这种措施一般就是通过网络公共空间对网页、网上视频、网盘文件上的电子数据进行提取，可以理解为从网上下载文件。② 实际上，在这种情况下以跨境方式对电子数据的远程提取，与普通网民浏览境外网站并下载图片、音视频没有任何区别。换言之，采用这些方式所提取的电子数据应当都属于表面信息、公开信息、浅层信息，或者简单地说就是普通网民都可以接触、使用的信息，因此侦查机关在提取数据时无需采用特别的侦查措施。由此可见，在跨境情况下针对电子数据的"一般性的网络在线提取"，实际上就等同于《布达佩斯公约》32条a款中规定的"提取公开数据"。

合法获取嫌疑人自愿配合提供账号密码从而远程登录境外邮箱系统或其他服务器取证，这在中国被称为跨境远程勘验，③ 实际上也就是《布达佩斯公约》第32条b款所规定的"经同意的提取或接收"的一种具体表现。这个观点可以从《公

---

① 例如在某寻衅滋事案中，侦查机关对境外网站登载的文章、照片进行"勘验"获得了相应电子数据。参见云南省楚雄彝族自治州中级人民法院（2016）云23刑终82号刑事判决书。
② 万春等：《〈关于办理刑事案件收集提取和审查判断电子数据若干问题的规定〉理解与适用》，载《人民检察》，2017（1）。
③ 例如本书第一章第一节开篇所提到的非法猎取、控制计算机信息系统数据案中，嫌疑人焦某归案后主动向公安机关提供了位于美国的另一台主控服务器的IP地址、用户名和密码。公安人员在经过"远程勘验"在该服务器上提取了相应的"主控程序"以及"登录日志"和"主控列表"等电子数据。这便是我国公安机关曾经在实务中较多开展的跨境远程勘验的典型情况。参见湖北省武汉市中级人民法院（2016）鄂01刑终176号刑事裁定书。

约解释报告》第 294 段落中找到根据：当某人的电子邮件的内容信息存储于境外邮件系统中的服务器时，便可以认为其拥有合法权限将该邮件信息披露；如果其同意向一国侦查机关披露，则属于"经同意的披露"的典型情况。此外，这个观点在布达佩斯公约委员会发布的《公约第 32 条指引注释》第 3 部分关于条文解释的内容中再次得到了重申。

其次，某些措施部分相同。中国的远程勘验并非完全属于"经同意的提取或者接收"，除了通过特定勘验软件开展工作外，实践中还存在通过"技术侦查"获取账号密码后登录取证的情况。[①] 下文还将论证，如果针对嫌疑人控制的计算机服务器进行这种取证，从侦查措施的性质上讲并不属于勘验而是搜查，因此实际上就是比利时《刑事诉讼法》第 88 条之三（Art. 88ter）所规定的远程搜查。但是需要注意的是，尽管实际上都属于搜查，但是取证的限度却存在差异。具体而言，比利时规定的跨境进行的远程搜查只能对电子数据进行"复制"，而中国名为跨境远程勘验而实际属于远程搜查的措施在实践中对电子数据的收集显然并不限于"复制"，甚至还包括后文所述的"冻结"。

最后，某些措施形似而实异。从《电子数据规定》授权的跨境技术侦查措施来看，实务中包括下文还要阐述的实时监控取证。然而从本章搜集到的资料来看，无论是国际法还是他国的国内法规则，笔者均未查阅到域外直接授权侦查机关对境外计算机系统进行实时监控取证的明确规定。当然，这里需要指出的是，美国和荷兰的情况与中国虽有类似之处，但是实际上也存在着本质上的区别。

根据 2016 年 12 月 1 日新修订的《联邦刑事程序规则》（Federal Rule of Procedure）第 41（b）（6）条[②]的规定，美国执法部门可以对储存位置不确定的网络空间中的电子数据进行"远程搜查"。这种措施从实践层面来看往往就是通过植入技术软件进行在线搜查（online searches with the help of remote forensic software），尽管称谓不同，但是与中国的远程"技术侦查"的一些做法并无区别。

---

① 例如在某开设赌场案中，公安机关通过技术侦查手段掌握余某提供的涉案网站的两个代理商账户 chh98、chj9 及密码，登录后进行了远程勘验，并对取证过程及结果进行了鉴定。参见湖南省郴州市中级人民法院（2016）湘 10 刑终 69 号刑事判决书。

② 该条的内容是："在因技术原因而导致媒介或信息的储存地点被隐藏的情况下，对可能已发生的犯罪存在关联的所有地方有管辖权的法官，均有权针对管辖区内或管辖区外签发令状以开展对电子储存媒介的远程搜查，并且授权扣押或复制电子存储信息。"

不过,中美两国在运用这类措施的法律程序方面却存在本质的差异。这是因为,《电子数据规定》第9条第3款可谓是明确授权侦查机关可以直接对境外目标进行"技术侦查"。与此不同的是,因技术原因的限制,美国执法部门在个案中对"暗网"进行的远程搜查,至少在申请法院令状的时候通常并不清楚电子数据的实际存储位置,因此法官签发的令状并不是直接授权侦查机关对境外目标进行远程搜查。[①]与美国的情况类似的是,荷兰的《计算机犯罪法(三)》赋予了侦查机关开展技术侵入并通过植入监控软件进行远程搜查的权力。[②]虽然在数据存储位置不确定等情况下并不绝对排斥(潜在的)跨境侦查活动的开展,但是官方的态度却是一旦确认远程搜查跨越了国境,原则上将停止这种侦查活动,而且告知相关国家。[③]换言之,荷兰的立法草案也不属于对侦查机关远程搜查境外目标的授权。

(二)中国相关侦查措施的重新认识

在对中国和域外关于跨境远程电子取证的规范与实务进行一番横向对比之后,结合中国外交部门的立场以及中国相关侦查措施的实际运用,可以得出以下三个结论。

第一,规范及实务都曾纳入外交部门反对的措施。如上文所述,中国外交部门近年来在多个多边场合提出了对《布达佩斯公约》第32条b款的反对意见,并以此作为拒绝加入《布达佩斯公约》的一个重要理由。然而对以《电子数据规定》为代表的跨境远程侦查措施规则的分析和典型案例的介绍却表明,侦查机关一度在实践中开展的跨境"远程勘验"中有一部分实际上就属于该条款中所谓的"经同意的提取或接收"。于是非常矛盾的情况就在于,外交部门的代表声称"大多数国家尚无此实践",然而本国却现实地存在其所反对的"国内法的域外适用"。

第二,跨境远程勘验掩盖强制处分措施。根据《电子数据规定》第29条第(3)

---

① Ahmed Ghappour, "Searching Places Unknown: Law Enforcement Jurisdiction on the Dark Web", *Stanford Law Review*, (69)2016, 1075.
② 具体的监控方式将包括按键记录、自动截屏、秘密打开麦克风或摄像头及GPS定位等。See JJ. Oerlemans, "De Wet computercriminaliteit III meer handhaving op internet", *Strafblad*,(15)2017,356.
③ 但是这种告知仅仅是基于国际礼仪,而非法律义务。See Anna-Maria Osula, Mark Zoetekouw, The Notification Requirement in Transborder Remote Search and Seizure: Domestic and International Law Perspectives,*Masaryk University Journal of Law and Technology*11:1(2017),107.

项的规定，远程勘验是指通过网络对远程计算机信息系统实施勘验，发现、提取与犯罪有关的电子数据，记录计算机信息系统状态，判断案件性质，分析犯罪过程，确定侦查方向和范围，为侦查破案、刑事诉讼提供线索和证据的侦查活动。但是，这种措施的性质在实践中却已经出现了异化。主流观点一般认为，勘验属于任意侦查措施。① 然而，实践中开展的跨境远程勘验夹杂着大量的强制处分措施。例如，在某网络赌博案件中，针对境外网站账号所进行的"冻结"也被笼统地纳入"远程勘验"的范畴之中。②

另一种掩藏于远程勘查措施中的强制处分措施即远程搜查。实际上，这应当属于跨境电子取证整体制度框架下的另一种重要的侦查措施。但是，中国在远程电子取证的规范层面完全不见"远程搜查"的踪影，这与国际上将《布达佩斯公约》第32条规定的两种情形之外的跨境电子取证的其他措施普遍称为"远程搜查"形成了鲜明对比。之所以强调现行实践做法包含了作为强制处分措施的远程搜查，是基于同实体空间中开展的搜查措施的对比。例如，侦查机关在实体空间中若要进入被搜查人的住处查扣计算机设备，只能按照搜查程序进行；然而在虚拟空间中，侦查机关使用"勘验"设备远程"进入"嫌疑人设置在境外的计算机系统并提取其中的电子数据，目前却是按照远程勘验程序开展的。又如，侦查机关若要对嫌疑人持有的书信进行调查，一般只能通过搜查程序要求或强制其交出该书证；然而，侦查机关通过讯问获得了嫌疑人提供的电子邮件账号和密码后，远程登录境外邮件系统提取相应数据，在实践中则亦是按照远程勘验程序进行的。

虽然勘验和搜查的对象从表象来看似乎有所重合，③ 但针对嫌疑人的物品、住处及其他有关地方进行的查证因可能侵犯《宪法》《刑事诉讼法》保护的公民的合法私有财产、住宅而涉及基本人权方面的特别保护，故只能按照搜查程序开

---

① 这种观点在司法解释中典型的体现便是，根据《人民检察院刑事诉讼规则》第173条，初查中可以采取的勘验属于"不限制初查对象人身、财产权利的措施"，故从性质上讲当属任意侦查。
② 据媒体报道，经远程勘验证明，涉案境外网站对外公布的赌博账号有23个，案发后公安机关已冻结涉嫌赌博网站账户487个。参见雷强、张发平：《境外注册境内狂拉下线，在线赌博网站涉赌9.8亿》，载《市场星报》，2015年10月9日，第5版。
③ 《刑事诉讼法》第128条规定的勘验针对的是"与犯罪有关的场所、物品、人身、尸体"，第136条规定的搜查针对的是"犯罪嫌疑人以及可能隐藏罪犯或者犯罪证据的人的身体、物品、住处和其他有关的地方"。

展,特别是就虚拟空间中远程收集嫌疑人计算机系统中的电子数据而言,除了涉及财产权外,还可能侵犯《宪法》第 40 条所保护的通信自由和通信秘密,理应属于搜查程序。由此可见,《电子数据规定》只规范"远程勘验"而无"远程搜查",属于规则内容上的明显疏漏。①

此外,远程技术侦查也会假借远程勘验的名义在实践中用于跨境取证。例如,叶媛博博士在研究中提到了一起跨境香港进行远程取证的案例。2018 年,在某公安机关侦办的一起服务器设在香港的互联网传销案中,传销组织会员、层级、资金计算方式等关键证据都转变为数据和程序,存储在设在香港的服务器里。"封账、抓人、端系统"是办理网络传销案件的三步骤,其中"端系统"是指将网络服务器里的电子数据提取出来,交给电子数据司法鉴定所鉴定,还原出商城整体运作模式以及各嫌疑人层级、发展人员数量等。然而,这起案件中的"系统"位于香港,如何跨境取证以获取该案电子证据成为公安机关面临的主要问题。公安机关最终采取了包含技术侦查的远程勘验进行取证,并将电子数据刻录成一张光盘委托某电子数据司法鉴定所进行鉴定,还原出商城的运作模式。作者提出,公安机关采取的包含技术侦查的远程勘验措施被外界称为"公安黑客",② 实际上肯定了实践中开展的名为远程勘验的措施,实际上就是一种技术侦查,从而令两种本身不同的侦查措施出现了严重的混淆。

第三,域外争议重重的实时监控措施一度得到合法授权。如上所言,《布达佩斯公约》第 32 条的两个条款均指明,一国单边开展的跨境远程电子取证的措施应当是着眼于"存储"(stored)状态的数据,从而将实时监控、截取这样的搜查措施排除在外。比利时《刑事诉讼法》所授权的跨境远程取证措施也只能对电子数据进行"复制"而不能进行实时监控。因此,虽然《布达佩斯公约》对未予规定的措施模糊性地"既未授权又未反对",但国际社会对跨境开展的实时监控类取证可以说相比一般性的远程搜查还要警惕,甚至可以说普遍持反对的态度。在此背景下,美国 FBI 使用黑客软件对境外"暗网"进行的实时监控取证才会在

---

① 这一规则内容的疏漏在公安部于 2005 年发布的《计算机犯罪现场勘验与电子证据检查规定》第 3 条就表现了出来。其中第(1)项规定,现场勘验检查是指在"犯罪现场"实施勘验,第(2)项规定的远程勘验则是指通过网络对"远程目标系统"实施勘验。由于第(2)项规定没有明确地指明远程勘验的目标不应包括搜查的范围,导致实务中远程勘验的适用出现了错误的扩大适用。
② 叶媛博:《我国跨境电子取证制度的现实考察与完善路径》,载《河北法学》,2019(11)。

国际法层面引发较大的合法性争议。与此形成鲜明对比的是，根据《公安机关办理刑事案件程序规定》第 264 条的规定，中国的技术侦查包括"记录监控、行踪监控、通信监控、场所监控"等措施。在网络环境下，侦查人员采取侵入或者控制他人计算机信息系统的手段，对他人的记录、行踪、通信等进行监控的，应当认定为技术侦查措施。① 通过比较就可以看出，国际社会所普遍不能接受的跨境实时监控型技术侦查措施在我国的《电子数据规定》中得到了授权。

（三）对照域外规则之法理基础的深层次反思

上文的分析表明，域外关于跨境电子取证的规则，无论是区域性国际规则还是零星的国内法规则，均非尽善尽美甚至不乏激烈的争议，但是相应规则背后的理念无不反映出对国家主权的尊重及网络环境下对权利保障及侦查权控制的高度关注。从根本上讲，跨境远程搜查这样的高效、快捷电子取证措施以及实时监控型技术侦查措施之所以遭到反对，最主要的原因就在于它们被国际社会普遍认为侵犯国家主权。而且，在无法基于互联网的特性对相关权利进行针对性保障及对侦查权进行有效控制的制度设计的情况下，一国绕开常规的刑事司法协助机制而单边采用的这类措施注定难以获得他国认同。基于这样的法理基础的比较分析，就可以明显地发现，以《电子数据规定》所授权的跨境侦查取证措施为例，中国在建构跨境远程电子取证的规则及相应的侦查实践方面，表现出了较为突出的问题。

1. 规则理念未能体现出对国家主权原则的关照

中国在国家层面对传统意义上的国家主权原则的尊重自不待言。在此基础上，作为国家主权原则在网络空间中的自然延伸，中国可以说是网络空间主权和数据主权的坚定支持者。

于是，无论是基于传统地缘管辖的国家主权原则还是网络空间主权、数据主权原则，中国都有必要尽力对存储于我国境内的网络设施、设备中的电子数据进行保护，从而排斥他国未经许可的单边远程提取。实际上，这恰恰就是上文提到的外交部门在国际场合的官方态度的理论基础。但是需要注意的是，国家主权原则不可能是孤立的，要维护好本国的主权就必须同时强调尊重他国的国家主权，

---

① 万春等：《〈关于办理刑事案件收集提取和审查判断电子数据若干问题的规定〉理解与适用》，载《人民检察》，2017（1）。

对于网络空间主权而言也是同样的道理。

然而，在设计跨境电子取证的程序制度时，由于完全与域外规则发展的大背景脱节，相关规则的内容明显地忽视了对尊重国家主权这一基础要素的考虑。最高法院法官针对《网络犯罪程序意见》撰写的一篇具有解释意味的文章指出，对位于境外的服务器无法直接获取原始存储介质的，一般只能通过远程方式提取电子数据。① 浙江省级公检法三机关于2018年9月发布的《电信网络诈骗犯罪案件证据收集审查判断工作指引的通知》第25条也只是要求，对于原始存储介质位于境外涉案电子数据，"应当注明网络在线提取电子数据情况以及电子数据来源的真实性"。这种规则建构的理念明显侧重于回应侦查机关便利、高效取证的需要以及对电子数据真实性审查的强调，全然忽视潜在的国际法甚至外交风险，甚至也容易成为一些国家炒作"中国威胁论"的证据。② 实际上，中国至今与数十个国家所签署的刑事司法协助条约，一般都会规定刑事侦查取证方面的协助。2018年10月施行的《国际刑事司法协助法》第25条也将"电子数据"与"有关文件、记录和物品"并列在一起，均规定为办案机关需要外国进行协助调查取证的内容。虽然这种程序较为复杂且耗费时间，但无疑是双方在相互尊重主权的前提下共同缔造的法律机制。因此，中国在与许多国家存在刑事司法协助机制的情况下单独授权侦查机关对电子数据进行跨境远程勘验或技术侦查，与既定的司法协助框架存在着明显的冲突。

2. 具体侦查措施的开展缺乏强有力的权利保障及侦查权制约的考量

首先，中国侦查机关针对境外计算机系统进行的远程勘验和技术侦查在许多情况下都属于秘密侦查，缺乏事前或事后告知的制度设计。我国《刑事诉讼法》第130条规定，侦查人员执行勘验，必须"持有"证明文件；而第138条规定，进行搜查，必须向被搜查人"出示"搜查证。由于未明确规定远程搜查，导致这种侦查措施在具体运用时无需嫌疑人知晓，只需"持有"证明文件便可进行远程勘验，这对嫌疑人权利的保障显然不利。

其次，授权开展的侦查措施并不像《布达佩斯公约》中部分条款的适用那样

---

① 喻海松：《〈关于办理网络犯罪案件适用刑事诉讼程序若干问题的意见〉的理解与适用》，载《人民司法（应用）》，2014（17）。
② 叶媛博：《我国跨境电子取证制度的现实考察与完善路径》，载《河北法学》，2019（11）。

以任意侦查为特征,甚至在实践中相当程度地表现出强制侦查的面相。具体而言,非经同意而秘密使用技术设备进行的远程勘验、实时监控型技术侦查作为均具有强制侦查的属性。此外,就经嫌疑人同意而进行的跨境远程勘验而言,虽然从学理上应当属于"经同意的搜查"而纳入任意侦查的措施体系,但实践中也常表现出强制侦查的样态。原因在于,在我国的侦查讯问程序中,尽管我们已经对通过刑讯逼供等非法方法进行的讯问给予了大力的治理,① 但是非法讯问仍然没有完全得到根治。在这种情况下,侦查人员通过非法讯问获得境外计算机系统的账号、密码登录其中进行所谓的远程勘验,与《布达佩斯公约》有意排斥强制侦查的理念形成了鲜明的对照。②

最后,相关强制侦查措施缺乏强有力的外部制约机制。例如,行技术侦查之实的跨境"远程勘验"从技术层面已经可以做到对目标系统的后台数据进行全盘镜像复制或深度获取,③ 而目前对这些潜在的侵权性极强的秘密取证措施尚不存在来自于外部的监督或审批程序。又如,根据《公安机关办理刑事案件程序规定》第264条,技术侦查由设区的市一级以上公安机关负责技术侦查的部门实施,这实际上只是相对其他的侦查措施而言提高了开展技术侦查的侦查机关的级别。与此相对的是,域外主要国家一方面普遍未明确授权跨境技术侦查,另一方面即使是未跨境开展的这类侦查措施也需要由中立的司法机关进行严格的事前审查。

第三节 制度完善的具体建议

从全球层面来看,跨境远程电子取证制度在短时间内无法取得进一步的共识,《布达佩斯公约》在此方面已经遭遇了极大的困境而止步不前。由于中国未加入

---

① 陈如超:《刑讯逼供的国家治理》,载《中国法学》,2014(5)。
② 根据《公约第32条指引注释》第3.4部分的说明,《公约》第32条b款的适用必须建立在合法且自愿的基础之上,这就意味着提供登陆方式或同意披露数据的人没有受到强迫或者欺骗。
③ 例如,北京市公安局在2015年发布的《关于办理电信诈骗案件指导意见》的"取证要点及规格"部分,强调远程勘验除了调取涉案网站的前台数据,还要收集"后台数据",具体而言需重点调取"域名、IP、伪造文书信息、木马等恶意程序和登录维护日志"。这就意味着,除非有加密防火墙存在,目标系统中深度存储的信息均在侦查人员面前暴露无遗。

《布达佩斯公约》，不能根据其中第 32 条特别是 b 款的规定开展跨境远程取证。实际上，我国外交部门还多次在国际场合对该条款表示坚决反对，认为相应跨境远程取证措施实质上属于侵犯他国主权。例如，中国代表团在 2018 年 4 月出席"联合国网络犯罪政府间专家组第四次会议"时针对《布达佩斯公约》第 32 条主张，应在坚持各国主权平等和尊重各国管辖权的基础上，在联合国框架下通过多边协商达成共同接受的规则，避免由单个国家或有限成员的地区采取单边立法造成的"碎片化"。①

从个别国家的探索来看，虽然比利时的法律给予了侦查机关进行这种取证活动的有限的授权，但其中对告知义务的规定反映出该国仍然非常重视对他国主权的尊重。而从美国和荷兰的立法发展动态来看，由于并非直接授权跨境远程电子取证，因此更是显示出国家主权原则对国内法中侦查取证规则内容的限定。

我国近年来也已经在谨慎探索单边跨境电子取证的规范化和法治化，而且从学理层面也可以为特定情形下的这类取证活动提供依据。但是也需要清醒地认识到，中国以《电子数据规定》为代表的跨境远程电子取证条款明显与国际发展状况不适应。当然，这并不是说中国必须盲从《布达佩斯公约》的内容以及比、美、荷这样的代表性国家的法律规定，但是对国家主权原则的遵循以及网络环境下的权利保障和侦查权的控制有必要成为完善中国相应制度的理念，这也是未来加强国际合作的基础。本部分的对策研究将在此理念的指引下提出具体的制度重塑方案。

一、继续单列网络在线提取措施并界定为对公开数据的取证

《电子数据规定》没有将一般性的"网络在线提取"纳入"网络远程勘验"当中，而是强调在进行网络在线提取工作的情况下，"必要时"可以进行网络远程勘验。然而，对于这两种侦查措施的区分，从上文的解析来看，在理论和实践中仍然并不清晰，仍有必要进一步进行界定。对此，最高法院的两位同志结合《电子数据规定》，针对这两种措施的关系指出：

---

① 参见外交部条约法律司官方认证的微信公众号"中国国际法前沿"于 2018 年 4 月 10 日刊发的《中国代表团在联合国网络犯罪政府专家组第四次会议各项议题下的发言以及提交的书面建议》。

网络在线提取基本可以理解为一个下载动作，既包括对公开的门户网站上的网页信息进行下载，也包括经网络远程勘验后下载。网络远程勘验是指通过网络对远程计算机信息系统实施勘验，发现、提取与犯罪有关的电子数据，记录计算机信息系统状态，判断案件性质，分析犯罪过程，确定侦查方向和范围，为侦查破案、刑事诉讼提供线索和证据的侦查活动。可以说，网络远程勘验的最终目的也是在线提取电子数据，但它有一个勘验的过程，甚至涉及技术侦查措施的使用。[1]

从公安部于2019年发布的《公安机关办理刑事案件电子数据取证规则》来看，官方也确实有意对网络在线提取和网络远程勘验进行区分。这里可以参考一份对该规则的"理解与适用"文章中的表述：

《公安机关办理刑事案件电子数据取证规则》对网络在线提取和远程勘验的区别进一步予以明确，二者类似传统现场勘验和痕迹物品提取，远程勘验兼具收集提取"电子数据"和进一步收集"有关信息"、查明"有关情况"的功能，侧重于侦查人员分析、判断、发现过程，是对虚拟现场、电子数据的客观描述，《远程勘验笔录》可以直接反映侦查人员观察到的电子数据内容和相关信息，可以独立作为证据；而网络在线提取只有收集提取"电子数据"的功能，主要是对电子数据来源的说明，《网络在线提取笔录》证据主体仍然是电子数据，若不附电子数据，则不能作为证据使用。需要特别说明的是，由于前述规则着眼点是电子数据，故仅明确了网络在线提取时应当进行远程勘验的情形，未对远程勘验的其他功能作过多规定，并不是用网络在线提取替代远程勘验。实践中，如果远程提取电子数据，则既可以把有关情况记录在《远程勘验笔录》中，又可以记录在《网络在线提取笔录》中，但如果仅收集有关信息不提取电子数据，则只能将有关情况记录在《远程勘验笔录》中。[2]

---

[1] 周加海、喻海松：《〈关于办理刑事案件收集提取和审查判断电子数据若干问题的规定〉的理解与适用》，载《人民司法（应用）》，2017（28）。
[2] 田虹、翟晓飞、王艺筱：《〈公安机关办理刑事案件电子数据取证规则〉的理解与适用》，载《派出所工作》，2019（3）。

从上述两篇引文段落可以发现，网络在线提取并不是要替代远程勘验，两者在侦查工作中存在功能上的区分。然而细读上述文字关于笔录的阐述可以发现，如果远程勘验时要提取电子数据，则这种措施的运用实际上可以包容电子数据的网络在线提取。由此可见，如果将网络在线提取定性成一种侦查措施，那么它与网络远程勘验措施并不是截然区分的。简言之，根据上述阐释，如果仅提取电子数据而不收集有关信息，则属于远程在线提取；如果提取电子数据的同时也收集有关信息，则属于远程勘验；如果只收集有关信息而不提取电子数据，则只属于远程勘验。这种观点实际上就是将对传统实物证据进行现场取证时所使用的"提取"和"现场勘验"在网络远程状态下的延伸。

具体到网络在线提取的电子数据而言，根据《公安机关办理刑事案件电子数据取证规则》第 23 条的规定，跨境提取的只能是"公开发布的电子数据"。由于强调所提取的境外电子数据属于公开数据，因此这种措施的运用相当于《布达佩斯公约》第 32 条 a 款的规定，通常只是对境外网站或网络的公开信息进行提取，性质上属于任意侦查，[①] 实际上根本谈不上对《宪法》和《刑事诉讼法》所保护的权利有何干预性，因此基于侦查自由原则而开展的这类侦查措施也确实没有必要纳入勘验措施当中。

对于何谓"公开发布的电子数据"，有必要做细致的界定。这里需要注意的是，根据上述"理解与适用"文章的立场，不能将公开发布的电子数据简单地等同于通过浏览器等方式可以直接访问的数据。具体而言，"对'公开发布的电子数据'宜作扩大解释，不能机械地将是否需要用户名、密码访问作为条件，比如大量赌博、淫秽色情、诈骗等网站、论坛均位于境外，境内不特定对象注册、登录后均可以访问，对这类网站中的电子数据可以使用网络在线提取。"[②]

对"公开发布的电子数据"进行界定，主要的目的是同境外"非公开发布的电子数据"予以区分，以此对收集提取相应公开数据的侦查取证措施进行明确授权。具体而言，关于境外"非公开发布的电子数据"，田虹等人将其主要细分为四个方面："一是需通过国际条约或者合作机制、刑事司法协助、国际警务合作

[①] 参见谢登科：《电子数据网络在线提取规则反思与重构》，载《东方法学》，2020（3）。
[②] 田虹、翟晓飞、王艺筱：《〈公安机关办理刑事案件电子数据取证规则〉的理解与适用》，载《派出所工作》，2019（3）。

渠道调取证据；二是需通过勘验境内访问、下载该信息的终端、间接获取该电子数据；三是需通过技术侦查措施获取有关电子数据；四是需转化为其他类型的证据。"[1]刘浩阳等人在中国人民公安大学出版社于2020年出版的《公安机关办理刑事案件电子数据取证规则释义与实务指南》一书第123页，则从网络在线提取的角度具体地提出，"境外非公开发布的电子数据，例如境外电子邮件、网盘数据等，则不在网络在线提取的范围内"。[2]

对此，浙江省级公检法三家于2020年联合发布《关于办理跨境赌博相关刑事案件若干问题的纪要（试行）》也涉及对这个问题的规范。其中第31条规定："以技术手段获取的赌博网站后台数据、由第三方出具的POS机经续度认定意见等证据材料，可以用于辅证、补强现有证据。"由于强调相关数据需要通过技术手段才能获取，因此这类数据显然既不属于常规意见上能够通过互联网直接访问的公开数据，也不属于上述经扩大解释的公开发布的数据，而是实质上属于境外"非公开发布的电子数据"。从该纪要的表述方式来看，考虑到其提出相应的证据材料"可以用于辅证、补强现有证据"，这说明通过远程勘验、技术侦查等技术手段获取的非公开发布的电子数据是不能直接用于定案根据的。换言之，实践中采取单边方案通过技术手段获取境外非公开电子数据的侦查措施，从严格意义上并不具有合法性，所取得的电子数据不具有证据能力。

根据这个思路，需要结合上文已经提到的《公安机关办理刑事案件电子取证规则》第23条的内容做进一步的分析。上文指出，该条文"隐约涉及"关于跨境电子取证措施的规定。具体而言，"对于公开发布的电子数据、境内远程计算机信息系统上的电子数据，可以通过网络在线提取。"由于需要将境外数据区分为公开数据和非公开数据，因此对于采取技术手段才能获取的非公开数据而言，在刑事诉讼中不具有证据能力。据此可以认为，根据《公安机关办理刑事案件电子取证规则》第23条的规定，可以得出规范层面不再容许采取单边方案而运用远程勘验和技术侦查措施进行的跨境远程取证。换言之，2016年以来根据《电

---

[1] 田虹、翟晓飞、王艺筱：《〈公安机关办理刑事案件电子数据取证规则〉的理解与适用》，载《派出所工作》，2019（3）。
[2] 转引自刘品新：《网络法：原理、案例与规则（第三版）》，440页，北京，中国人民大学出版社，2021。

子数据规定》授权的单边跨境电子取证的措施体系中的网络在线提取、远程勘验以及技术侦查,自 2019 年公安部发布《公安机关办理刑事案件电子取证规则》之后,已经限缩为只包括对境外公开数据进行的网络在线提取,不再包括后两种跨境远程电子取证措施。

继续单列针对境外公开数据进行的网络在线提取措施,可以同国际社会普遍接受的这种侦查措施相对接,不仅不会产生任何国家主权方面的争议,而且信息发布者显然也对相关内容并不持有相应的隐私、数据保密方面的权利期待,因此无需设置特别的监督机制。例如,根据我国《刑事诉讼法》第 133 条的规定,勘验过程应当有见证人在场,但是由于一般性的网络在线提取措施并不可能导致对目标网站或系统的任何破坏,因此就没有必要强制要求有见证人在场。当然,除了笔录记载外,通过录像、照相等方式固定提取过程,以此保证电子数据的来源真实从而便于在后续程序中能够有效地得到鉴真,还是有很大的必要性的。

二、专门设计经同意的勘验和搜查制度

上文已经就勘验和搜查的区别进行了规范和法理方面的分析。实际上,跨境远程勘验从规范层面来看确实有存在的空间。例如,侦查人员在受害人或者证人自愿提供账号、密码的情况下,抑或通过合法途径获得受害人或证人的同意,从而登录账户远程提取存储于境外服务器中的用户数据,就不属于搜查程序,仍应按照网络在线提取的基本法理和程序来开展相应工作。上述"理解与适用"文章也强调,"对'公开发布的电子数据'宜作扩大解释,不能机械地将是否需要用户名、密码访问作为条件,比如大量赌博、淫秽色情、诈骗等网站、论坛均位于境外,境内不特定对象注册、登录后均可以访问,对这类网站中的电子数据可以使用网络在线提取。"[①] 如果这一工作过程不仅仅是提取电子数据,而且还要"收集相关情况",就应定性为跨境远程勘验。实践中,公安机关也经常采用这种方式进行跨境调证。具体而言,在有刑事管辖权的前提下,对中国境内涉案人员(包

[①] 田虹、翟晓飞、王艺筱:《〈公安机关办理刑事案件电子数据取证规则〉的理解与适用》,载《派出所工作》,2019(3)。

括中国人、外国人、无国籍人）在境外网络服务中非公开的电子数据，可对涉案人员所持有的上网设备进行提取或勘验。① 从比较研究的视角来看，如果是在经同意的情况下进行的跨境网络在线提取和远程勘验，均可以对应《布达佩斯公约》第 32 条 b 款所规定的"经同意的提取或接收"的具体表现。

从中国侦查机关一度开展得较多的所谓跨境远程勘验的许多工作来看，要么是直接提取嫌疑人在境外设置的服务器中的电子数据，要么是远程登录跨境网络运营者、网络产品或者服务的提供者（下文简称"网络服务提供者"）的系统提取嫌疑人账户数据，② 因此从性质上讲都应归入搜查程序。换言之，实践中按照勘验程序跨境远程提取这类电子数据属于侦查措施的定性错误。在法律性质上对跨境远程搜查进行界定之后，就可以按照搜查程序的基本法理来搭建相应的制度框架。从理论上讲，搜查既可以是任意侦查手段，也可以是强制侦查手段，前者指经过权利人同意后的搜查，无需证件；后者则指侦查机关经过批准或依职权强行搜查，原则上需要搜查证，但在紧急情况下，也可以进行无证搜查。③

搜查的第一种类型，即经同意的搜查实际上也属于《布达佩斯公约》第 32 条 b 款所规定的"经同意的提取或接收"的一种表现形式。由于这一条款建立在相应主体"合法同意"的基础之上，如果根据正当法律程序正常开展相应侦查工作，作为任意侦查措施，其潜在的侵权性较弱，因此得到了许多国家的认可。然而，中国外交部门多次对这一条款提出了反对意见。根据前述外交部条法司干部胡健生先生和武汉大学黄志雄教授的解读，④ 反对意见主要体现在两个方面：其一，担忧该条款可能被滥用，例如可能被用于非刑事侦查程序的情报收集；其二，更为重要的是，担忧国家主权无法得到有效尊重。换言之，如果能够在国家主权原则的框架下细化规则从而解决这两个方面的问题，经同意的情况下针对非公开

---

① 翟晓飞、赵倩：《从国际视角看中国网络犯罪取证规则的发展》，载《中国信息安全》，2019（5）。
② 除了最为典型的提取境外邮件系统中的内容数据外，实践中还包括对提供其他网络服务的平台的注册用户信息进行远程提取的案例。例如，在某走私珍贵动物、珍贵动物制品案中，公安机关使用嫌疑人在 EBAY 网站的用户名 tracywang-xm，远程提取了发帖记录、交易记录等信息的情况。参见江苏省苏州市中级人民法院（2015）苏中刑二初字第 00005 号。
③ 孙长永：《侦查程序与人权——比较法考察》，93 页，北京，方正出版社，2000。
④ 胡健生、黄志雄：《打击网络犯罪国际法机制的困境与前景——以欧洲委员会〈公约〉为视角》，载《国际法研究》，2016（6）。

数据进行的远程勘验和远程搜查在跨境远程收集电子数据的侦查制度中仍然有存在的必要。由于这个问题已经超越了纯粹的单边视角而涉及双边和多边机制的跟进，而且在第五章已经有所涉及，因此不再继续展开。

三、将非经同意的搜查纳入技术侦查措施并严格限制运用

跨境远程搜查的另外一种形式是非经同意进行的，实际上属于秘密侦查的一种表现形态。而且需要注意的是，这种搜查一般都需要通过技术手段而进入目标系统后提取电子数据。这种并未进行实时监控的措施在国外无疑也属于搜查，但是在中国现行的侦查措施体系中理应纳入技术侦查措施当中。[①] 因此，一度在侦查实践中采用所谓的远程勘验系统进行诸如"系统重构"这样的跨境远程勘验，严重降低了侦查措施的适用标准，属于明显的程序误用。

与多数国家没有直接授权相比，从掩藏于跨境远程勘验之下而实际上应纳入远程技术侦查的远程搜查措施来看，在中国过去的一段时间的侦查实践中得到了一定程度的运用。而且从潜在的侵权特性上讲，这种措施显然比中国外交部门所反对的"经同意的提取或接收"更为严重。对于采取实时监控方式开展的远程技术侦查而言，虽然中国将其作为与远程勘验并列的一种独立的侦查措施，但是国外通常是将其作为远程搜查的一个组成部分。作为潜在侵权性非常严重的一种搜查，国外对这种措施的跨境运用极为警惕。因此，无论是基于未来加强国际合作还是维护国家刑事程序法治形象的考虑，采用这类技术手段未经同意且秘密开展的跨境技术侦查都不宜得到明确授权。

尽管如此，参考国外立法及国际法原则，中国可以考虑在三个方面保留跨境技术侦查措施的运用。其一，参考美国和荷兰的立法，如果确因技术加密等原因而无法确认数据存储位置，允许进行可能跨越国境的技术侦查。对此，裴炜教授

[①] 实体空间向网络空间转换后，理论上仍应存在非经同意的搜查。但是由于网络空间中进行的非经同意的搜查一般需要采用技术手段破解、侵入系统后远程提取数据，因此在中国的侦查程序规范中与远程技术侦查呈程序上的交织状态。考虑到远程技术侦查在程序规范力度方面更强，因此无需在规范层面单独规定非经同意的远程搜查。

将侦查机关在这种情况下的跨境追踪数据称为"善意跨境",[①]应当得到认可。但是,如果我国侦查机关一经确认数据存储地,则应及时对相关国家进行告知,以求协商解决,或转而通过既有的双边或多边刑事司法协助方式开展跨境取证。其二,基于国际法上的对等原则,如果确认他国有对中国开展同类技术侦查的行为,中国也应保留对该国境内的数据使用同种侦查措施进行远程取证的权利。其三,当案情重大且涉及特别紧急情形之时,如果经由漫长复杂的常规双边、多边体系下的跨境电子取证程序可能危害国家安全,抑或可能导致社会公共利益遭受重大损失之时,可以开展这样的技术侦查,但是事后应当及时地与相关国家进行沟通协调,以获得理解。

当然,考虑到跨境远程技术侦查在国际上存在巨大的争议,中国有必要强化对这种侦查措施的监督机制。一方面,必须从横向角度加强外部监督。就跨境技术侦查(国外一般属于搜查)的运用而言,国外普遍需要由法官令状授权。考虑到当前的国情,有学者建议由性质上同属于司法机关的检察机关来行使电子数据搜查的审批权比较适当。[②] 笔者同意此观点,将这类强制处分措施的审批权从侦查机关剥离出来确有必要,考虑到相应取证措施涉及的法律问题的复杂性,由检察机关行使审批权就显得更加必要。特别是对于实时监控型跨境技术侦查这种潜在侵权性最强的措施的适用而言,强制要求司法机关进行事前审查以进行最为谨慎的风险评估,就显得更为必要。另一方面,必须从纵向角度加强内部监督。参考比利时的刑事诉讼程序和荷兰的动态,通过最高层级的侦查机关对跨境技术侦查进行把关,一来可以避免基层侦查机关滥用这类侦查措施;二来在出现国家主权争议或外交纠纷的时候能够保证相关部门更好地与他国政府主管部门进行沟通和协调。以公安机关在未来的实务中可能开展的跨境技术侦查为例,即使无法做到所有案件都由公安部进行纵向审批,也有必要通过系统内部的专门平台向公安部主管机构备案。此外,公安部与外交部有必要建立与此相关的定期联络与沟通机制,以便对实务中可能出现的外交风险进行及时评估。

---

① 裴炜:《数字正当程序:网络时代的刑事诉讼》,20 页,北京,中国法制出版社,2021。
② 陈永生:《电子数据搜查、扣押的法律规制》,载《现代法学》,2014(5)。

第七章
数据调取长臂执法与数据出境管制制度

数字时代的到来令数据冲破了传统意义上的国家疆界，跨境流动已经成为常态。特别是随着云计算、区块链等新兴技术的飞速发展，越来越多的网络或数据网络服务提供者大范围地占有或掌控分布于全球各地的海量数据，这已经成为不争的事实。在此背景下，一些国家近年来依托这些网络服务提供者，以长臂执法的方式获取存储于境外的数据，从而绕避冗长复杂的司法协助程序。

所谓长臂执法，是从美国民事诉讼中的长臂管辖（long-arm jurisdiction）发展而来的，是指"当非法院地居民与法院地间存在某种限度的联系，同时原告提起的诉讼又产生于这种联系时，法院对于被告所主张的管辖权"。在实践中，美国法院多是根据长臂管辖权理论对网络案件行使管辖权。① 此后，长臂执法逐步扩展到美国跨越国境对其他国家的执法活动。由于所谓的"存在某种限度的联系"必定会存在理解上的不一致，因此无论是普通的民事案件还是网络案件，经常都会在管辖权的判定方面引发争议，而这种争议在涉及跨越国境因素而触及国家主权、国家安全争端的案件中便会被无限放大。

依托网络服务提供者跨境获取数据由于在一定程度上造成了对第三国数据主权的负面影响，② 因而引发了全球范围的广泛关注和争议。例如，在2019年于奥地利维也纳举行的"联合国网络犯罪政府专家组第五次会议"上，以美国、英国、智利等《布达佩斯公约》缔约国为代表的一些国家表示，为满足日益增长的调取电子数据的需求，应授权执法机关直接向互联网企业调取证据，包括存储在他国的证据。俄罗斯、南非、伊朗等国则不同意这样的观点，认为跨国调取电子数据应尊重证据所在国主权，保障相关主体和个人的权利。③

我国坚持强调网络犯罪虽然没有国界，但国家主权则有疆界。依托网络服务

---

① 郭玉军、向在胜：《网络案件中美国法院的长臂管辖权》，载《中国法学》，2002（6）。
② 李彦：《网络犯罪国际法律机制建构的困境与路径设计》，载《云南民族大学学报》（哲学社会科学版），2019（6）。
③ 张鹏、王渊洁：《联合国网络犯罪政府专家组最新进展》，载《信息安全与通信保密》，2019（5）。

提供者跨境调取电子数据必须尊重证据所在地的国家主权，不能仅因国际司法协助和执法合作取证效率低下便对其简单予以否定。为此，我国近年来密集出台了一系列法律法规，通过对数据出境①进行严格管制的方式来应对长臂执法的巨大威胁。例如，2021年9月1日起施行的《数据安全法》第36条规定："中华人民共和国主管机关根据有关法律和中华人民共和国缔结或者参加的国际条约、协定，或者按照平等互惠原则，处理外国司法或者执法机构关于提供数据的请求。非经中华人民共和国主管机关批准，境内的组织、个人不得向外国司法或者执法机构提供存储于中华人民共和国境内的数据。"在此基础上，根据该法第48条第2款的规定，相关主体未经主管机关批准向外国司法或者执法机构提供数据的，将由有关主管部门给予警告、罚款、责令暂停相关业务、停业整顿、吊销相关业务许可证或者吊销营业执照等处罚。

然而，以《数据安全法》上述条款为代表的数据出境管制规则到底是否能够有效应对外来长臂执法所带来的负面影响？面对长臂执法与我国数据出境管制所呈现出来的法律冲突，我国应当如何继续完善数据出境的管制规定？这些问题不仅涉及国家主权的维护与国家对数据资源的有效管控，还关系到数据网络服务提供者是否能够有效做到跨境合规运营，以及相关数据所有者、使用者的合法权益是否能够得到妥善保护，因此十分有必要加以深入研究。本章拟首先梳理和解读我国于数据层面面临的长臂执法的突出表现及近年来对数据进行出境管制的法律法规，然后细致分析外国法关于我国数据出境管制的基本态度与处理方案，最后立足《数据安全法》等相关法律法规的规定，对我国数据出境管制的未来发展提供学理建议。

---

① 所谓数据出境，根据国家质量监督检验检疫总局和全国信息安全标准化技术委员会于2017年8月25日联合发布的《信息安全技术数据出境安全评估指南（征求意见稿）》第3.7部分的表述，主要涉及三种情形。其中，"注1"中"b"项所列举的"数据未转移存储至本国以外的地方，但被境外的机构、组织、个人访问查看的（公开信息、网页访问除外）"，属于本章讨论的外国执法机构依托网络服务提供者开展长臂执法而要求"提供"存储于境外的数据的典型表现。至于网络服务提供者因业务运营等原因将境内数据转移存储于境外等情形，则与长臂执法无关，因此不属于本章研究的"数据出境"。

第一节　我国针对长臂执法的数据出境管制的规范解读

面对绕开司法协助渠道的数据调取长臂执法，我国近年来密集出台了相关法律法规及草案，以期作出针对性的制度应对。除此之外，还有一些有关数据出境管制的规范性文件也可以适用于对长臂执法的应对，本部分将一并予以分析。

一、我国关于数据出境管制的规则类型与内容

除了开篇提到的《数据安全法》第 36 条关于数据出境管制的规定外，我国近年来还在相关领域出台了一系列的法律法规及征求意见稿。从适用范围的角度来看，可以将相关规则划分成三种类型。

其一，适用于特定行业的概括性数据出境管制规则。例如，2011 年 5 月 1 日施行的《中国人民银行关于银行业金融机构做好个人金融信息保护工作有关问题的通知》第 6 条规定，"除法律法规及中国人民银行另有规定外，银行业金融机构不得向境外提供境内个人金融信息"。又如，工信部于 2021 年 9 月 30 日发布的《工业和信息化领域数据安全管理办法（试行）（征求意见稿）》第 24 条规定，工业和电信数据处理者在中华人民共和国境内收集和产生的重要数据"确需向境外提供的，应当依法依规进行数据出境安全评估，在确保安全的前提下进行数据出境，并加强对数据出境后的跟踪掌握"。由于并未指明对个人金融信息、工信领域重要数据进行出境管制的具体原因，因此这些规定可以称为概括性的数据出境管制规则，适用范围很大。

其二，专门指向开展跨境业务的数据出境管制规则。例如，2017 年 6 月 1 日施行的《网络安全法》第 37 条和 2021 年 10 月 1 日施行的《汽车数据安全管理若干规定（试行）》第 11 条，均规定了关键信息基础设施的运营者、汽车数据处理者"因业务需要"而"向境外提供"数据的内容。以后者为例，其规定，"重要数据应当依法在境内存储，因业务需要确需向境外提供的，应当通过国家网信部门会同国务院有关部门组织的安全评估。"与上一类规则不同，这类规则充分考虑到了关键信息基础设施的运营者、汽车数据处理者因越来越多开展跨境业务

而可能频繁向境外提供或转移数据的情况，具有明显的针对性。

其三，明确用于抵制跨境执法及司法活动的数据出境管制规则。2018年10月26日施行的《国际刑事司法协助法》聚焦于刑事诉讼活动，对外国绕避刑事司法协助程序进行刑事取证的情况进行了坚决抵制。该法第4条规定，"中华人民共和国境内的机构、组织和个人不得向外国提供证据材料和本法规定的协助。"该法指向所有的"证据"，因而也包含对数据出境的管制。此外，《数据安全法》第36条和《个人信息保护法》第41条也明确指向来自境外的长臂执法和司法活动，禁止境内的组织、个人和个人信息处理者在非经中华人民共和国主管机关批准的情况下向外国司法或者执法机构提供存储于我国境内的数据或个人信息，只是并未仅仅局限于刑事诉讼。

综上，我国已经或正在计划从多个方面对数据出境进行管制。首先，境内多种类型的主体受到约束。这些主体包括银行业金融机构、关键信息基础设施的运营者、境内的组织和个人、汽车数据处理者、个人信息处理者，等等。随着相关法律法规的持续完善，受到调整的主体的范围大概率还会继续扩大。其次，不得向境外提供的数据类型多样。除了部分法律法规中的一般性规定外，相关数据还涵盖个人金融信息、汽车数据处理者掌握的特定行业的重要数据。最后，多种类型的数据出境管制规则均可用于抵制长臂执法。部分法律法规虽然只是概括性地禁止相关主体向境外提供数据，但是也可以用于对长臂执法的抵制。除此之外，《国际刑事司法协助法》等法律则是非常鲜明地指向了外国开展的执法和司法活动。

二、关于我国数据出境管制规则的综合评析

（一）从生成背景来看，部分规则设计具有明显的抗衡长臂执法的意图

例如，从《国际刑事司法协助法》第4条规定的立法背景来看，实践中，"有外国司法、执法机关未经我国主管机关准许调取我国境内证据材料，或者要求我国境内的机构、组织和个人提供相关协助，损害我国司法主权和有关机构、组织和个人的合法权益的情况。这实际上是外国滥用所谓的'长臂管辖权'，将其司

法权凌驾于我国的司法主权之上。"①

因此，相关规则的生成背景可以反映出，中国对包括数据在内的证据材料的出境进行管制的规则很大程度上就是在面临长臂执法威胁的背景下产生的。在面对跨境执法调取数据的利益考量时，我国在国家主权、安全和发展利益的平衡之上，在回应或对抗的过程中更多地是遵循"防守"策略，考虑国家主权和安全利益。②

而从相关法律法规的内容发展来看，我国对数据出境进行的管制越发严格，反映出对长臂执法越发慎重甚至强硬的抵制姿态。例如，2020年7月3日发布的《数据安全法（草案）》第33条拟规定，"境外执法机构要求调取存储于中华人民共和国境内的数据的，有关组织、个人应当向有关主管机关报告，获得批准后方可提供。"然而在最终生效的法律文本中，该规定变成了第36条的部分表述，即"非经中华人民共和国主管机关批准，境内的组织、个人不得向外国司法或者执法机构提供存储于中华人民共和国境内的数据。"

从两个方面的变化来看，立法机关对于这类数据的出境管制的态度更为慎重，同时对长臂执法调取数据的做法趋于更加重视甚至强硬抵制。

其一，批准数据出境的主体由"主管机关"改为了"中华人民共和国主管机关"。《网络安全法》第8条规定，"国家网信部门负责统筹协调网络安全工作和相关监督管理工作。国务院电信主管部门、公安部门和其他有关机关依照本法和有关法律、行政法规的规定，在各自职责范围内负责网络安全保护和监督管理工作。"有观点认为，"《数据安全法》中关于网络数据安全的主管机关是国家网信部门，一般是指中共中央网络安全和信息化委员会，办事机构是中央网络安全和信息化委员会办公室。对于境外执法和司法机构发来的请求，以及境内任何组织和个人发来的向境外传输重要数据的请求，都需要由国家主管机关进行批准。"③按此观点，审批数据出境的机关是中央层级的网信办，而不是地方层级的网信办，或

---

① 王爱立主编：《〈中华人民共和国国际刑事司法协助法〉解读》，26页，北京，中国法制出版社，2019。
② 洪延青：《"法律战"旋涡中的执法跨境调取数据：以美国、欧盟和中国为例》，载《环球法律评论》，2021（1）。
③ 龙卫球主编：《〈中华人民共和国数据安全法〉释义》，123页，北京，中国法制出版社，2021。

者电信、公安等部门。因此，审批主体由"主管机关"改为"中华人民共和国主管机关"，显然可以反映立法机关对这种情况下的数据出境的态度变得更为慎重。

其二，"报告并获得批准后方可提供"改为了"非经批准不得提供"。虽然二者都强调这种情况下的数据出境要经过向主管机关报告并获得批准的程序，而且这种程序并没有因条文表述的变化而发生改变。但是从表述的具体变化来看，草案第33条的措辞方式显然更为平和。对比之后就可以发现，生效文本中第36条由于使用了"非经"以及"不得提供"这样的表述，显示立法机关抵制长臂执法的态度变得更为强硬。

又如，《个人信息保护法》第41条要求，境外的司法或者执法机构要求提供存储于中华人民共和国境内的个人信息的，非经中华人民共和国主管机关批准，"不得提供"。从立法目的来看，本条规定基于维护国家主权、安全和发展利益的需要，对向境外司法或执法机构提供个人信息、限制跨境提供个人信息的措施等作出规定。对比该法一审稿、二审稿和三审稿的文本变化，本条规定较之一审稿和二审稿，"针对长臂管辖的功能性更强"。[①] 该法一审稿第41条虽然也说明相关活动"应当依法申报有关主管部门批准"，但是缺少了"不得提供"之表述，[②] 从而反映出最终的法律文本对长臂执法调取我国境内个人信息的态度趋于更加强硬。

（二）从具体内容来看，数据出境管制的具体规则设计有待细化和明确

一方面，对外国所调取数据的出境是否需要主管机关批准，并未保持一致。这个问题的实质在于，面对长臂执法，我国对数据的出境到底是绝对禁止的，还是具有一定的灵活性，还存在着疑问。例如，从《国际刑事司法协助法》第4条的表述来看，实际上可以理解为绝对禁止我国境内的相关主体向外国刑事执法及司法机关跨境提供数据。从国务委员兼外长王毅于2020年9月8日在北京举行

---

① 参见龙卫球主编：《中华人民共和国个人信息保护法释义》，190页，北京，中国法制出版社，2021年。
② 参见刘俊臣：《关于〈中华人民共和国个人信息保护法（草案）〉的说明》，载http://www.npc.gov.cn/npc/c30834/202108/fbc9ba044c2449c9bc6b6317b94694be.shtml，最后访问日期：2022年2月25日。

的"抓住数字机遇,共谋合作发展"国际研讨会上提出的《全球数据安全倡议》来看,也可以认为官方也持相应的态度。具体而言,"各国应尊重他国主权、司法管辖权和对数据的安全管理权,未经他国法律允许不得直接向企业或个人调取位于他国的数据。各国如因打击犯罪等执法需要跨境调取数据,应通过司法协助渠道或其他相关多双边协议解决。国家间缔结跨境调取数据双边协议,不得侵犯第三国司法主权和数据安全。"①据此,在没有强调是否需要主管机关批准的情况下,我国境内的有关组织、个人并不能在双边或多边渠道之外向境外执法或司法机关提供任何数据。

然而,《数据安全法》第36条的类似规定则出现了松动,未再绝对禁止有关组织、个人向境外执法机构提供相应数据,而是强调要"经过中华人民共和国主管机关批准"。《网络安全法》第37条由于强调关键信息基础设施的运营者因业务需要,确需向境外提供数据的,应当"按照国家网信部门会同国务院有关部门制定的办法进行安全评估",实际上也没有绝对禁止在面临长臂执法时相关数据的出境,而是需要进行具体问题具体分析。

另一方面,出境管制的到底是全部数据还是部分数据,仍需要厘清。以《国际刑事司法协助法》第4条为例,我国境内的机构、组织和个人不得向外国提供包括数据在内的证据材料。由于没有对数据类型进行任何区分,这便可以理解为该法禁止相关主体在刑事诉讼中私自向境外提供所有的数据。

然而,上述部分法律法规却对出境管制的数据进行了区分,并且出现了两种不同的思路:第一种思路是以数据类型为依据进行出境管制。以《网络安全法》第37条为例,关键信息基础设施的运营者向境外提供重要数据时必须经受管制。换言之,国家对关键信息基础设施的运营者所掌握的重要数据进行重点保护,出境管制也只是针对重要数据,而并未强调要对其所掌握的全部数据都进行严格管制。第二种思路是按照平等互惠原则放松数据出境管制。例如,《数据安全法》第36条明确规定,可以"按照平等互惠原则,处理外国司法或者执法机构关于提供数据的请求。"再以《个人信息保护法》为例,全国人大宪法和法律委员会经研究,在立法过程中便注意到,"按照我国缔结或者参加的经贸合作等国际条约,

---

① 《全球数据安全倡议》,载 http://www.xinhuanet.com/2020-09/08/c_1126466972.htm,最后访问日期:2022年2月25日。

可以向境外提供个人信息，草案中应当考虑规定这种情形"。① 由于该法第 41 条强调可以"按照平等互惠原则，处理外国司法或者执法机构关于提供存储于境内个人信息的请求"，这也可以理解为没有绝对禁止所有个人信息的出境。

（三）从实施效果来看，国家数据安全的维护与国际法上的冲突有待消解

如果严格执行上述数据出境管制规则，无疑会引发一个无法回避的问题，那就是中国法和授权执行跨境数据调取的外国法会处于直接冲突的状态，而且这种情况必定会在个案中越来越多地表现出来。这种局面反映出来的本质问题在于，各国基于自身主权和安全利益考虑而对数据资源的争夺会愈演愈烈，对数据的管辖权的主张和抗衡会趋向于常态化。

在此背景下，十分棘手的问题在于，处于国际法律冲突状态下的数据网络服务提供者必然会处于十分尴尬的境地。如果听命于某些国家长臂执法的指令，就很可能违反数据存储地所在国家的数据出境管制规则；如果遵循数据出境管制规则，则会相应地违反开展长臂执法的国家的法律规定。对于我国在境外开展运营的大量网络及数据网络服务提供者而言，必然会于未来在个案中频繁地处于中国法和外国法冲突的夹缝之中。对此，如何保障相关网络服务提供者的合法权益，并且对其开展涉外数据服务提供针对性的合规指引，上述法律法规实际上还没有给予特别的关照。

第二节　外国法关于中国数据出境管制的态度与处理方案

从维护本国利益并有效推动数据跨境合法合规流动的目标出发，不同国家有必要针对他国数据出境管制的相关法令作出回应，从而视情况调整本国数据跨境

---

① 全国人民代表大会宪法和法律委员会：《关于〈中华人民共和国个人信息保护法（草案）〉审议结果的报告》，载 http://www.npc.gov.cn/npc/c30834/202108/a528d76d41c44f33980eaffe0e329ffe.shtml，最后访问日期：2022 年 2 月 25 日。

流动及长臂执法的相关规则和实践。本部分将以中国数据出境管制的上述规则为研究背景,讨论在中国对于数据出境进行愈加严格管制的态势下,欧美执法机构在开展长臂执法的过程中所依据的相关法律,将如何应对中国对数据出境的管制。

一、外国法应对中国数据出境管制的基本态度

一方面,外国法对中国数据出境的管制会给予一定关注。由于中国关于数据出境管制的法律法规必然会与授权跨境数据调取的外国法构成国际法上的直接冲突,因此外国法必然需要对这种冲突予以回应。从欧美国家的情况来看,其对这种冲突不会全然无视,而是会在一定程度上加以注意,甚至会对本国法律的跨境执行进行一定程度的调整。

以《云法案》为例,美国司法部发布的白皮书指出,当一国与美国未签署《云法案》框架下的政府间协议的情况下,如果美国法院发布的跨境数据收集指令与相应国家的数据出境管制法律相冲突,那么美国的执法机构可以选择替代性的执法方案加以解决。具体而言,这些方案包括限缩或调整跨境执法指令的内容以避免法律冲突,通过更为紧密的意向探寻或善意的沟通协调来解决冲突,抑或在一项可适用的双边司法协助框架下发布跨境执法请求。[1] 据此,在中国未加入《云法案》框架的情况下,美国执法机构也可能在一定程度上考虑因中国对数据出境的管制而构成的法律冲突,并通过相应机制加以解决。

另一方面,外国法对中国数据出境的管制不会全盘接受。尽管一些国家会在一定程度上对中国的数据出境管制予以关注,但这并不意味着欧美国家会单向性地过度侧重于考虑中国的数据安全保护和数据出境管制方面的利益,而是从总体上尽可能满足自身的执法需求。以欧盟《电子证据条例(草案)》为例,其中第1条拟规定,无论数据位于何处,成员国当局均有权要求在欧盟境内的网络服务提供者生成或保存电子证据。这里传达了一个信号:长臂执法所反映的成员国的

---

[1] U.S. Department of Justice, "Promoting Public Safety, Privacy, and the Rule of Law Around the World: The Purpose and Impact of the CLOUD Act", https://www.justice.gov/opa/press-release/file/1153446/download, 最后访问日期:2019年4月10日。因本章也会多次援引该白皮书,下文参照第三章的做法,不再重复引注,只说明美国司法部官网刊载的PDF版本原文的页码。

利益一定是摆在第一位的。据此，中国的网络或数据网络服务提供者如果在欧盟境内开展相关运营活动，就必须接受欧盟成员国基于其执法需求所提出的数据提交或保存指令，我国对数据出境的管制只会成为开展长臂执法的国家在个案程序运行中的一个考量因素而已。

二、外国法处理中国数据出境管制的"平衡测试"方案解析

为了回应以中国数据出境管制规则为代表的一些国家的法律法规的适用，美国与欧盟近年来越发表现出采取所谓的"平衡测试"（balancing test）方案来满足执法需求并开展长臂执法的趋势。对这种趋势及"平衡测试"的具体做法展开深入研究，不仅关系到我国相关数据出境管制规则能否得到有效适用，而且关系到我国的网络服务提供者在境外的合规运营能否顺利开展，因此值得高度关注。本部分将从美国《云法案》、中资银行案裁决及欧盟《电子证据条例（草案）》的相关内容出发，分别进行详细探讨。

（一）美国《云法案》的"平衡测试"

美国司法部在《云法白皮书》第16页指出，当美国政府部门在跨境数据执法过程中面临法律冲突时，法院便有望适用所谓的长久以来所遵循的美国法律及国际法律的准则，也即采取一种考虑多种因素的"平衡测试"方案，以此确保国际礼让能够得到恰当尊重。

《云法案》对网络服务提供者在面临法律冲突时进行"抗辩"提供了指引。具体而言，当网络服务提供者合理地认为存在如下情况时，可提出"撤销或修正法律流程的动议"：一是目标对象不是"美国人"且不在美国居住；二是披露义务将会导致网络服务提供者违反"适格外国政府"的法律规定；三是基于该个案的所有情况，为维护司法公正，该法律流程应被撤销或修改。

针对前述第二、第三种情况，如果美国执法机构仍试图执行会导致与外国法律相冲突的跨境数据披露指令，需要通过多种因素的平衡、考虑美国和其他国家利益的方式确保国际礼让能够得到适当尊重。为此，当法院当收到服务提供者因法律冲突所提出的撤销或修改数据披露指令的动议时，可在对多种因素

进行"礼让分析"（comity analysis）后，酌情修改或撤销法律程序。这些具体的衡量因素涉及八个方面，分别是：（A）美国的利益，包括要求披露数据的政府机构的调查利益；（B）适格外国政府在避免任何被其法律禁止的数据遭到披露方面的利益；（C）由于对服务提供者施加了不相一致的法律要求，而对服务提供者或其任何雇员进行处罚①的可能性、范围和性质；（D）所要调查的通信信息所属的订户或客户所处的地点和国籍（如知晓的话），以及订户、客户与美国及外国相联系的性质和程度；（E）网络服务提供者与美国的联系及其于美国"存在"（presence）的性质和程度；（F）调查活动所要求披露的信息的重要性；（G）及时有效地获取所需要披露之信息的手段造成较少的消极严重后果的可能性；（H）在法律程序是由外国当局所提起的情况下，其提出协助请求的相关调查利益。②

需要注意的是，根据《云法案》的相关内容及具体运行，"平衡测试"方案主要适用于美国法律与同美国政府签署有行政协议的"适格外国政府"的法律之间的冲突。但是从美国司法部所发布的上述《云法案》白皮书的内容来看，在强调进行礼让分析时，只是说明需要一种考虑多种因素的"平衡测试"方案，而没有特别强调只能适用于"适格外国政府"。因此，在中国与美国没有于《云法案》框架下签署行政协议的情况下，当美国执法机构依托中资网络服务提供者要求披露存储于中国境内的数据时，后者实际上也可以尝试提出修改或撤销相应法律程序的动议，以维护自身的合规权益。

（二）中资银行案裁判中的"平衡测试"

1. 中资银行案案情及裁判意见

近年来，美国在个案中对外开展长臂管辖的情况十分常见，我国在美运营的相关机构深受影响。在这其中，"中资银行案"的裁判意见依据"丰业银行传票"进行的长臂管辖便引发了国内广泛关注。由于该案的裁决意见也进行了所谓的"平衡测试"，因此需要重点关注。

所谓的"丰业银行传票"（Bank of Nova Scotia Subpoena），与作为制定法

---

① 这类惩罚除了常见的罚金而外，还包括责令停止或整改、起诉责任人员等方式。
② 18 U.S.C. § 2703(h)(3).

的《云法案》不同，系美国20世纪80年代初判例法体系的产物，是该国开展长臂执法的一种形式。丰业银行是一家加拿大银行，在美国和巴拿马均设有分支机构。1981年，美国联邦大陪审团在一起涉税和麻醉药品案件中，向在其境内经营的加拿大籍的丰业银行发出了一份第三人随带证据出庭的命令传票（subpoena duces tecum），要求后者提供特定客户在加拿大总行和巴拿马分支机构的账户信息和交易记录。丰业银行因拒绝执行，因而被法院裁决构成蔑视法庭。①

从近期来看，我国也受到了"丰业银行传票"的影响。例如，中国银行、中国农业银行、中国工商银行、中国建设银行、交通银行和招商银行都在美国设有分支机构。美国法院以这些分支机构作为"联系"，在中国的银行仅作为第三方主体的民事案件中，将总行甚至中国境内分行纳入美国法院的管辖范围，要求中国的银行提供资料，② 相关案例并不鲜见。

从刑事案件来看，近期招商银行、交通银行、浦发银行受美国法院长臂管辖而受到处罚的案件（下文简称"中资银行案"）更是值得关注。2017年12月，美国执法机构对香港某公司涉嫌违反美国制裁朝鲜相关法令的案件开展了调查。其中两家银行在美国设有分支机构，另一家虽未设分支机构但在美国银行系统建有往来账户，因此三家银行均被要求提供该香港公司的账户交易记录。对此，三家银行均认为，传票内容属于美国法院向中资商业银行调取客户信息，应通过跨境调查取证的司法协助程序进行，理应依据两国于2000年签署的《中华人民共和国政府和美利坚合众国政府关于刑事司法协助的协定》以及2018年生效的《国际刑事司法协助法》开展相关活动。

2019年4月，美国哥伦比亚特区联邦地区法院裁定，三家中资银行须遵守"大陪审团传票"③，必须提供相关交易记录。三家银行因未予配合执法指令，而被法院认定蔑视法庭，并被处每日多达5万美元的罚款。此外，如果这些银行继续拒绝执行，还可能面临美国方面切断美元清算渠道的风险。随后，三家银行上诉至联邦巡回上诉法院。当年8月6日，法院裁定支持强制执行大陪审团传票，要

---

① 参见招商银行单证中心课题组：《中资银行"直面"挑战》，载《中国外汇》，2019（14）；United States v. Bank of Nova Scotia, 691 F.2d 1384 (11th Cir. 1982).
② 肖永平：《"长臂管辖权"的法理分析与对策研究》，载《中国法学》，2019（6）。
③ 本案中的"大陪审团传票"，是由23人组成的大陪审团，经政府执法机构通过联邦检察官办公室申请而发出的调查传票，可以要求金融机构提供与正在进行的刑事案件相关的交易记录。

求三家银行提供上述交易记录。①

此案在我国国内引发了强烈且广泛的反响。中国银行业协会首席法律顾问卜祥瑞表示:"上述事件属于美国典型的对中资银行行使长臂管辖权,中资银行依法不应履行美国法院判决。"② 理由在于,美国法院的做法明显违反商业银行法、民事诉讼法、国际刑事司法协助法等一系列中国法律的相关规定。不过,拒绝执行美国法院的裁决,必然会令中资银行在开展跨境业务时面临巨大的合规压力。展望未来,中资银行仍然可能在个案中受到"丰业银行传票"的影响。如何在跨境合规运营的同时又能遵守我国的数据出境管制规定,这无疑是摆在中国银行业面前的一道难题。

2. 中资银行案裁判中的"平衡测试"的具体内容

在上述案件中,面对美国司法机构发布的跨境金融数据提供指令,三家银行在法律程序中明确提出,如果提供相应数据,便会违反中国的数据出境管制法律法规,进而主张美国司法机构应当通过中美两国间既有的刑事司法协助程序加以收集。对此,正如前文所述,美国法院会对这种主张予以关注,而且其实际上也承认,向外资银行发布的传票虽然具有执行效力,但是并不意味着其在所有情况下都必须要得到执行。

在该案中,法院便依据国际法上的礼让原则进行了判断。具体的标准包括:所要调查获取的资料的重要性,是否存在获取这些资料的其他途径,所涉及的存在法律冲突的两个国家的利益,资料保管者如果执行传票则会违反本国法律而可能面对的潜在难题,等等。

法院经审理最终认定,"国际礼让原则并非中资银行不执行传票指令的理由"。在美国法院看来,在上述多项具体标准中,虽然从数据信息来源于中国、银行存有善意等方面来看,对于中资银行是有利的,但是仍维持了传票的执行。法院认为,最为重要的原因在于,这项调查关系到美国的安全问题,而涉及其中的中国的国家利益并不具有同等的重要性。除此之外,法院基于政府的过往经验认定,

---

① See Stefan D. Cassella, "Obtaining Records from a Foreign Bank: Note on the Decision of the Federal Court, Washington, DC, of March 18, 2019", *Eucrim-the European Criminal Law Associations' Forum*, 2(2019), 145-148.
② 孟凡霞、宋亦桐:《三家银行澄清美法院调查传闻》,载《北京商报》,2019年6月25日,第7版。

双边司法协助程序不太可能为获取相应的资料提供令人满意的替代方案。虽然中资银行遵从传票的指令可能在中国国内受到官方惩罚，但是考虑到三家银行都有国有资产的背景，因而这样的惩罚可能并不会实际得到执行。①

综上，美国法院虽然在裁决中所开展的"国际礼让"分析并没有采用"平衡测试"的术语，但是从其裁决意见的具体论证和表述来看，其所考虑的多种因素实际上构成了国际法律冲突状态下开展"平衡测试"的基础要素。具体从法院对美国和中国在案件调查过程中涉及的国家利益的分析来看，裁决意见从本质上讲就是在对两国的利益进行"测试"，以此对双方的利益大小进行衡量。因此，美国法院在中资银行案中，其实也是在对中国的国家利益进行一定程度的关注之后，进行了"平衡测试"，与《云法案》中规定的涉及国际法律冲突的"平衡测试"并不存在本质性的区别。

（三）欧盟《电子证据条例（草案）》中的"平衡测试"

欧盟委员会在2018年4月17日发布的《电子证据条例（草案）》的第五章"救济"（Remedies）部分第15条、第16条中，规定了总部设在域外的网络服务提供者在面临数据调取执法时与第三国相关法律法规存在冲突情形的审查程序。如果成员国的执法机构签发"欧洲数据提交令"会与第三国禁止跨境披露相关数据的法律相冲突，那么收到相应指令的网络服务提供者便可以提出合理的异议，将具体的冲突理由通知签发机构。②

不过，网络服务提供者提出所谓"合理的异议"，不能仅仅基于第三国法律中不存在类似的规定，而且也不能仅仅因为数据存储于相应国家便拒绝披露。欧盟成员国的签发机构会对"合理的异议"进行审查，选择撤回数据提交指令，抑或维持相应的指令。如果维持，签发机构会将案件移交到所在成员国的主管法院。法院根据相关理由，结合案件中的具体情况，再评估第三国的法律是否适用于该案，且在法律的适用问题上是否存在冲突。与此同时，法院还会考虑第三国法律

---

① Re Grand Jury Investigation, 2019 WL 2170776.
② European Commission, "Proposal for a Regulation of the European Parliament and of the Council on European Production and Preservation Orders for Electronic Evidence in Criminal Matters", pp.48-50, https://db.eurocrim.org/db/en/doc/2950.pdf, 最后访问日期：2018年4月17日。

的适用可能并非致力于与国家安全或国防相关的根本性的权利或利益保护,而是明显在于试图保护其他某种利益,抑或是在刑事调查过程中旨在为非法活动提供庇护。如果成员国法院明确了数据提交令与第三国有关保护国家安全或个人基本权益的法律确实存在事实上的冲突,则会进一步征求该第三国中央当局的意见。如果后者确认存在法律冲突,并反对数据提交令的执行,那么法院就要撤销该数据提交令。但是,如果基于有关国家的立法情况,相应的法律冲突与该国国防与国民利益无关,那么法院也可以从支持和反对数据提交令的执行这两个方面进行利益衡量,从而作出最终决定。①

随后,在 2018 年 11 月 30 日,欧盟委员会在其所发布的《电子证据条例(草案)》修订稿中,删除了第五章第 15 条所规定的出现国际法律冲突时所采取的审查程序这一部分的内容,取而代之的是直接使用一种所谓的应对所有法律冲突的"评估"(assessment)方案。如果数据调取指令的接收者即网络服务提供者认为,遵守欧洲数据提交令将与数据存储地所在国家的法律相冲突,那么应当自指令送达之日起不迟于 10 日内,将拒绝执行的理由通知签发机构,并由后者将案件移交给主管法院。法院会根据案件的具体情况,结合第三国关于禁止数据披露的相关法律进行案情评估。在评估阶段,法院会考量第三国防止数据泄露的基本权利和其他利益,尤其会着重考虑第三国的国家安全利益。②

综上可知,相较于《电子证据条例(草案)》初稿,修订稿的内容侧重于依据统一的标准进行法律冲突的评估。具体而言,评估过程中相应的考量因素包括网络服务提供者与第三国之间有无紧密的联系,签发机构所在国家在获取有关证据时所指向的犯罪的严重性和取证的重要性,网络服务提供者若执行数据提交指令可能与第三国法律所产生冲突的严重程度,等等。③ 出现法律冲突时,由于修

---

① European Commission, "Proposal for a Regulation of the European Parliament and of the Council on European Production and Preservation Orders for Electronic Evidence in Criminal Matters", pp.48-49, https://db.eurocrim.org/db/en/doc/2950.pdf,最后访问日期:2018 年 4 月 17 日。
② European Commission, "Proposal for a Regulation of the European Parliament and of the Council on European Production and Preservation Orders for Electronic Evidence in Criminal Matters", https://db.eurocrim.org/db/en/doc/3116.pdf,最后访问日期:2018 年 11 月 30 日。
③ European Commission, "Proposal for a Regulation of the European Parliament and of the Council on European Production and Preservation Orders for Electronic Evidence in Criminal Matters", https://db.eurocrim.org/db/en/doc/3116.pdf,最后访问日期:2018 年 11 月 30 日。

订稿不再要求成员国的主管法院需要咨询数据存储地国家即第三国的中央当局,这明显反映出欧盟委员会在制定《电子证据条例(草案)》的过程中,态度发生了重要的变化。

如果说初稿要求咨询第三国中央当局的规定较大程度上表现出对第三国数据相关利益的关照和尊重的话,那么修订稿中所设计的实质上等同于"平衡测试"的评估方案则反映出,欧盟未来在开展跨境数据调取的长臂执法时会更加侧重于考虑成员国的执法利益,未再展现出对相关国家权利或利益予以特别关照的倾向。① 无论是对于我国近年来不断发展的数据出境管制规则,还是对于跨境开展运营活动的中资网络服务提供者而言,《电子证据条例(草案)》所传递出来的强化长臂执法的态度,显然不是一个好消息。

第三节 执法数据的分类分级保护与出境管制

过于宽松的数据出境管制会导致一国难以对数据资源实施有效掌控并直接危及数据主权与安全,然而极其严苛的数据出境管制也会导致国与国之间难以开展充分有效的数据交流与融合,同时也会导致网络服务提供者在长臂执法的背景下频繁遭受国际法冲突状态下的合规困境。因此,数据出境管制并不意味着应当在绝对意义上否定所有数据出境。

我国《数据安全法》第 11 条实际上已经体现出了这样的思路:"国家积极开展数据安全治理、数据开发利用等领域的国际交流与合作,参与数据安全相关国际规则和标准的制定,促进数据跨境安全、自由流动。"原因在于,"在经济和科技全球化的时代背景下,数据的跨境流动将会越来越频繁。在《数据安全法》中表明中国支持数据领域的国际合作,促进数据跨境流动的基本立场显得非常必要。同时,由于当前在数据的跨境流动方面并未建立拥有广泛共识的国际规则和标准,我国也应积极参与数据安全相关的国际规则和标准的制定,只有基本统一

---

① Jennifer Daskal, "Privacy and Security Across Borders", *Yale Law Journal*, 128(2019),1029.

的数据安全的国际规则和标准,才能实现数据的跨境自由流动。"① 由此可见,我国主张数据在安全基础上进行跨境自由流动,这是当今世界发展的主流。

面对长臂执法,我国应当在坚持数据主权与安全的前提下,根据数据跨境安全、自由流动的思路,完善执法数据出境管制的规则。实际上,我国近年来的相关法律法规在对数据出境实施强化管制的同时,也考虑到了国际执法合作的需要。例如,《网络安全法》第37条规定的"因业务需要,确需向境外提供",从立法背景来看,该规定就考虑到了关键信息基础设施运营者开展跨境业务的需要和网络服务的特点。具体而言,实际上就是考虑到了某些国际执法合作的需要,法律、行政法规可以作出特别的规定。② 因此,不能简单地认为,我国对外国开展的与数据相关的所有的跨境执法,是持绝对否定和强力抵制态度的。

从长臂执法背景下我国数据出境管制在未来的具体发展来看,其中一项应对方案在于,以《数据安全法》确立的数据分类分级保护的要求为依据,在强化国家核心数据和特定重要数据保护的基础上分化出可以自由流动的数据类型,从而尽可能避免法律冲突,以此消解长臂执法带来的压力。

一、数据分类分级保护的制度设计与发展趋势

关于数据的分类分级及相应保护机制,在《网络安全法》中就有原则性的规定。该法第21条要求,网络运营者应当按照"网络安全等级保护制度"的要求,"采取数据分类、重要数据备份和加密等措施",保障网络免受干扰、破坏或者未经授权的访问,防止网络数据泄露或者被窃取、篡改。更为细化的规定体现在《数据安全法》第21条第1款:"国家建立数据分类分级保护制度,根据数据在经济社会发展中的重要程度,以及一旦遭到篡改、破坏、泄露或者非法获取、非法利用,对国家安全、公共利益或者个人、组织合法权益造成的危害程度,对数据实行分类分级保护。"

从分类分级保护的具体数据类型来看,《数据安全法》第21条第2款、第

---

① 龙卫球主编:《〈中华人民共和国数据安全法〉释义》,34页,北京,中国法制出版社,2021。
② 参见杨合庆主编:《〈中华人民共和国网络安全法〉释义》,96页,北京,中国民主法制出版社,2017。

3款确立了需要保护的两种类型的数据。其一,"关系国家安全、国民经济命脉、重要民生、重大公共利益等数据属于国家核心数据,实行更加严格的管理制度。"其二,"各地区、各部门应当按照数据分类分级保护制度,确定本地区、本部门以及相关行业、领域的重要数据具体目录,对列入目录的数据进行重点保护。"考虑到各地区、部门以及相关行业、领域关注的重点不同,因此该法对重要数据的具体内容和范围没有予以明确。从近期来看,相关行业、领域已经着手从制度层面对数据进行分类分级保护。例如,上述《工业和信息化领域数据安全管理办法(试行)(征求意见稿)》第7条就根据数据遭到篡改、破坏、泄露或者非法获取、非法利用,对国家安全、公共利益或者个人、组织合法权益等造成的危害程度,将工业和电信数据也分为了一般数据、重要数据和核心数据三级。

在此基础上,界定重要数据已经成为近期相关规范着力的重点。除了上述已经提到的《工业和信息化领域数据安全管理办法(试行)(征求意见稿)》中的第9条①以及《汽车数据安全管理若干规定(试行)》第3条对重要数据的范围进行了规定外,近期还有多份征求意见稿也密集出现关于重要数据的表述。②限于篇幅和主题,这里无法对这些规定的内容进行详细引注和分析。总体来看,近期对重要数据的规范工作主要集中于对重要数据的定义、范围、识别规则与流程等进行表述,虽然目前尚无统一权威的表述,但是已经为重要数据的保护提供了基本的制度框架。

综上可知,我国目前对数据进行分类分级保护的现状及发展趋势可以概括为:首先确定国家核心数据,其次根据特定地区、领域和行业的特点,拟定重要数据的清单。对于前述两种类型之外的数据,可以认为是原则上无涉数据安全的无需特别保护的一般数据。

---

① 除了第9条外,该征求意见稿还在第8条、第10条对一般数据和核心数据的内涵和范围进行了明确。
② 相关内容具体包括:国家网信办于2017年4月11日发布的《个人信息和重要数据出境安全评估办法(征求意见稿)》第17条、国家质量监督检验检疫总局与全国信息安全标准化技术委员会于2017年8月25日联合发布的《信息安全技术数据出境安全评估指南(征求意见稿二)》第3.5部分、中央网信办于2019年5月28日发布的《数据安全管理办法(征求意见稿)》第38条第(5)项、国家市场监督管理总局与中国国家标准化管理委员会于2021年9月23日发布的《信息安全技术重要数据识别指南(征求意见稿)》第3.2部分、全国信息安全标准化技术委员会秘书处于2021年9月30日发布的《网络安全标准实践指南——数据分类分级指引》第2.3部分。

二、执法数据的分类分级出境管制

对数据进行分类分级保护主要是基于数据安全的考虑。但是也需要注意到，从总体上讲，相关法律法规还没有从数据出境的层面对数据进行非常细致的分类指示，难以满足数据多样化的出境需求。[①] 尽管如此，分类分级保护的思路也应适用于基于数据主权与安全因素而对数据出境的管制。实际上，这从《数据安全法》的内容体系中也可以找到相应的答案。具体而言，该法第21条规定的数据分类分级保护制度属于第四章"数据安全制度"的组成部分，而第36条规定的执法数据的出境管制则属于第五章"数据安全保护义务"的组成部分。从该法内容体系的逻辑架构来看，由于第五章"数据安全保护义务"的落实显然服务于第四章"数据安全制度"的确立和保护，因此执法数据的出境管制也应当以数据分类分级保护为指导方针，而无需另行设计制度体系。

在对数据进行分类分级保护的基础上，对执法数据的出境进行明确的区分处理，可以在一定程度上避免因长臂执法带来的主权国家间的法律冲突。具体而言，可以从三个层面对执法数据的出境管制进行制度设计。

其一，国家核心数据直接关涉国家主权与安全方面的重大事项，无论如何都不应属于长臂执法调取数据的范围。即使这类数据可能由一些网络服务提供者掌握，也应当绝对禁止其向境外执法部门提供。例如，《工业和信息化领域数据安全管理办法（试行）（征求意见稿）》第24条便明确指出，"核心数据不得出境"，这也应当适用于执法数据出境的严格管制。

其二，对于网络服务提供者所掌握的特定行业的重要数据，原则上也不能任由相关主体提供给外国执法机构。当然，对此也不能理解为绝对禁止重要数据在这种情况下的出境。例如，网络服务提供者可以根据上述《数据安全法》第37条、《刑事司法协助法》第4条、《数据安全法》第36条、《汽车数据安全管理若干规定（试行》第11条、《个人信息保护法》第41条、《工业和信息化领域数据安全管理办法（试行）（征求意见稿）》第24条等规定，在个案中经国家网

[①] 参见刘金瑞：《关于〈个人信息和重要数据出境安全评估办法（征求意见稿）〉的意见建议》，载《信息安全与通信保密》，2017（6）。

信部门或其他主管机关进行数据出境安全评估及审批同意后,方可向境外执法机构提供。

其三,对于两类数据之外的与数据主权与安全关系不大的数据,一般可以由网络服务提供者在落实相关评估和监管机制的情况下,自行决定是否向外国执法机构提供。实际上,《数据安全法》对核心数据、重要数据之外的一般数据,并没有明确要求进行保护,而且也未就相应数据的出境规定法律责任。[①]

以《数据安全法》第36条为例,其规定,境内的组织、个人在经过中华人民共和国主管机关批准后才能向境外司法或执法机构提供存储于我国境内的数据。对此,裴炜、周子淇认为,"本条所规范的,是境外的执法机构和司法机构想要得到的数据,也就是与境外执行公务或者与境外诉讼有关的数据,这些数据都是重要数据,通常涉及国家利益,所以必须经过主管机关批准,才可以向外国执法和司法机构提供我国境内的数据,不可以擅自让这些数据流出境外。"[②] 该学理解释由于将"数据"限缩解释为了"重要数据",因而从法解释的角度而言并不符合《数据安全法》第36条的表述。不过,这种思路却是可取的,而且也更符合该法对基于安全因素考虑而对数据进行分类分级保护和出境管制的要旨。换言之,没有必要在不区分数据类型的情况下绝对禁止所有数据的出境,否则也可能给我国主管机关带来不必要的巨大工作负担。

此外,还需要注意的是一种例外情况,即上述两种数据范围之外的一般数据在特定情况下可能转化为重要数据。根据上述《信息安全技术重要数据识别指南(征求意见稿)》第3.2部分在对"重要数据"进行定义之后的注释,[③] 以个人信息为例,一般不属于重要数据,但是当个人信息形成大数据之后,就可能成为

---

① 《数据安全法》第31条规定:"关键信息基础设施的运营者在中华人民共和国境内运营中收集和产生的重要数据的出境安全管理,适用《中华人民共和国网络安全法》的规定;其他数据处理者在中华人民共和国境内运营中收集和产生的重要数据的出境安全管理办法,由国家网信部门会同国务院有关部门制定。"在此基础上,第46条只是针对关键信息基础设施的运营者和其他数据处理者,对其向境外提供"重要数据"而需要承担的法律责任进行了规定。
② 参见龙卫球主编:《〈中华人民共和国数据安全法〉释义》,123页,北京,中国法制出版社,2021。
③ 注释内容是:"重要数据不包括国家秘密和个人信息,但基于海量个人信息形成的统计数据、衍生数据有可能属于重要数据。"

重要数据，应受执法数据出境管制的约束。①

从网络服务提供者所掌握的个人信息数据来看，也可以从类型划分的角度区分不同数据的重要程度，从而设计分类分级制度。例如，前面章节的分析已经指出，对网络服务提供者所掌握的数据进行用户数据、通信数据和内容数据的划分，已经在很大程度上成为国际共识。之所以要对数据进行这样的划分，主要就是考虑到了不同类型数据所指向的个人信息的重要程度存在显著的差异。而且从国家主权与数据安全保护的角度而言，也已经有很多国家并不对诸如用户数据这样的数据类型进行强有力的主权与安全主张。在我国当前并未对上述数据进行类型划分的情况下，未来需要认真考虑这种方案的必要性与可行性。实际上，从本书第五章所谈到的我国推动缔结《联合国打击网络犯罪公约》的角度而言，对网络服务提供者所掌握的数据进行这样的划分就十分具有必要性。因此，对网络用户的个人信息进行类型划分并建立分类分级出境管制制度，不仅有助于消解我们面临的外来长臂执法带来的压力，②也有助于未来深度融入国际公约的制定和相应条款的落实。

对执法数据进行分类分级处理从而完善出境管制规则，从个人信息数据的角度而言，还需要对接《个人信息保护法》的规定。该法第28条规定，"敏感个人信息是一旦泄露或者非法使用，容易导致自然人的人格尊严受到侵害或者人身、财产安全受到危害的个人信息，包括生物识别、宗教信仰、特定身份、医疗健康、金融账户、行踪轨迹等信息，以及不满14周岁未成年人的个人信息。只有在具有特定的目的和充分的必要性，并采取严格保护措施的情形下，个人信息处理者方可处理敏感个人信息。"换言之，《个人信息保护法》对个人信息进行了区分处理，抽取出需要严格保护的敏感个人信息。对于网络服务提供者掌握的这些类

---

① 这里可以参考国家网信办等13个部门联合发布并于2022年2月15日施行的《网络安全审查办法》第7条的规定："掌握超过100万用户个人信息的网络平台运营者赴国外上市，必须向网络安全审查办公室申报网络安全审查。"此外，国家网信办于2021年10月29日发布的《数据出境安全评估办法（征求意见稿）》第4条也有类似的表述：处理个人信息达到100万人的个人信息处理者向境外提供个人信息，抑或累计向境外提供超过10万人以上个人信息或者1万人以上敏感个人信息，应当通过所在地省级网信部门向国家网信部门申报数据出境安全评估。

② 需要说明的是，这里并不是主张单向放弃国家对诸如用户数据这样的非重要数据类型的主权主张，从而屈服于长臂执法带来的压力。在未缔结国际公约及签署刑事司法协助条约的情况下，我国可以通过本章第四节所谓的"对等回应"方案作出针对性的制度安排。

型的个人数据而言,由于其并不适用上述通信类数据的类型划分体系,因此不能简单套用相应的分类规则。但是对比通信类数据的三种类型,个人敏感数据显然不能比照一般性的用户数据进行处理。对于个人信息的出境而言,根据上述《个人信息保护法》第41条的规定,网络服务提供者不能擅自向外国司法或者执法机关提供存储于中华人民共和国境内的数据。对于敏感个人信息的出境而言,网络服务提供者不仅需要遵循该条的规定,而且还必须根据该法第38条的规定的条件①通过安全评估(准确地说应当是相对于常规个人数据而言的更为严格的安全评估),方可向外国司法或者执法机关提供。

综上,在长臂执法的背景下设计数据出境管制的规则,应当牢固树立数据主权和数据安全意识。对于前两类数据,由于直接指向国家数据主权与安全,因此应当严格保护。当然,对这类两类数据也需要区分处理。正如本章第一节关于数据出境管制的具体规则设计的分析,现有规则在是否需要主管机关批准、对全部数据还是部分数据进行出境管制方面还存在着不一致的表述。但是根据数据主权和安全对数据出境进行分类处理之后,就可以明确:对于国家核心数据,应当绝对否定长臂执法,因此无需考虑主管机关批准以及出境管制的数据类型;对于行业重要数据,则可以为执法合作留出一定空间,允许网络服务提供者在经过主管机关批准的情况下将部分数据向境外执法机构提供。至于国家核心数据和行业重要数据的具体范围和内容,目前国家相关法律法规正在进行规范。由于这个问题在一定程度上已经超出了本书的研究范围,这里不再详细展开。

第四节 对外国法中"平衡测试"方案的回应与反制

对执法数据进行分类分级出境管制,虽然可以在一定程度上缓解长臂执法带来的压力,但是无法从根本上解决受到出境管制的数据仍然会遭遇长臂执法的问

---

① "个人信息处理者因业务等需要,确需向中华人民共和国境外提供个人信息的,应当具备下列条件之一:(1)依照本法第40条的规定通过国家网信部门组织的安全评估;(2)按照国家网信部门的规定经专业机构进行个人信息保护认证;(3)按照国家网信部门制定的标准合同与境外接收方订立合同,约定双方的权利和义务;(4)法律、行政法规或者国家网信部门规定的其他条件。"

题，法律冲突仍然不可避免。如本章第二节所言，欧美国家一方面会对我国关于数据出境管制的禁令予以一定关注，但也不会完全接受，而是会采取所谓的"平衡测试"方案予以回应。如果欧美国家的执法机构在进行"平衡测试"后，仍然指令网络服务提供者交出存储于我国但受到出境管制的国家核心数据，抑或主管机关不同意出境的行业重要数据，我国又当如何回应？这是一个必须正视的问题。笔者建议，我国可以开展以下三个方面的工作，从而促使数据出境管制的法律法规能够在最大程度上起到实效。

一、阐明执法数据出境管制的法律及政策

上文已经说明，我国对数据实行分类分级保护，在执法数据出境方面也应采取分类分级处理的思路和办法。为此，网络服务提供者必须遵守我国法律规定，对其所掌握的国家核心数据和行业重要数据予以严格保护，不能擅自将相应数据提交给外国执法机构。如果外方在法律冲突的情况下进行"平衡测试"，考虑到其仍然有可能在一定程度上关照数据存储地国家的法律要求，[①] 因此我国官方就有必要帮助网络服务提供者阐明关于执法数据出境管制的法律法规及政策，从而在最大程度上助力网络服务提供者的业务合规，并保障我国数据主权与安全。

具体而言，我国未来在出台《个人信息和重要数据出境安全评估办法》《信息安全技术数据出境安全评估指南》等相关规范性文件的基础上，可以考虑专门针对长臂执法及外国开展的"平衡测试"，以中央机关发布统一权威的白皮书的形式，阐明执法数据分类分级保护及出境管制的法律法规及政策。白皮书应当以多语种形式向所有开展跨境数据业务的网络服务提供者公布，以应对潜在的长臂执法，从而帮助外国执法机关尽可能理解我国关于数据出境分类分级管制的国家利益和安全需求。

---

① 例如，从2021年2月9日反映出来的欧盟《电子证据条例》的最新立法动向来看，专家组仍然认为，当出现同第三国的法律冲突时，该立法建设稿提供了成员国签发机构不予执行跨境数据提交令的可能性，并认为这会导致执法中的不确定性。See Council of the European Union, "Second Statement on the proposal for a Regulation on European Production and Preservation Orders for electronic evidence in criminal matters", p.3, https://db.eurocrim.org/db/en/doc/3583.pdf, 最后访问日期：2021年2月9日。

除此之外，我国官方也可以在外国执法机构开展长臂执法的个案当中，以灵活方式阐明数据出境管制的法律法规及政策。例如，作为《云法案》出台的直接动因，美国执法机构曾在一起贩毒案件中，要求微软公司提供其存储于爱尔兰境内的用户电子邮件数据，爱尔兰政府便以官方身份参与到该案的司法程序中，以"法庭之友"意见书的形式阐明该国关于跨境数据收集程序的立场，[1]明显地反映出对美国单边开展长臂执法的否定以及对双边司法协助程序的坚持。爱尔兰政府强调，只有通过两国之间的刑事司法协助程序，才能由爱尔兰官方对相应数据进行调查。[2]虽然该意见书最终未获美国法院接受，但是爱尔兰官方所采取的做法仍然值得我国借鉴。在个案中采取灵活方式阐明我国官方关于执法数据出境管制的法律政策以及对网络服务提供者的违法行为可能采取的严厉处罚，[3]有助于外国执法机构充分了解并理解我国官方立场，从而在其开展"平衡测试"时尽可能争取到对我国有利的司法裁决或执法决定。

二、根据个案情形尽力提供快捷司法协助

欧美国家近年来依托网络服务提供者开展长臂执法，一个主要的原因就是传统的司法协助取证渠道的失灵。司法协助程序冗长复杂，耗时较长，早已不适应数字时代跨境电子取证的需要。因此，如果我国希望尽可能消解长臂执法给自身数据主权与安全带来的冲击和压力，并尽力减轻开展跨境数据业务的网络服务提供者的合规压力，治本之策乃在于优化传统的司法协助机制，根据电子取证的特点打造适应时代发展需求的快捷协助程序。实际上，我国与美国以及一些欧洲国家原本就签署有双边司法协助协议，而且双方还可以在共同缔结的一些多边条约

---

[1] Microsoft Corp. v. United States, 829 F. 3d 222 (2d Cir. 2016).
[2] Brief for Ireland as Amicus Curiae Supporting Appellant at 4, 7, In re Warrant to Search a Certain E-mail Account Controlled & Maintained by Microsoft Corp., No. 14-2985-CV (2d Cir. Dec. 23, 2014).
[3] 从上文分析的中资银行案来看，美国法院拒绝接受三家银行依据我国数据出境管制规则提出的动议，原因之一便在于，其认为后者因有国有资产背景而不会实际领受惩罚。但是《数据安全法》第 28 条第 2 款已经涵盖了从给予警告到吊销营业执照的多种形式的处罚体系，而且在未来的个案中一定会严格执行，这样的信息有必要向开展长臂执法的外国执法机构传递，并尽可能获得其充分理解。

框架下开展证据收集工作。① 传统司法协助程序的时间成本主要来源于文书制作、审核和境外法律适用三个方面,而这些都能在一定程度上实现简化和优化。② 如果相关程序能够在个案中实现快捷展开,欧美国家在很大程度上也就没有必要再通过向网络服务提供者发布数据跨境提交指令的方式开展长臂执法了。

在标准化的快捷司法协助程序尚未成型的情况下,我国也应当在个案中尽力促成快捷协助的开展。根据《数据安全法》第36条,境内的组织、个人如果要向外国司法或者执法机构提供存储于中华人民共和国境内的数据,必须经过中华人民共和国主管机关批准。当网络服务提供者向主管机关报告其遭遇长臂执法的相关情况时,后者如果经评估不允许相关数据出境,除了正式向网络服务提供者答复外,也可以考虑通过网络服务提供者或以自行联络的方式,向外国执法机构表达在个案中提供快捷司法协助的意愿。

例如,上文所援引的美国司法部发布的《云法白皮书》第15页便指出,当出现法律冲突时,美国执法当局会考虑"通过更为紧密的意向探寻或善意的沟通协调来解决冲突,抑或在一项可适用的双边司法协助框架下发布跨境执法请求"。通过积极寻求沟通并提供快捷司法协助,外国执法机构也就可能转而通过快捷司法协助程序开展跨境电子取证,从而避免继续依托网络服务提供者进行长臂执法。

三、采取对等原则反制"平衡测试"方案

在我国主管机关向外国执法机构阐明有关数据出境管制的法律法规及政策,以及根据个案情形尽力提供快捷司法协助的情况下,后者仍然有可能在进行"平衡测试"后不顾我国数据主权和安全,以及网络服务提供者可能受我国主管机关严厉处罚的后果,继续依托网络服务提供者开展长臂执法。在这种情况下,"国家层面既要理性借鉴美国'长臂管辖权'的方式方法,加大国内法制度供给,又

---

① 2022年8月5日,针对美国国会众议长佩洛西不顾中方强烈反对和严正交涉,执意窜访中国台湾地区的行径,我国外交部宣布采取8项反制措施,其中便包括"暂停中美刑事司法协助合作"。本部分关于中美之间刑事司法协助的分析乃是基于两国常态关系展开,并对未来的相关程序的进行前瞻性探讨。
② 王立梅:《论跨境电子证据司法协助简易程序的构建》,载《法学杂志》,2020(3)。

要有效应对美国恶意或任意行使'长臂管辖权'"。① 为此，我国可以采取国际法上通行的对等原则，针对长臂执法及"平衡测试"方案进行坚决反制，从而充分维护我国数据出境管制的法律实效。

例如，我国《个人信息保护法》第43条的规定便体现出这样的思路："任何国家或者地区在个人信息保护方面对中华人民共和国采取歧视性的禁止、限制或者其他类似措施的，中华人民共和国可以根据实际情况对该国家或者地区对等采取措施。"该条的规范对象是我国在个人信息保护方面采取措施的权力，属于赋权性的条款，"是中国在个人信息保护方面反制裁、反干涉、反长臂管辖的法律依据"。② 长臂执法作为一种严重违背平等互惠原则的单方执法活动，如果为一些国家恣意推行，那么我国无论是依据国际法上的法理还是《个人信息保护法》等法律的具体规定，都有充分的理由加以反制。

具体而言，为了有效制衡长臂执法，特别是为了应对我国网络服务提供者在个案中可能违反跨境数据提交指令而受到欧美国家处罚的情况，我国也可以对在境内运营的相应国家的网络服务提供者施加同样的跨境数据披露义务，形成"战略上的对冲"，③ 并在此基础上尽力促使开展长臂执法的国家妥协或提供互惠。实际上本书第四章已经指出，从立法背景来看，欧盟委员会之所以提出《电子证据条例（草案）》，除了上文所谈及的为了强化网络服务提供者的跨境数据提交及保存义务而外，还有一个目的就是希望借此增加欧盟与美国谈判的筹码，从而与美国当局达成互惠。

但需要注意的是，《数据安全法》第35条只规定了公安机关、国家安全机关可以因依法维护国家安全或者侦查犯罪的需要而调取数据，却没有对是否可以依托网络服务提供者跨境调取数据进行明确规定。有学者提出，在制度构建方面涉及两种情形。第一种情形是相关企业为中国企业，则无论其具体处理数据的行为在何处发生，也无论涉案数据具体位于何地，我国侦查人员均有权直接就特定数据进行取证。第二种情形是该企业为外国企业，此时如果该企业在我国境内有

---

① 肖永平：《"长臂管辖权"的法理分析与对策研究》，载《中国法学》，2019（6）。
② 龙卫球主编：《〈中华人民共和国个人信息保护法〉释义》，194页，北京，中国法制出版社，2021。
③ 洪延青：《美国快速通过CLOUD法案，明确数据主权战略》，载《中国信息安全》，2018（4）。

代理机构或联系机构,并且向我国用户提供或营销网络信息服务,则我国侦查人员仍然可以直接就特定数据进行取证。[①] 然而这种观点一定程度上放宽了我国侦查机关依托网络服务提供者直接开展跨境电子取证的限制,现阶段来看并不十分符合我国在网络空间主权及数据主权方面的战略、立场。因此,本书主张,通过国内法对依托网络服务提供者跨境调取数据进行明确规定,从短期来看还是限缩在对等领域开展长臂执法为宜。这种主张从实质上讲是在一定范围内推动中国法的域外适用,需要未来继续完善相应的法律程序规定。除此之外,如果要继续深度推动相关制度的发展,还是应当基于双边或联合国等多边平台,在达成国际共识的基础上通过互惠方式构建这样的跨境快捷电子取证制度。

---

① 参见裴炜:《数字正当程序:网络时代的刑事诉讼》,206 页,北京,中国法制出版社,2021。

参考文献

一、专著

北京航空航天大学法学院、腾讯研究院：《网络空间法治化的全球视野与中国实践（2019）》，北京，法律出版社，2019。

陈卫东主编：《刑事诉讼法》，北京，中国人民大学出版社，2004。

胡云腾主编：《网络犯罪刑事诉讼程序意见暨相关司法解释理解与适用》，北京，人民法院出版社，2014。

方滨兴主编：《论网络空间主权》，北京，科学出版社，2017。

黄道丽主编：《网络安全法治研究（2020）》，武汉，华中科技大学出版社，2020。

金华、陈平凡等：《云计算法律问题研究》，北京，法律出版社，2012。

刘品新主编：《电子取证的法律规制》，北京，中国法制出版社，2010。

刘品新：《电子证据法》，北京，中国人民大学出版社，2021。

刘品新：《网络法：原理、案例与规则（第三版）》，北京，中国人民大学出版社，2021。

龙卫球主编：《中华人民共和国个人信息保护法释义》，北京，中国法制出版社，2021。

龙卫球主编：《中华人民共和国数据安全法释义》，北京，中国法制出版社，2021。

裴炜：《数字正当程序：网络时代的刑事诉讼》，北京，中国法制出版社，2021。

孙长永：《侦查程序与人权——比较法考察》，北京，中国方正出版社，2000。

王爱立主编：《中华人民共和国国际刑事司法协助法解读》，北京，中国法制出版社，2019。

杨合庆主编：《中华人民共和国网络安全法释义》，北京，中国民主法制出版社，2017。

张莉主编：《数据治理与数据安全》，北京，中国工信出版集团、人民邮电出版社，2019。

中央网络安全和信息化领导小组办公室、国家互联网信息办公室政策法规局编：《外国网络法选编（第一辑）》，北京，中国法制出版社，2015。

最高人民检察院第一检察厅编著：《最高人民检察院第十八批指导性案例适用指引——电信网络犯罪》，北京，中国检察出版社，2020。

[美]迈克尔·施密特总主编：《网络行动国际法塔林手册2.0版》，黄志雄等译，北京，社会科学文献出版社，2017。

[美]克利福德·吉尔兹：《地方性知识——阐释人类学论文集》，王海龙、张家瑄译，北京，中央编译出版社，2000。

[英]克里斯托弗·米勒德编著：《云计算法律》，陈媛媛译，北京，法律出版社，2019。

Alessandro Bernardi, Daniele Negri, *Investigating European Fraud in the EU Member States*. Portland: Hart Publishing, 2017.

Christopher Millard(ed.), *Cloud Computing Law*. Oxford University Press, 2013.

Ian Walden, *Computer Crimes and Digital Investigations*. Oxford: Oxford University Press, 2007.

Marloes C. van Wijk, *Cross-border Evidence Gathering-Equality of Arms within the EU?* Den Hague: Eleven international publishing, 2017.

Philippe Baumard, *Cybersecurity in France*. Cham: Springer, 2017.

Russell G. Smith, Peter Grabosky, Gregor Urbas, *Cyber Criminals on Trial*. Cambridge: Cambridge University Press, 2004.

Ulrich Sieber, Nicolas von zur Mühlen(eds.), *Access to Telecommunication Data in Criminal Justice*. Berlin: Duncker & Humblot, 2016.

二、论文

蔡翠红：《云时代数据主权概念及其运用前景》，载《现代国际关系》，2013（12）。

陈国庆、韩耀元、吴峤滨：《〈关于办理网络赌博犯罪案件适用法律若干问题的意见〉理解与适用》，载《人民检察》，2010（20）。

陈丽：《论电子证据的完整性》，载《证据科学》，2021（6）。

陈瑞华：《实物证据的鉴真问题》，载《法学研究》，2011（5）。

陈如超：《刑讯逼供的国家治理》，载《中国法学》，2014（5）。

陈永生：《电子数据搜查、扣押的法律规制》，载《现代法学》，2014（5）。

杜雁芸：《大数据时代国家数据主权问题研究》，载《国际观察》，2016（3）。

方芳：《坚持在联合国框架下制定电子证据国际标准——联合国毒品犯罪办公室第五届网络犯罪政府间专家组会议研究》，载《信息安全与通信保密》，2019（5）。

冯姣：《互联网电子证据的收集》，载《国家检察官学院学报》，2018（5）。

冯俊伟：《欧盟跨境刑事取证的立法模式》，载《证据科学》，2016（1）。

冯俊伟：《跨境电子取证制度的发展与反思》，载《法学杂志》，2019（6）。

冯俊伟：《域外取得的刑事证据之可采性》，载《中国法学》，2015（4）。

冯俊伟：《境外电子数据的取得与运用——基于第67号检察指导性案例的展开》，载《国家检察官学院学报》，2021（4）。

冯伟、梅越：《大数据时代，数据主权主沉浮》，载《通信安全与保密》，2015（6）。

高贵君等：《〈关于办理网络赌博犯罪案件适用法律若干问题的意见〉的理解与适用》，载《人民司法（应用）》，2010（21）。

郭金霞：《电子数据鉴真规则解构》，载《政法论坛》，2019（3）。

郭玉军、向在胜：《网络案件中美国法院的长臂管辖权》，载《中国法学》，2002（6）。

何波：《数据是否也有主权——从微软案说起》，载《中国电信业》，2018（8）。

黄河、张庆彬、刘涛：《破解打击电信网络诈骗犯罪的五大难题——〈关于办理电信网络诈骗等刑事案件适用法律若干问题的意见〉解读》，载《人民检察》，2017（11）。

黄志雄：《网络空间国际规则制定的新趋向——基于〈塔林手册2.0〉的考察》，载《厦门大学学报（社会科学版）》，2018（1）。

洪延青：《"法律战"旋涡中的执法跨境调取数据：以美国、欧盟和中国为例》，载《环球法律评论》，2021（1）。

洪延青：《美国快速通过CLOUD法案，明确数据主权战略》，载《中国信息安全》，2018（4）。

胡健生、黄志雄：《打击网络犯罪国际法机制的困境与前景——以欧洲委员会〈网络犯罪公约〉为视角》，载《国际法研究》，2016（6）。

胡文华：《美国〈合法使用境外数据明确法〉对中国的影响及应对》，载《通信安全与通信保密》，2019（7）。

李彦：《网络犯罪国际法律机制建构的困境与路径设计》，载《云南民族大学学报（哲学社会科学版）》，2019（6）。

刘亚：《电子证据：跨越国界的互联网取证》，载《方圆》，2017（19）。

梁坤：《欧盟跨境快捷电子取证制度的发展动向及启示》，载《中国人民公安大学学报（社会科学版）》，2019（1）。

梁坤：《基于数据主权的国家刑事取证管辖模式》，载《法学研究》，2020（2）。

梁坤：《美国〈澄清合法使用境外数据法〉背景阐释》，载《国家检察官学院学报》，2018（5）。

林小娟：《与服务供应商合作的跨境电子取证的困境与出路——以〈网络犯罪公约〉第二附加议定书（草案）强制服务供应商披露数据为视角》，载《信息安全与通信保密》，2020（7）。

龙宗智：《寻求有效取证与保证权利的平衡——评"两高一部"电子数据规定》，载《法学》，2016（11）。

刘金瑞：《关于〈个人信息和重要数据出境安全评估办法（征求意见稿）〉的意见建议》，载《信息安全与通信保密》，2017（6）。

刘连泰：《信息技术与主权概念》，载《中外法学》，2015（2）。

刘品新：《电子证据的鉴真问题：基于快播案的反思》，载《中外法学》，2017（1）。

刘品新：《论计算机搜查的法律规制》，载《法学家》，2008（4）。

刘太宗、赵玮、刘涛：《〈关于办理电信网络诈骗等刑事案件适用法律若干问题的意见（二）解读〉》，载《人民检察》，2021（13）。

刘译矾：《论电子数据的双重鉴真》，载《当代法学》，2018（3）。

马顺成：《海峡两岸刑事调查取证协助机制探讨——以〈海峡两岸共同打击犯罪及司法互助协议〉为场域》，载《净月学刊》，2015（4）。

裴炜：《欧盟GDPR：数据跨境流通国际攻防战》，载《中国信息安全》，2018（7）。

裴炜：《未来犯罪治理的关键——跨境数据取证》，载《中国信息安全》，2019（5）。

裴炜：《全球互联背景下数据要地化发展趋势与展望》，载《中国信息安全》，2021（5）。

皮勇：《〈网络犯罪公约〉中的证据调查制度与我国相关刑事程序法比较》，载《中国法学》，2003（4）。

齐爱民、盘佳：《数据权、数据主权的确立与大数据保护的基本原则》，载《苏州大学学报（哲学社会科学版）》，2015（1）。

沈国麟：《大数据时代的数据主权和国家数据战略》，载《南京社会科学》，2014（6）。

孙南翔、张晓君：《论数据主权——基于虚拟空间博弈与合作的考察》，载《太平洋学报》，2015（2）。

田虹、翟晓飞、王艺筱：《〈公安机关办理刑事案件电子数据取证规则〉的理解与适用》，载《派出所工作》，2019（3）。

万春等：《〈关于办理刑事案件收集提取和审查判断电子数据若干问题的规定〉理解与适用》，载《人民检察》，2017（1）。

王立梅：《论跨境电子证据司法协助简易程序的构建》，载《法学杂志》，2020（3）。

王青、李建明：《国际侦查合作背景下的境外取证与证据的可采性》，载《江苏社会科学》，2017（4）。

王胜：《电信诈骗犯罪侦防对策研究——以我国台湾地区电信诈骗分子为视角》，载许昆主编：《公安刑事执法改革与打击犯罪新机制发展报告》，北京，中国人民公安大学出版社，2016。

王融：《数据跨境流动政策认知与建议——从美欧政策比较及反思视角》，载《信息安全与通信保密》，2017（2）。

吴慧敏：《美国数据分类调取制度述要及启示》，载《中国刑警学院学报》，2020（6）。

吴沈括：《数据跨境流动与数据主权研究》，载《新疆师范大学学报（哲学社会科学版）》，2016（5）。

吴沈括、陈柄臣、甄妮：《欧盟〈电子证据条例〉（草案）研析》，载《网信军民融合》，2018（12）。

肖军：《欧盟领域内追逃追赃的经验与启示：以欧洲侦查令为切入点》，载《中国人民公安大学学报（社会科学版）》，2016（3）。

肖永平：《"长臂管辖权"的法理分析与对策研究》，载《中国法学》，2019（6）。

谢登科：《电子数据的鉴真问题》，载《国家检察官学院学报》，2017（5）。

谢登科：《电子数据的取证主体：合法性与合技术性之间》，载《环球法律评论》，2018（1）。

谢登科：《电子数据网络在线提取规则反思与重构》，载《东方法学》，2020（3）。

熊俊：《中柬打击跨境电信诈骗犯罪警务合作研究》，载《法制博览》，2019（29）。

许可：《数据主权视野中的CLOUD法案》，载《中国信息安全》，2018（4）。

许兰川等：《云计算环境下的电子取证：挑战及对策》，载《刑事技术》，2017（2）。

徐峰：《网络空间国际法体系的新发展》，载《网络安全与通信保密》，2017（1）。

叶伟：《〈联合国打击网络犯罪公约〉：进展、前景与展望》，载《北京航空航天大学学报（社会科学版）》，2021（5）。

叶媛博：《我国跨境电子取证制度的现实考察与完善路径》，载《河北法学》，2019（11）。

叶媛博、植才兵、江伟波：《广东跨境金融犯罪的形势分析及打防对策》，载《中国刑警学院学报》，2018（1）。

喻海松：《〈关于办理网络犯罪案件适用刑事诉讼程序若干问题的意见〉的理解与适用》，载《人民司法（应用）》，2014（17）。

于志刚：《缔结和参加网络犯罪国际公约的中国立场》，载《政法论坛》，2015（5）。

翟晓飞、赵倩：《从国际视角看中国网络犯罪取证规则的发展》，载《中国信息安全》，2019（5）。

翟志勇：《数据主权的兴起及其双重属性》，载《中国法律评论》，2018（6）。

张鹏、王渊洁：《联合国网络犯罪政府专家组最新进展》，载《信息安全与通信保密》，2019（5）。

张鹏、王渊洁：《积极参与联合国打击网络犯罪公约谈判 构建网络空间命运共同体》，载《中国信息安全》，2020（9）。

张新宝、许可：《网络空间主权的治理模式及其制度构建》，载《中国社会科学》，2016（8）。

张兰图、刘竹君：《国家刑事管辖权法定论》，载《当代法学》，2006（5）。

招商银行单证中心课题组：《中资银行"直面"挑战》，载《中国外汇》，2019（14）。

郑新俭、赵玮、纪敬玲：《〈人民检察院办理网络犯罪案件规定〉的理解与适用》，载《人民检察》，2021（5）。

周加海、喻海松：《〈关于办理刑事案件收集提取和审查判断电子数据若干问题的规定〉的理解与适用》，载《人民司法（应用）》，2017（28）。

朱峰、刘捷、李军：《远程勘验取证分析软件开发与实现》，载《信息网络安全》，2011（11）。

［美］约翰·P.巴洛：《网络独立宣言》，李旭、李小武译，载高鸿钧主编：《清华法治论衡》第4辑，北京，清华大学出版社，2004。

［美］艾伦·麦奎因、丹尼尔·卡斯特罗：《执法部门应如何跨国界获取数据》，韩晓涵编译，载《通信安全与通信保密》，2017（9）。

［加］唐纳德·K. 皮雷格夫：《打击网络犯罪和网络恐怖主义中的国际合作》，卢建平等译，载《法学家》，2003（4）。

［荷兰］约翰·梵瓦勒：《荷兰网络犯罪的司法侦查》，祁拓译，载《人民检察》，2017（16）。

Adeno Addis,"The Thin State in Thick Globalism: Sovereignty in the Information Age", *Vanderbilt Journal of Transnational Law,* 37(2004).

Ahmed Ghappour, "Searching Places Unknown: Law Enforcement Jurisdiction on the Dark Web", *Stanford Law Review*, 69 (2016).

Andrew Keane Woods, "Against Data Exceptionalism", *Stanford Law Review*, 68 (2016).

Anna-Maria Osula, "Mutual Legal Assistance & Other Mechanisms for Accessing Extraterritorially Located Data", *Masaryk University Journal of Law and Technology*, 9 (2015).

Anna-Maria Osula, Mark Zoetekouw, "The Notification Requirement in Transborder Remote Search and Seizure: Domestic and International Law Perspectives", *Masaryk University Journal of Law and Technology*, 11:1 (2017).

Anthony J. Colangelo, "What Is Extraterritorial Jurisdiction", *Cornell Law Review*, 99 (2014).

Dan Jerker B. Svantesson,"Against 'Against Data Exceptionalism' ", *Masaryk University Journal of Law and Technology*, 10 (2016).

Jack L. Goldsmith, "Against Cyberanarchy", *The University of Chicago Law Review,* 65 (1998).

Jack L. Goldsmith, "The Internet and the Legitimacy of Remote Cross-Border Searches", *University of Chicago Legal Forum*, 2001 (2001).

Jennifer Daskal, "Law Enforcement Access to Data Across Borders: The Evolving Security and Rights Issues", *National Security Law & Policy*, 8 (2016).

Jennifer Daskal, "The Un-Territoriality of Data", *Yale Law Journal*, 125 (2015).

Jennifer Daskal, "Privacy and Security Across Borders", *Yale Law Journal Forum*, 128 (2019).

JJ. Oerlemans, "De Wet computercriminaliteit III meer handhaving op internet", *Strafblad*, 15 (2017).

Michael A. Sussmann, "The Critical Challenges from International High-Tech and Computer-Related Crime at the Millennium", *Duke Journal of Comparative & Interlnational Law*, 9 (1999).

Mireille Hildebrandt, "Extraterritorial jurisdiction to enforce in cyberspace?: Bodin, Schmitt, Grotius in cyberspace", *University of Toronto Law Journal*, 63 (2013).

Nicolai Seitz, Transborder Search: "A New Perspective in Law Enforcement", *Yale Journal of Law and Technology*, 7 (2004).

Orin S. Kerr, "Searches and Seizures in a Digital World", *Harvard Law Review*, 119 (2005).

Peter Swire, Justin D. Hemmings, "Mutual Legal Assistance In An Era Of Globalized Communications: The Analogy To The Visa Waiver Program", *Nyu Annual Survey Of American Law*, 71 (2017).

Stefan D. Cassella, "Obtaining Records from a Foreign Bank: Note on the Decision of the Federal Court, Washington, DC, of March 18, 2019", *the European Criminal Law Associations' fórum*, 2 (2019).

"Privacy-Stored Communications Act-Second Circuit Holds That The Government Cannot Compel An Internet Service Provider To Produce Information Stored Overseas. -Microsoft Corp. v. United States, 829 F.3d 197 (2d Cir. 2016)", *Harvard Law Review*, 130 (2016).

三、报纸文章

《打击电脑犯罪法一般性通过》，载《澳门日报》，2019年10月18日。

雷强、张发平：《境外注册境内狂拉下线，在线赌博网站涉赌9.8亿》，载《市场星报》，2015年10月9日。

李志勇：《美国是中国外逃腐败分子最集中的国家 抹黑追逃追赃就是包庇腐败犯罪》，载《中国纪检监察报》，2020年11月11日。

梁坤：《国际刑事司法协助法第三十九条中人民法院的角色定位》，载《人民法院报》，2019年1月3日。

林雪丹：《俄博客新法规正式生效，日均访问量达3000人次必须注册》，载《人民日报》，2014年8月1日。

刘子珩等：《境外隐秘网络第一案背后的暗黑世界》，载《新京报》，2016年11月25日。

孟凡霞、宋亦桐：《三家银行澄清美法院调查传闻》，载《北京商报》，2019年6月25日。

高峰、田学群：《五方面细化规范"远程取证"工作》，载《检察日报》，2013

年12月15日。

孙伟、朱启超：《正确区分网络主权与数据主权》，载《中国社会科学报》，2016年7月5日。

新华社评论员：《用好大数据，布局新时代——学习习总书记在中央政治局第二次集体学习时重要讲话》，载《新华每日电讯》，2017年12月11日。

中国国际经济交流中心网络空间治理课题组：《网络空间治理需把牢数据主权》，载《光明日报》，2016年10月12日。

[俄]罗加乔夫·伊利亚·伊戈列维奇：《网络犯罪国际立法需与时俱进》，载《人民日报》，2018年1月12日。

Neil MacFarquhar, "Russia Quietly Tightens Reins on Web With 'Bloggers Law'", *The New York Times*, May 6, 2014.

Sam Schechner, Olg Razumovskaya, "Russia Puts Off Data Showdown With Technology Firms", *Wall Street Journal*, Aug. 31, 2015.

Karlin Lilington, "Government files supporting brief for Microsoft in US case", *The Irish Times*, Dec. 23, 2014.

四、法律、司法解释及规范性文件

《中华人民共和国宪法》（2018）第40条

《中华人民共和国国家安全法》（2015）第25条

《中华人民共和国网络安全法》（2017）第1、8、21、37、76条

《中华人民共和国刑事诉讼法》（2018）第133、130条

《中华人民共和国国际刑事司法协助法》（2018）第2、4、25、39条

《中华人民共和国数据安全法》（2021）第21、28、31、35、36、46条

《中华人民共和国个人信息保护法》（2021）第28、36、41、43条

最高人民法院：《关于适用〈中华人民共和国刑事诉讼法〉的解释》（2021）第77、93条

最高人民检察院：《检察机关办理电信网络诈骗案件指引》（2018）"电子数据的审查""境外证据的审查"

最高人民检察院：《第十八批指导性案例——张凯闵等52人电信网络诈骗案（检例第67

号）》（2020）

最高人民检察院：《人民检察院办理网络犯罪案件规定》（2021）第2、57、58、59条

最高人民法院、最高人民检察院、公安部：《关于办理网络赌博犯罪案件适用法律若干问题的意见》（2010）"关于电子证据的收集与保全"

最高人民法院、最高人民检察院、公安部：《关于办理网络犯罪案件适用刑事诉讼程序若干问题的意见》（2014）第6、15条

最高人民法院、最高人民检察院、公安部：《关于办理电信网络诈骗等刑事案件适用法律若干问题的意见》（2016）第6条

最高人民法院、最高人民检察院、公安部：《关于办理电信网络诈骗等刑事案件适用法律若干问题的意见（二）》（2021）第14条

最高人民法院、最高人民检察院、公安部：《关于办理刑事案件收集提取和审查判断电子数据若干问题的规定》（2016）第9、13、29条

最高人民法院、最高人民检察院、公安部：《办理跨境赌博犯罪案件若干问题的意见》（2020）第7条

公安部：《计算机信息网络国际联网安全保护管理办法》（1997）第8条

公安部：《计算机犯罪现场勘验与电子证据检查规则》（2005）第3、25条

公安部：《公安机关办理刑事案件电子数据取证规则》（2019）第23、27条

公安部：《公安机关办理刑事案件程序规定》（2020）第264、380条

公安部：《贯彻落实网络安全等级保护制度和关键信息基础设施安全保护制度的指导意见》（2020）第3条

公安部网络安全保卫局、北京网络行业协会、公安部第三研究所：《互联网个人信息安全保护指南》（2019）第6.2部分

中国人民银行：《关于银行业金融机构做好个人金融信息保护工作有关问题的通知》（2011）第6条

中国人民银行：《个人金融信息保护技术规范》（2020）第7.1.3部分

国家互联网信息办公室：《个人信息和重要数据出境安全评估办法（征求意见稿）》（2017）第17条

国家互联网信息办公室：《数据安全管理办法（征求意见稿）》（2019）第38条

国家互联网信息办公室：《数据出境安全评估办法（征求意见稿）》（2021）第4条

国家互联网信息办公室等：《汽车数据安全管理若干规定（试行）》（2021）第3、11条

国家互联网信息办公室等：《网络安全审查办法》（2022）第7条

工业和信息化部：《关于加强智能网联汽车生产企业及产品准入管理的意见》（2021）第二部分"加强数据和网络安全管理"

工业和信息化部：《工业和信息化领域数据安全管理办法（试行）（征求意见稿）》（2021）第7、9、24条

交通运输部等：《关于鼓励和规范互联网租赁自行车发展的指导意见》（2017）第4条

交通运输部：《邮件快件实名收寄管理办法》（2018）第16条

中国保监会：《保险公司财会工作规范》（2012）第82条

国家质量监督检验检疫总局、全国信息安全标准化技术委员会：《信息安全技术数据出境安全评估指南（征求意见稿）》（2017）第3.7部分

国家邮政局：《邮政企业、快递企业安全生产主体责任落实规范》（2019）第39条

国家市场监督管理总局、中国国家标准化管理委员：《信息安全技术重要数据识别指南（征求意见稿）》（2021）第3.2部分

全国信息安全标准化技术委员会：《网络安全标准实践指南——数据分类分级指引》（2021）第2.3部分

北京市公安局：《关于办理电信诈骗案件指导意见》（2015）第二部分"电信诈骗案件的取证要点及规格"

浙江省高级人民法院、浙江省人民检察院、浙江省公安厅：《电信网络诈骗犯罪案件证据收集审查判断工作指引的通知》（2018）第25条

浙江省高级人民法院、浙江省人民检察院、浙江省公安厅：《关于办理跨境赌博相关刑事案件若干问题的纪要（试行）》（2020）第31条